DAS GROSSE GU
FAMILIEN BACKBUCH

Das Backbuch fürs ganze Jahr

REZEPTFOTOS: BARBARA LUTTERBECK
UND MARTINA GÖRLACH
REZEPTE: MONIKA KÖHLER,
CHRISTIANE KÜHRT, KRISTIANE MÜLLER-URBAN,
GUDRUN RUSCHITZKA, CHRISTA SCHMEDES

Auf einen Blick: Das steckt

Das Wichtigste zuerst

Zu diesem Buch – Was dieses Buch kann 7

Sieben gute Sachen zum Backen 8
Alles Wichtige zu Weizenmehl, Speisestärke, Zucker, Butter, Eier, Hefe, Backpulver

Gut in Form 9
Welche Form für welchen Kuchen

Von Grund auf: Teige im Überblick 10
Alle Teige mit Grundrezept und Vollkornvariante

Wann gibt's was – ein Saisonkalender 12
Und außerdem: Welche Obstsorte ist am besten zum Backen?

Backen mit Kindern 14
Wobei können sie helfen und was können sie schon alleine?

Küchenfeuerwehr und Vorratsliste 15
Hilfe für verbrannten Kuchen und eine hilfreiche Liste, um Überraschungsbesuch mit Kuchen zu verwöhnen

Törtchen & Teilchen

Was backe ich, wenn . . . 18

2 x 6 schnelle Rezepte 20

Kleinigkeiten von fruchtigen Törtchen bis Muffins 24

Lieblingskuchen mit und ohne Obst

Was backe ich, wenn . . . 38

2 x 6 schnelle Rezepte 40

Obstkuchen von Apfel bis Zwetschge 44

Weitere Lieblingskuchen 84

in diesem Buch

Torten

Was backe ich, wenn ... 114

2 x 6 schnelle Rezepte 116

Trendy und klassisch von Amaretti-Torte bis Frankfurter Kranz 120

Feste rund ums Jahr

Was backe ich, wenn ... 190

2 x 6 schnelle Rezepte 192

Kinderfeste 196

Mutertag und Valentinstag 202

Ostern 204

Halloween 212

Sankt Martin und Nikolaus 214

Advent und Weihnachten 216

Silvester, Fasching, Karneval 224

Herzhaft backen & Brot

Was backe ich, wenn ... 150

6 schnelle Rezepte für herzhaftes Backen 152

Von Blätterteigtaschen bis Pizza 154

6 schnelle Rezepte für Brot & Brötchen 176

Von Croissants bis Zwiebelbrot 178

12 Blitzschnelle Brotaufstriche 188

Nicht zu vergessen:

12 Getränkerezepte fürs ganze Jahr 228

Die aus der Kälte kommen 230
Kuchen und Gebäck frisch halten und einfrieren

Wer sind die Schönsten im Land? 231
Viele Deko-Tipps, die dem Kuchen den letzten Schliff geben

Küchenbüffet 232
Für jede Jahreszeit ein passendes Kuchenbüffet mit ausgetüfftelten Zeitplan, damit keine Hektik aufkommt

Register 234

Impressum 240

Was dieses Buch kann

Liebe Eltern,

kennen Sie das: Ihre Familie lechzt nach Kuchen, und Sie haben nur 10 Minuten Zeit? Der Traum von Omas Butterkuchen wird nicht wahr, weil Ihnen Hefeteig nicht ganz geheuer ist? Sie suchen vergeblich nach trendigen Backideen für Halloween oder Karneval? Oder wollen ganz einfach Kuchen backen, ohne sich vorher auf hektische Einkaufstour begeben zu müssen?
Dann sind Sie hier, im großen GU-Familienbackbuch, genau richtig! Denn hier haben wir für Sie eine abwechslungsreiche Auswahl an Backrezepten versammelt, die allen Bedürfnissen gerecht werden: Ob blitzschnell, ganz einfach oder peppig, fruchtig oder herzhaft – für alles und jeden ist etwas dabei!

Und so backen Sie mit diesem Buch:

● Über 250 Rezepte wollen von Ihnen ausprobiert und nachgebacken werden. Alltags- und Familientauglichkeit garantieren fünf erfahrene Autorinnen: Mehr als 100 Rezepte haben gerade einmal 10 Zutaten. Und: Jedes Kapitel startet mit 12 Blitzrezepten, für die Sie nicht mehr als 15 Minuten Arbeitszeit einkalkulieren müssen.

● In fünf Kapiteln ist in diesem Buch alles versammelt, was die Welt der Backwaren zu bieten hat: von Törtchen & Teilchen über Lieblingskuchen und Torten bis zu herzhaft-pikantem Gebäck, von Klassikern wie Guglhupf und Apfelstrudel bis zu Trendsettern wie Tiramisu-Torte und Kürbismuffins. Und wenn Sie leckere Bäckereien für Ostern, Weihnachten und andere Anlässe suchen, werden Sie im Kapitel »Feste« fündig, das zusätzlich noch passende Getränkerezepte liefert.

● Bei jedem Rezept sehen Sie unter dem Titel, was es auszeichnet: schnell, (gut) vorzu(zu)bereiten und preiswert wird von 1 (wenig) bis 3 (sehr) gepunktet. Daneben finden Sie Zubereitungs- und Backzeit.

● Dazu gibt's noch jede Menge Tipps:

Blitzvariante: Wenn Sie es eilig haben, weil die Gäste schon vor der Tür stehen – so geht's noch schneller!

Obst tauschen: Erdbeerkuchen backen im Herbst? Klar, aber mit Zwetschgen! Oder doch lieber mit Äpfeln? Hier erfahren Sie, wann und wie Sie Obst tauschen können, damit sich Kuchen, Torten und Teilchen je nach Saison variieren lassen.

Zutaten tauschen: Wenn Ihre Kinder die eine oder andere Zutat nicht mögen – kein Problem: Hier darf getauscht werden!

Aus dem Vorrat: Kuchen backen ohne Einkaufen – ein Traum wird wahr … (siehe Vorratsliste S. 15)

Mit Pep: Für Leckermäulchen und Gäste – jede Menge pfiffige Variationen.

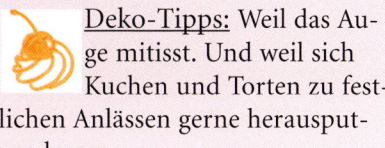
Deko-Tipps: Weil das Auge mitisst. Und weil sich Kuchen und Torten zu festlichen Anlässen gerne herausputzen lassen …

● Was Sie schon immer über Backformen, Teige & Pannenhilfen wissen wollten … Auf den Serviceseiten zu Beginn des Buches finden Sie jede Menge praktische Infos und Tipps rund ums Backen sowie die wichtigsten Teiggrundrezepte. Und Sie erfahren, wie Ihnen Ihre Kinder in der Küche unter die Arme greifen können.

● Noch mehr Infos gibt's im Sonderteil am Ende des Buches: Lassen sich Kuchen frisch halten und Teige einfrieren? Wie Kuchen und Torten mit selbst gemachten Dekos verschönern? Und was für die sommerliche Gartenparty oder den Kindergeburtstag im Winter backen? Antworten auf diese Fragen erhalten Sie ab S. 230.

Viel Spaß beim Backen!

Wenn Sie mit diesem Buch backen, steht am Ende das Kuchenvergnügen für alle – am Anfang aber das Backvergnügen für Sie selbst. Schluss mit Stress, Hektik und Hetze in der Küche, denn Backen soll Spaß machen!

In diesem Sinne viel Freude an diesem Buch und seinen Rezepten wünscht Ihnen

Ihre
Gudrun Ruschitzka

Sieben gute Sachen zum Backen

Weizenmehl
ist und bleibt die Basis für leckeres Backwerk schlechthin, denn: Im Vergleich zu anderen Mehlsorten enthält es den größten Anteil an Kleber, einem Eiweißgerüst, das erst die Flüssigkeit im Teig bindet und beim Backen dann den Halt von Kuchen & Co. garantiert. Weizenmehl gibt es in verschiedenen Typen zu kaufen. Am gängigsten sind die Typen 405 und 550. Diese Zahlen geben den Gehalt an Mineralstoffen im Mehl an, wobei gilt: Je höher die Typenzahl, desto vollwertiger das Mehl. Übrigens: Fast alle Rezepte in diesem Buch lassen sich problemlos mit Weizen-Vollkornmehl nachbacken. Aber: Da die im Vollkornmehl enthaltenen Schalenteile stark aufquellen, muss etwas mehr Flüssigkeit in den Teig. Wie viel, ist von Teigart zu Teigart ganz unterschiedlich. Darum ist bei den Teiggrundrezepten auf den Seiten 10/11 je eine Vollkornvariante zu finden.

Speisestärke
wird z. B. aus Kartoffeln oder Mais gewonnen und ist bei manchen Teigarten wie etwa Biskuit unentbehrliche Zutat. Denn je leichter und feinporiger das Backwerk sein soll, desto mehr muss die Wirkung des Klebers im Mehl reduziert werden. Also ersetzt man einen Teil des Mehls durch Speisestärke.

Zucker
war lange ein aus Asien importierter Luxusartikel, bis man zu Beginn des 19. Jahrhunderts die Möglichkeit entdeckte, ihn aus heimischen Rüben zu gewinnen. Mittlerweile unterscheidet man zwischen den verschiedensten Zuckersorten. Die fürs Backen wichtigen sind weißer Streuzucker bzw. Raffinade und Puderzucker, der durch Vermahlen von Raffinade entsteht. Zucker macht Teige nicht nur süß, sondern kann noch einiges mehr: Er gibt dem Teig Fülle und Struktur, bräunt und hält das Gebäck länger frisch.

Butter
wird in Zeiten, in denen viel über fettarme Ernährung geredet wird, oft kritisch gesehen, doch unumstritten ist: Sie macht den Teig geschmeidig, das Gebäck saftig oder mürbe und ist ein wichtiger Geschmacksträger, auf dessen Basis sich zugesetzte Aromen erst so richtig entfalten können. Außerdem braucht man Butter zum Einstreichen von Backblech und Kuchenform, damit nichts festbäckt. Wen all diese Vorteile nicht überzeugen, kann auf Margarine ausweichen. Wichtig hier beim Einkauf: Unbedingt Backmargarine nehmen und keinesfalls Streichmargarine, denn die enthält zu viel Wasser.

Hefe
besteht aus Mikroorganismen, genauer gesagt Pilzzellen. Bevor diese sich fleißig vermehren und das Teigvolumen vergrößern, wollen sie Luft, Feuchtigkeit, Wärme und Nahrung (z. B. in Form von Zucker). Während sie Feuchtigkeit, Wärme und Nahrung bereits im Teig vorfinden, muss Luft durch kräftiges Schlagen und Kneten des Teiges erst zugeführt werden. Der Lohn dieser Anstrengung: Je mehr Sauerstoff in den Teig gelangt, um so lockerer wird später das Gebäck.

Backpulver
gehört wie die Hefe zu den Treibmitteln, die den Teig aufgehen lassen und lockern. Während Hefe ein biologisches Produkt ist, wird Backpulver chemisch hergestellt. Neben Natriumkarbonat enthält es eine Säure, z. B. Weinstein. Wird dem Teig Backpulver zugesetzt und dadurch feucht, kommt es zu einer chemischen Reaktion: Kohlensäure entsteht. Diese wiederum bringt z. B. schwere Rührteige zum Aufgehen und macht sie luftig. Aber: Die Wirkung von Backpulver verfliegt schnell! Darum Backpulverteige immer gleich verarbeiten und nie lange stehen lassen!

Eier
werden in vier verschiedenen Gewichtsklassen angeboten: in S (weniger als 53 g), M (53-63 g), L (bis zu 73 g) und XL (über 73 g). Für die Rezepte in diesem Buch sind die der Gewichtsklasse M optimal. Wer größere Eier verwendet, nimmt eins weniger als im Rezept angegeben. Neben dem Gewicht spielt bei Eiern auch die Frische eine große Rolle. Wer sich hier nicht sicher ist, macht einen einfachen Test: Ein Ei aufschlagen. Ist es frisch, umschließt das Eiweiß hochgewölbt das Eigelb. Ist es alt, fließt das Eiweiß dünn auseinander.

Gut in Form

Backbleche
gehören zur Grundausstattung eines jeden Herdes. Wer einen Herd von 60 cm Breite und die entsprechenden Bleche besitzt, darf sich nicht wundern, wenn Blechkuchen erstens höher aufgehen und zweitens länger backen müssen: Die Rezepte in diesem Buch sind auf Bleche von 80 cm Breite zugeschnitten. Das soll aber nicht davon abhalten, sie mit einem schmalen Blech zu backen. Machen Sie nach der angegebenen Backzeit einfach die Holzstäbchenprobe (siehe S. 15), und lassen Sie den Kuchen eventuell noch etwas nachbacken.

Springformen
werden in Größen von 16-32 cm Durchmesser und aus Weiß- oder Schwarzblech angeboten. Für die Rezepte in diesem Buch ist eine Form von 26 oder 28 cm Durchmesser ideal. Fast wichtiger noch als die Größe ist aber das Material, denn es beeinflusst das Backergebnis ganz erheblich. Die beste Wahl ist eine Form aus Schwarzblech, denn während Weißblech die Ofenhitze reflektiert, sodass der Kuchen außen schnell bräunt, innen aber noch roh bleibt, leitet Schwarzblech die Hitze sofort an den Teig weiter.

Kastenformen
eignen sich nicht nur für leckere Rührkuchen, sondern auch für herzhafte Brote sowie feine Pasteten und Terrinen. Kastenformen gibt es in Größen von 20-30 cm Länge zu kaufen. Was das Material angeht, gilt das Gleiche wie bei den Springformen: Am besten zu Schwarzblech greifen.

Gugelhupf- und Napfkuchenformen
haben in der Mitte einen Kamin, der hohe Kuchen aus schwerem Rühr- oder Hefeteig auch von innen mit Hitze versorgt, sodass sie gleichmäßig durchbacken können. Die Anschaffung einer solchen Form ist kein Muss: Zu manchen Springformen wird ein Kranzkucheneinsatz angeboten, der genauso gute Dienste leistet.

Obstkuchenformen
werden in Größen von 20-30 cm Durchmesser angeboten und haben einen niedrigen, gewellten Rand. Für die kleinen Obstkuchengeschwister, die Torteletts, gibt es spezielle Förmchen zu kaufen. Besonders praktisch: Formen mit losem Hebeboden. Man stellt die Form auf einen umgedrehten Topf, dessen Durchmesser kleiner als der des Bodens ist, und nimmt den Rand dann einfach nach unten hin ab. Generell empfiehlt sich auch hier eine Form aus Schwarzblech, die die Hitze gut und schnell an den Teig weiterleitet.

Muffinsbleche
sind mittlerweile in jedem Haushaltswarengeschäft oder den entsprechenden Kaufhausabteilungen erhältlich. Das Standardblech hat zwölf Vertiefungen von 7,5 cm Durchmesser. Muffins in einem Blech mit nur sechs Vertiefungen backen ist aber kein Problem: Den Teig dann einfach in zwei Backgängen backen. Gut ist beraten, wer ein Blech mit Antihaftbeschichtung kauft, denn man benötigt so gut wie kein Fett zum Ausstreichen der Vertiefungen. Selbstverständlich tun es zum Backen der trendigen Küchlein aber auch Papierförmchen, sie bleiben leider nicht so gut in Form.

Quicheformen
erkennt man an dem senkrechten Wellenrand und dem flachen, ebenen Boden. Es gibt sie von ganz klein bis ganz groß aus Schwarz- und Weißblech, Glas oder Porzellan zu kaufen. Zwar machen sich Formen aus Glas und Porzellan am Tisch dekorativer, doch auch hier erzielt man das bessere Backergebnis mit Formen aus Schwarzblech.

Von Grund auf: Teige im Überblick

Rührteig

gelingt ohne viel Aufwand und ist damit der richtige Kandidat für Eilige und Ungeübte. Das Wichtigste bei seiner Zubereitung ist – der Name sagt es schon – das Rühren. Die Grundzutaten sind immer: Butter, Zucker, Eier, Mehl und Backpulver. Die zusätzlichen Geschmacksstoffe wie Gewürze, Zitronenschale, Schokolade usw. bringen dann den Aromakick.
Die Zubereitung: 250 g weiche Butter mit 250 g Zucker und 1 Prise Salz mit den Schneebesen des Handrührgeräts cremig rühren, bis sich der Zucker fast aufgelöst hat. Nach und nach 4 Eier einzeln unterrühren. Dann knapp 500 g Mehl mit 1 Päckchen Backpulver vermischt portionsweise über den Teig sieben. Das Mehl mit einem Rührlöffel (nicht mit dem Handrührgerät!) sorgfältig unterrühren. Eventuell 2–4 EL Milch hinzufügen, bis der Teig schwerreißend vom Löffel fällt. Den Teig nicht mehr lange rühren, sofort in die Form und backen, da sonst die lockernde Wirkung des Backpulvers vergeht.

Vollkornvariante

Wenn Sie mit Vollkornmehl backen möchten, brauchen Sie etwa doppelt soviel Milch.

Mürbeteig

wird nach dem Backen knusprigzart und macht sich bestens unter saftigem Obst- oder Gemüsebelag. Wichtig sind hier kalte Hände und kalte Zutaten: Butter und Ei sollten also direkt aus dem Kühlschrank kommen. Schnelles Arbeiten ist außerdem angesagt: Wird der Teig zu lange geknetet, schmilzt die Butter, und der Teig wird dann beim Backen nicht mürbe. Der klassische Mürbeteig wird nach der 1-2-3-Regel hergestellt: 1 Teil Zucker, 2 Teile Butter und 3 Teile Mehl.
Die Zubereitung: 250 g Mehl auf die Arbeitsfläche sieben, aufhäufen und mit 1/4 TL Salz mischen. In die Mitte eine Mulde drücken. 125 g kalte Butter in kleinen Stücken am Rand verteilen. 1 Ei in die Mulde geben. Alles mit einem Messer kräftig durchhacken, dann mit den Händen rasch verkneten und in Folie gewickelt mindestens 30 Min. kühl stellen. Mürbeteig kann auch schon Stunden vor dem Backen zubereitet werden.

Tipp

Wer auf Eier verzichten will oder muss, bereitet Mürbeteig mit Eiswasser zu: 250 g Mehl und 1/4 TL Salz mischen. 100 g kalte Butter in kleinen Stücken mit einem Messer unter das Mehl hacken, sodass Krümel entstehen. Mit etwa 7 EL eiskaltem Wasser zu einem glatten Teig verkneten und in Folie gewickelt 30 Min. kühl stellen.

Vollkornvariante

Ob mit oder ohne Ei – 2 EL kaltes Wasser braucht der Teig zusätzlich, wenn Sie ihn mit Vollkornmehl zubereiten möchten.

Quark-Öl-Teig

ist nicht nur schnell, sondern auch äußerst einfach gemacht und damit ideal für Ungeübte. Sehen Sie selbst …
Die Zubereitung: 150 g Magerquark in ein Küchentuch geben und gut auspressen. In eine Schüssel geben und mit 50 g Zucker, 6 EL Öl, 5 EL Milch und 2 EL Vanillezucker glatt rühren. 300 g Mehl und 2 TL Backpulver darüber sieben. Mit den Knethaken des Handrührgeräts unterrühren. Alles mit der Hand zu einem glatten Teig verkneten. 30 Min. kühl stellen.

Vollkornvariante

Wenn's noch schneller gehen soll, bereiten Sie den Teig mit Vollkornmehl zu – dann entfällt das Quarkauspressen.

Hefeteig

gilt als schwierig und kompliziert. Dabei stellt er nur zwei Bedingungen: Wärme und wohltemperierte Zutaten. Anders gesagt: Bei der Zubereitung Zugluft vermeiden und dafür sorgen, dass die Zutaten Zimmertemperatur haben. Die Hefe sollte also rechtzeitig aus dem Kühlschrank.
Die Zubereitung: 500 g Mehl in eine Schüssel geben, in die Mitte eine Mulde drücken und 1/2 Würfel Hefe hineinbröckeln, 1 TL Zucker darüber streuen. Mit ein paar EL lauwarme Milch und etwas Mehl vom Rand zu einem breiigen Vorteig verrühren. Mit etwas Mehl bestäuben und zugedeckt an einem warmen Ort 15 Min. gehen lassen. Dann 40 g Zucker, 200 ml lauwarme Milch, 50 g weiche Butter und 1 Prise Salz unterkneten. Den Teig auf höchster Stufe so lange kneten, bis er Blasen wirft. Anschließend von Hand gut durchkneten. Zugedeckt 45 Min. gehen lassen, bis er sein Volumen verdoppelt hat. Danach nochmals gut durchkneten.

Tipps

Wenn Sie den Teig schon am Vortag zubereiten möchten, können Sie ihn auch kalt gehen lassen. Den Teig zugedeckt im Kühlschrank mindestens 8 Std. gehen lassen. Der Vorteil dieser Methode: Die Konsistenz des Teiges wird besonders fein.
Wer sich an die Zubereitung mit frischer Hefe noch nicht herantraut, nimmt einfach Trockenhefe. 1 Päckchen Trockenhefe reicht für 500 g Mehl.

Vollkornvariante
Bei der Zubereitung mit Vollkornmehl brauchen Sie insgesamt etwa 300-350 ml Milch.

Biskuitteig
ist fein im Geschmack und einfach in der Zubereitung. Allerdings will auch er schnell zubereitet und gebacken werden, sonst fällt die luftige Masse wieder zusammen. Am besten also alle Zutaten bereitstellen, die Form vorbereiten und den Ofen vorheizen.
Die Zubereitung: 4 Eiweiße steif schlagen, dabei 150 g Zucker einrieseln lassen. Dann 4 Eigelbe vorsichtig unterrühren. 125 g Mehl, 75 g Speisestärke und 2 Teel. Backpulver mischen, über den Eierschaum sieben und behutsam unterheben.

Tipp
Achtung Neugierige: Beim Backen von Biskuit während der ersten 20 Min. die Ofentür nicht öffnen, sonst fällt Teig zusammen.

Vollkornvariante
Bei Biskuit können Sie problemlos Vollkornmehl verwenden, ohne zusätzliche Flüssigkeit zuzusetzen.

Brandteig
ist ein ziemlich ungewöhnlicher Kandidat: Flüssigkeit, Fett und Mehl werden vor dem Backen gekocht bzw. abgebrannt, wie man in der Fachsprache sagt. Locker wird diese Teigbasis durch Eier. Weil der Teig klebrig-weich ist, wird er mit einem Spritzbeutel auf das Blech gespritzt.
Die Zubereitung: 1/4 l Wasser mit 1 Prise Salz und 50 g Butter in einem Topf kurz aufkochen lassen. Vom Herd nehmen und 200 g Mehl auf einmal dazugeben. Den Teig bei schwacher Hitze so lange rühren, bis er sich vom Topfboden löst. Den Teigkloß in eine Rührschüssel geben und nacheinander 4 Eier mit den Knethaken des Handrührgeräts untermischen. Nach dem ersten Ei den Teig etwas abkühlen lassen. Mit dem letzten Ei 1 Msp. Backpulver hinzufügen.

Vollkornvariante
Bei Vollkornmehl sollten Sie die Mehlmenge auf 125–130 g reduzieren.

Strudelteig
sollte ähnlich elastisch sein wie ein Nudelteig. Darum muss man ihn intensiv kneten. Um dann üppig gefüllt zu werden, wird er mit den Händen papierdünn ausgezogen, ohne zu reißen, was ein wenig Geduld und Fingerspitzengefühl erfordert. Aber die Mühe lohnt sich, denn über einen selbst gebackenen Strudel geht einfach gar nichts …
Die Zubereitung: 150 g Butter zerlassen und abkühlen lassen. 250 g Mehl mit 1 Prise Salz, 1 Ei und 3 EL flüssigem Fett in eine Schüssel füllen. 100 ml Wasser dazugeben. Alles mit den Knethaken des Handrührgeräts gründlich verkneten. Anschließend mit den Händen mindestens 10 Min. kräftig durchkneten, bis der Teig sehr elastisch ist. In Folie gewickelt etwa 1 Std. ruhen lassen.

Tipp
Decken Sie den Teig für die Ruhezeit immer gut ab, damit die Oberfläche nicht austrocknet.

Vollkornvariante
Mit Vollkornmehl gelingt der Teig nicht besonders gut, denn er wird nicht so elastisch und lässt sich daher nicht gut ausziehen.

Fertigteige
sind eine schnelle Alternative zu selbst gemachten Teigen. Vor allem, wenn die Zubereitung so arbeitsintensiv ist wie bei Blätterteig. Glücklicherweise gibt es ihn tiefgekühlt überall zu kaufen. Wenn Sie sich an Hefeteig nicht herantrauen, sind Sie mit tiefgekühltem Fertigteig gut beraten, den man nach dem Auftauen nur noch gehen lassen muss. Immer öfter werden jetzt auch Strudel-, Pizza-, Mürbe- und Rührteig fix und fertig in den Kühlregalen der Supermärkte angeboten. Und schließlich gibt es noch diverse Backmischungen, denen meist noch Eier und Butter zugesetzt werden müssen.

Wann gibt's was – Saisonkalender

Obst	Jan	Febr	März	April	Mai	Juni	Juli	Aug	Sept	Okt	Nov	Dez	Zum backen geeignet: ja	nein
Ananas	●	●	○	○	○	○	○	●	●	●	●	●		●
Äpfel	●	●	●	●	○	○	○	●	●	●	●	●	●	
Aprikosen	○	○	○	○	○	●	●	●	○	○	○	○	●	
Bananen	●	●	●	●	●	●	●	●	●	●	●	●	●	
Birnen	●	●	○	○	○	○	○	●	●	●	●	●	●	
Brombeeren	○	○	○	○	○	○	●	●	●	○	○	○	●	
Datteln	●	●	●	●	●	●	●	●	●	●	●	●	●	
Erdbeeren	○	○	○	○	●	●	●	○	○	○	○	○	●	
Heidelbeeren	○	○	○	○	○	○	●	●	○	○	○	○	●	
Himbeeren	○	○	○	○	○	●	●	●	○	○	○	○	●	
Holunderbeeren	○	○	○	○	○	○	○	●	●	○	○	○	●	
Johannisbeeren	○	○	○	○	○	●	●	○	○	○	○	○	●	
Kapstachelbeeren	●	●	●	●	○	○	○	○	○	●	●	●	●	
Karambole	●	●	●	○	○	○	○	○	○	●	●	●	●	
Kirschen	○	○	○	○	○	●	●	○	○	○	○	○	●	
Kiwis	●	●	●	●	○	○	○	○	○	●	●	●	●	
Limetten	●	●	●	●	●	●	●	●	●	●	●	●	●	
Mandarinen	●	●	○	○	○	○	○	○	○	●	●	●	●	
Mangos	○	○	○	●	●	●	●	●	○	○	○	○	●	
Melonen	○	○	○	○	○	●	●	●	○	○	○	○	●	
Mirabellen	○	○	○	○	○	○	●	●	○	○	○	○	●	
Nektarinen	○	○	○	○	○	●	●	●	○	○	○	○	●	
Orangen	●	●	●	○	○	○	○	○	○	○	●	●	●	
Papayas	○	○	●	●	●	○	○	○	○	○	○	○	●	
Pfirsiche	○	○	○	○	○	●	●	●	○	○	○	○	●	
Pflaumen	○	○	○	○	○	○	○	●	●	○	○	○	●	
Preiselbeeren	○	○	○	○	○	○	○	○	●	●	○	○	●	
Quitten	○	○	○	○	○	○	○	○	●	●	○	○	●	
Rhabarber	○	○	○	○	●	●	○	○	○	○	○	○	●	
Sauerkirschen	○	○	○	○	○	○	●	●	○	○	○	○	●	
Stachelbeeren	○	○	○	○	○	●	●	○	○	○	○	○	●	
Weintrauben	○	○	○	○	○	○	○	●	●	●	○	○	●	
Zitronen	●	●	●	●	●	●	●	●	●	●	●	●	●	
Zwetschgen	○	○	○	○	○	○	○	●	●	●	○	○	●	

● Hauptsaison   ○ Nebensaison

Produktinfos

Ananas enthält eiweißspaltendes Bromelain, das Gelatine nicht fest werden und Milch gerinnen lässt. Ananas also erst ganz zum Schluss mit Sahne oder Creme mischen oder Dosenfrüchte verwenden.

Äpfel sollen beim Backen zart schmelzen, aber ihre Form behalten. Geeignete Sorten haben festes Fruchtfleisch: Boskop, Cox Orange, Gravensteiner oder Jonagold.

Aprikosen werden meist unreif geerntet, reifen dann auch nicht mehr nach, doch zum Backen (vorher die Haut abziehen) oder Dünsten sind sie wunderbar.

Unreife, grüne **Bananen** reifen schnell nach, wenn man sie in Zeitungspapier wickelt, kühl lagert und nicht direkt neben Äpfel legt. Je gelber die Schale, desto höher der Zuckeranteil.

Geschälte **Birnen** (wie auch Äpfel) mit Zitronensaft beträufeln, dann färbt sich das Fruchtfleisch nicht dunkel.

Brombeeren gleich einzuckern, dann verlieren sie ihre intensive Farbe nicht so schnell. Fein auf kleinen Obsttörtchen.

Datteln werden hauptsächlich getrocknet angeboten und geben Früchtebrot und englischem Kuchen den Aromakick.

Tiefkühltipp: Erdbeeren waschen, entkelchen, trockentupfen. Auf einer Platte ausbreiten, für einige Std. ins Gefrierfach stellen und dann erst in Beutel verpacken.

Heidelbeeren schmecken frisch am besten und lassen sich prima einfrieren. Lecker auf kleinen Obsttörtchen und in Cremes.

Himbeere: Die druckempfindlichen Beeren möglichst nicht waschen, sondern nur leicht abtupfen. Man kann sie nach dem gleichen System wie Erdbeeren (s. o.) einfrieren.

Holunderbeeren keinesfalls unreif verzehren, denn dann sind sie giftig und verursachen Brechreiz und Verdauungsstörungen.

Johannisbeeren reifen um den 24. Juni (Johannistag). Mit ihrem hohen Gehalt an Vitamin C sind sie die heimische Alternative zu Zitrusfrüchten.

Kapstachelbeeren (Physalis) sind von einem pergamentartigen, nicht essbaren Kelchblatt umgeben und schmecken nach Stachelbeeren und Ananas.

Wenn man eine **Karambole** quer in Scheiben schneidet, bekommt man lauter Sterne – daher auch der Name Sternfrucht. Sie schmeckt saftig und leicht säuerlich, die Schale ist essbar.

Kirschen eignen sich ganz oder entsteint und in einen Plastikbeutel verpackt hervorragend zum Einfrieren. So halten sie sich etwa ein Jahr.

Kiwis sind sehr druckempfindlich. Angedrückte Früchte anschneiden und den Nasentest machen: Riechen sie vergoren, schmecken sie nicht mehr.

Limetten: Wer's exotisch mag, sollte Rührteig statt mit abgeriebener Zitronenschale ruhig einmal mit abgeriebener Limettenschale aromatisieren.

Mandarinen erinnern an kleine, flache Orangen. Sie sind auch dann genießbar, wenn die Schale noch leicht grün ist.

Mangos sind reif, wenn die Schale auf Fingerdruck leicht nachgibt. Nach dem Schälen das Fruchtfleisch längs zum harten Kern in dünne Scheiben schneiden.

Melonen haben einen hohen Wassergehalt und sind daher ein prima Durstlöscher. Es gibt eine Vielzahl von Sorten, die alle am besten frisch und roh gegessen werden.

Mirabellen sind kirschgroße, gelbe Edelpflaumen, die wunderbar süß schmecken, ein festes Fruchtfleisch haben und gut steinlösend sind.

Nektarinen, eine Kreuzung aus Pfirsich und Pflaume, haben eine glatte Haut, festes Fruchtfleisch, und der Stein lässt sich leicht entfernen.

Orangen: Die geriebene Schale und der Saft aromatisieren Kuchen und Torten. Schöne Spalten nimmt man als Kuchenbelag.

Papayas sind gelbschalige Beerenfrüchte. Ihr Geschmack erinnert an Melonen und Waldmeister. Vorsicht vor den Kernen im Innern: Sie schmecken beißen scharf!

Pfirsiche sind druckempfindlich und darum nur kurzfristig lagerfähig. Am besten, man lagert sie im Plastikbeutel im Kühlschrank. Unreife Früchte reifen bei Zimmertemperatur nach.

Pflaumen sind rundlicher als Zwetschgen und haben eine ausgeprägte »Naht«. Sie lassen sich gut einfrieren, am besten halbiert und ohne Stein.

Preiselbeeren enthalten Benzoësäure und sind darum auch in Form von Kompott sehr lange haltbar.

Quitten sind roh absolut ungenießbar. Lecker schmecken sie erst, wenn man sie gekocht und durch ein Sieb gedrückt hat.

Rhabarber: Die Stangen sollten knackig und die Schnittstellen saftig sein. Roh und ungeschält lassen sie sich prima einfrieren.

Als Tafelobst finden **Sauerkirschen** kaum Verwendung, sondern werden meist direkt weiterverarbeitet – z. B. zu Schwarzwälder Kirschtorte, dem Sauerkirschklassiker.

Stachelbeeren können von Mai bis in den September hinein geerntet werden. Erst ab Juli gibt es reife Beeren für den Rohverzehr, zum Backen und für Desserts.

Vor dem Verzehr immer gut waschen: **Weintrauben** sind fast ausnahmslos gegen Schädlinge und Krankheiten gespritzt.

Die Reife von unbehandelten **Zitronen** erkennt man am Glanz der Schale. Saft und Schale sind optimal zum Aromatisieren von Kuchen, Cremes und Sorbets.

Zwetschgen haben ein festes Fruchtfleisch, das sich leicht vom Stein löst. Da sie weniger Wasser als Pflaumen haben, sind sie zum Backen ideal.

Backen mit Kindern

Wenn es aus der Küche nach Kuchen duftet, sind Kinder schnell zur Stelle: Welches Leckermaul kann einer Rührschüssel mit Teigresten schon widerstehen? Weil es neben dem Schnabulieren aber auch sonst jede Menge Interessantes zu tun gibt, steckt diese Seite voller Tipps und Ideen, wie aus Naschkatzen kleine Bäcker werden …

Obst und Gemüse vorbereiten …

sollten Sie unbedingt Ihrem Nachwuchs überlassen: Zum einen ist's mit Sparschäler und Küchenmesser buchstäblich ein Kinderspiel, zum anderen ist Naschen hier sozusagen streng erlaubt … Und zum Dritten gilt: Früh übt sich! Obst und Gemüse schälen und klein schneiden sollten wegen der Verletzungsgefahr allerdings nur Kinder ab 6 Jahren. Die Bananen für den Bananenkuchen auf S. 41 zermatschen – das können und dürfen aber schon die Allerkleinsten.

Teig rühren …

und sehen, wie sich Mehl, Butter, Zucker und Eier zu einem Teig verbinden, ist schon eine sehr interessante Sache! Lassen Sie Ihre kleinen Helfer also ruhig selbst dieses Wunderwerk vollbringen: Mit einem Handrührgerät kommen Kinder ab 6 Jahren zurecht. Damit sich nur der Teig und nicht etwa die Rührschüssel bewegt, sollte dem Teigrührer aber unbedingt ein Schüsselhalter assistieren. Für Rührsolisten sichern Sie die Rührschüssel, indem Sie ein feuchtes Küchentuch darunter legen.

Teig kneten und formen …

ist für Kinder das Größte: Mit beiden Händen in die glatte Masse greifen und lustige Gebilde daraus formen macht einfach Spaß! Damit sich ganz kleine Bäcker kräftemäßig hier nicht übernehmen, sollten Sie einen Teig wie Hefeteig schon soweit vorbereitet haben, dass er schön elastisch ist. Doch Vorsicht, nicht jeder Teig ist für Kinderhände geeignet: Vor allem an Mürbeteig sollten sich nur die Größeren versuchen, denn er muss schnell geknetet werden (siehe S. 10).

Obstkuchen belegen …

mit Phantasie – darin sind Kinder unschlagbar! Und das beste: Hier können wirklich alle mitmachen. Blechkuchen sind hierfür ideale Kandidaten: Jedes Kind bekommt eine Ecke zugeteilt und darf sie nach Lust und Laune belegen und bestreuen. In etwas kleinerem Rahmen funktioniert das natürlich auch bei Obstkuchen aus einer Springform: Da wird aus dem Wünsch-Dir-Was-Kuchen von S. 200 auf einmal ein Mach'-Dir-Was-Kuchen …

Kekse und Plätzchen ausstechen …

ist auch für ganz Kleine ein großes Vergnügen. Damit sie die ausgestochenen Kekse und Plätzchen leicht aufs Blech heben können, die Arbeitsfläche vor dem Teigausrollen unbedingt mit Mehl einstäuben. Noch mehr Phantasie ist gefordert, wenn sich die jungen Bäckerinnen und Bäcker aus festem Papier Schablonen ausschneiden und damit Figuren aus dem Teig schneiden. Wenn Sie vorher ein Thema vorgeben, tummeln sich auf dem Blech im Nu lustige Figuren.

Kuchen, Torten & Co. dekorieren …

ist fast noch besser als Obstkuchen belegen, denn hier kann man es richtig bunt treiben! Weißer Zuckerguss ist also buchstäblich Schnee von gestern. Richtig »in« dagegen: Den Zuckerguss auf mehrere Schälchen aufteilen, mit Lebensmittelfarben färben – und die kleinen Picassos können loslegen. Die Krönung sind dann allerlei Dekomaterialien wie Zuckerstreusel, Liebesperlen, Schokoplätzchen und Mokkabohnen, die es in den Backregalen der Supermärkte fertig zu kaufen gibt. Fehlt dann nur noch ein witziger Name für das Kuchenkunstwerk …

Küchenfeuerwehr

Kochpannen lassen sich meist irgendwie beheben: Beim Backen sieht es da leider ganz anders aus … Wenn Hefeteig nicht aufgeht oder Eiweiß nicht steif wird, hilft nur der nächste Versuch. Glücklicherweise gibt es aber auch von dieser Regel ein paar Ausnahmen:

Backpulvertest
Unterziehen Sie altes Backpulver folgendem Test: 1 Teelöffel Backpulver in 1 Tasse heißes Wasser geben. Wirft es viele Blasen, können Sie es verwenden.

Brüchiger Mürbeteig
entsteht, wenn das Mehl zu lange untergearbeitet wurde, sodass sich Fett und Mehl voneinander getrennt haben. Retten können Sie ihn, indem Sie 1 gut gekühltes Eiweiß in kleinen Schritten unterarbeiten.

Holzstäbchenprobe
Wenn Sie sich nicht sicher sind, ob das Gebäck schon durch ist, stechen Sie mit einem Holzstäbchen hinein. Kleben Teigreste am Stäbchen, braucht das Gebäck noch eine Runde im Ofen.

Kuchen geht nicht auf
Ist er in der Konsistenz nicht zu fest geworden, einmal durchschneiden und mit Obst, Sahne oder Pudding füllen.

Kuchen geht nicht aus der Form
Hartnäckige Kandidaten lassen sich leichter aus der Form lösen, wenn Sie ein feuchtes Küchentuch kurze Zeit um die Form wickeln.

Kuchen zu trocken
Rührkuchen à la Wüstensand an der Oberfläche dicht an dicht einstechen, mit Fruchtsaft tränken.

Obstkuchen nässen durch
Was geschehen ist, ist leider geschehen! Beim nächsten Mal den Boden vor dem Belegen mit gemahlenen Mandeln oder Haselnüssen bestreuen oder mit erwärmter, durch ein Sieb gestrichener Aprikosenkonfitüre bestreichen.

Rührteig gerinnt
Der Trick: Stellen Sie die Rührschüssel in ein warmes Wasserbad und rühren den Teig wieder glatt.

Sahne wird nicht steif
Ist sie noch nicht geronnen, in eine Metallschüssel füllen und im Gefrierfach abkühlen. Dann langsam weiterschlagen.

Verbrannter Kuchen
Wenn Sie statt Kuchen Kohle aus dem Ofen holen, tragen Sie die verbrannte Schicht mit einem Messer ab. Dann entweder dick mit Puderzucker, Schokostreuseln & Co. bestreuen oder großzügig mit Zuckerguss bzw. Kuvertüre überziehen.

Basis-Vorratsliste

Die ultimative Pannenhilfe beim Backen: ein gut sortierter Vorrat! Denn wenn der nicht aufgegangene Hefeteig im Mülleimer gelandet ist oder Überraschungsbesuch vor der Tür steht, ist Hilfe in allernächster Nähe – z. B. in Form von TK-Blätterteig und Dosenfrüchten.

Das sollten Sie im Schrank haben:

Weizenmehl (Type 405) • gemahlene Mandeln und/oder Haselnüsse Zucker • Vanillezucker • Puderzucker • Honig • Speisestärke Vanillepuddingpulver • Backpulver • Trockenhefe • H-Milch (3,5 %) H-Sahne • Backmargarine • Zitronenschalenaroma • Zitronensaft Fruchtsaft • Dosenfrüchte (z. B. Pfirsiche, Aprikosen, Birnen, Ananas) Konfitüre/Nuss-Nougatcreme • Tortenguss • Sahnesteif • Biskuitboden (Fertigprodukt) • Kakaopulver • Blattgelatine • Kuvertüre • Kokosraspel Schattenmorellen (aus dem Glas) • Löffelbiskuits • Zimtpulver • Öl Dosentomaten • Haferflocken • Rosinen • Dekomaterial (Zucker- und Schokostreusel, Liebesperlen usw.)

Zum Frische-Vorrat gehören:

Eier • Speisequark • Crème fraîche oder Schmand • saure Sahne Joghurt • Käse (z. B. Emmentaler, Gouda, Parmesan) • Zwiebeln Kartoffeln • Äpfel

In der Tiefkühltruhe sollten sich finden:

Früchte (z. B. Himbeeren, Johannisbeeren, Erdbeeren) • Blätterteig Hefeteig • Gemüse (z. B. Blattspinat, Brokkoli) • Kräuter (z. B. Petersilie, Dill, Basilikum) • Butter

Rezepte, Rezepte

fürs ganze Jahr und jede Gelegenheit

Törtchen & Teilchen

Was backe ich, wenn

... es superschnell gehen soll:

Apfelcroissants 21
Apfel-Mohn-Muffins 22
Aprikosen-Muffins 22
Bananen-Muffins 22
Blätterteigbirnen 36
Fruchtige Minittörtchen 20
Heidelbeermuffins 22
Himbeerschnitten 20
Möhren-Muffins 22
Mürbe Törtchen
  mit Mangocreme 21
Nuss-Nougat-Muffins 22
Rosinenschnecken 28
Saure-Sahne-Waffeln 24
Schneckennudeln 21
Schweinsöhrchen 30
Venezianische Törtchen 20

... es aus dem Vorrat sein soll:

Amerikaner 36
Apfelcroissants 21
Aprikosen-Muffins 22
Gefüllte Schuhsohlen 32
Heidelbeer-Muffins 22
Kakaowaffeln mit
  Schokoladensauce 24
Leipziger Lerchen 26
Mürbe Törtchen mit
  Mangocreme 21
Nuss-Nougat-Muffins 23
Rosinenschnecken 28
Sächsischer Prasselkuchen 26
Saure-Sahne-Waffeln 24
Schweinsöhrchen 30
Venezianische Törtchen 20
Windbeutel 30

... es besonders preiswert sein soll:

Amerikaner 36
Apfelcroissants 21
Apfel-Mohn-Muffins 22
Aprikosen-Muffins 22
Bananen-Muffins 23
Blätterteigbirnen 36
Gefüllte Schuhsohlen 30
Heidelbeer-Muffins 22
Kakaowaffeln mit Schokoladensauce 24
Möhren-Muffins 23
Nuss-Nougat-Muffins 23
Sächsischer Prasselkuchen 26
Saure-Sahne-Waffeln 24
Schweinsöhrchen 30

... es fruchtig und saftig sein soll:

Apfelcroissants 20
Apfel-Mohn-Muffins 22
Aprikosen-Muffins 22
Baisertörtchen mit Aprikosen 23
Bananen-Muffins 23
Blätterteigbirnen 36
Erdbeertütchen 34
Fannys Buchteln 28
Fruchtige Minitörtchen 20
Gefüllte Schuhsohlen 32
Heidelbeer-Muffins 22
Himbeerschnitten 20
Kleine Obsttörtchen 36
Möhren-Muffins 23
Mürbe Törtchen
  mit Mangocreme 21
Windbeutel 30

... es gut vorzubereiten sein soll:

Amerikaner 36
Leipziger Lerchen 26
Sächsischer Prasselkuchen 26
Schweinsöhrchen 30

... es etwas Besonderes sein soll:

Baisertörtchen mit Aprikosen 34
Erdbeertütchen 34
Fruchtige Minitörtchen 20
Gefüllte Schuhsohlen 32
Himbeerschnitten 20
Kleine Obsttörtchen 36
Mürbe Törtchen
 mit Mangocreme 21
Windbeutel 30

... es was fürs Kinderfest geben soll:

Amerikaner 36
Apfel-Mohn-Muffins 22
Aprikosen-Muffins 22
Bananen-Muffins 23
Blätterteigbirnen 36
Fruchtige Minitörtchen 20
Heidelbeermuffins 22
Kakao-Waffeln mit
 Schokoladensauce 24
Möhren-Muffins 23
Nuss-Nougat-Muffins 23
Saure-Sahne-Waffeln 34
Schneckennudeln 21
Schweinsöhrchen 30
Venezianische Törtchen 20
Windbeutel 30

... es gut zu transportieren sein soll:

Amerikaner 36
Apfelcroissants 21
Apfel-Mohn-Muffins 22
Aprikosen-Muffins 22
Bananen-Muffins 23
Blätterteigbirnen 36
Fannys Buchteln 28
Heidelbeer-Muffins 22
Möhren-Muffins 23
Nuss-Nougat-Muffins 23
Rosinenschnecken 28
Sächsischer Prasselkuchen 28
Schneckennudeln 21
Schweinsöhrchen 30
Venezianische Törtchen 20

Himbeerschnitten

ZUTATEN FÜR 12 STÜCK:
250 g TK-Himbeeren
6 quadratische Scheiben
TK-Blätterteig (ca. 270 g)
4 EL Zucker
100 g Doppelrahm-Frischkäse
Backpapier

Zubereitungszeit: 10 Min.
(+ 1 Std. Auftauzeit)
Backzeit: 15 Min.

Pro Stück ca. 135 kcal
2 g EW/8 g F/14 g KH

1 Die Himbeeren auf einem großen Teller nebeneinander auftauen lassen. Die Blätterteigscheiben nebeneinander legen und in 20 Min. auftauen lassen. Den Ofen auf 200° vorheizen. Ein Backblech mit Backpapier auslegen.

2 Die Blätterteigplatten zu Dreiecken schneiden, mit einer Gabel mehrmals einstechen, mit etwas Zucker bestreuen und aufs Blech legen. Im Backofen (Mitte, Umluft 180°) 15 Min. backen.

3 Etwa 100 g Himbeeren mit dem restlichen Zucker und dem Frischkäse pürieren. Die Blätterteigteile quer halbieren, die restlichen Himbeeren auf den Unterseiten verteilen, die Creme darauf geben und die Blätterteigdeckel darauf setzen.

Fruchtige Minitörtchen

ZUTATEN FÜR 12 STÜCK:
600 g Johannisbeeren
1 Päckchen Vanillezucker
250 g Crème fraîche
1 EL Puderzucker
2 EL Himbeersirup
1 Päckchen Dessert-Vanillesauce (kalt gerührt)
12 Mürbeteig- oder Biskuitteigtoreletts (fertig aus dem Supermarkt oder vom Bäcker)
200 ml Johannisbeersaft
1 Päckchen klarer Tortenguss

Zubereitungszeit: 15 Min.

Pro Stück ca. 125 kcal
2 g EW/ 7 g F/13 g KH

1 Die Johannisbeeren waschen, die Beeren mit einer Gabel von den Rispen streifen. Beeren mit Vanillezucker vermischen.

2 Crème fraîche mit Puderzucker, 1 EL Himbeersirup und Vanillesauce cremig rühren. Die Creme auf den Torteletts verteilen und mit den Johannisbeeren belegen.

3 Den Johannisbeersaft mit 1 EL Himbeersirup in einem Topf mischen. Das Tortengusspulver unterrühren und unter Rühren zum Kochen bringen. Den fertigen Guss über den Johannisbeeren verteilen. Die Törtchen kühl stellen, mit geschlagener Sahne servieren.

Venezianische Törtchen

ZUTATEN FÜR 12 TÖRTCHEN:
150 g Löffelbiskuits oder Kuchenbrösel · 125 g Butter · 3 Eier
80 g Zucker · 1/2 TL Zimt
100 g gemahlene Mandeln
50 g Schokoflocken
2 EL Aprikosenkonfitüre
50 g weiße Schokoladenglasur
24 Papierbackförmchen

Zubereitungszeit: 15 Min.
Backzeit: 25 Min.

Pro Stück ca. 275 kcal
5 g EW/ 18 g F/24 g KH

1 Die Biskuits oder Brösel fein zerreiben. Die Butter schmelzen lassen und mit den Bröseln vermischen. Die Eier mit dem Zucker schaumig rühren. Zimt, Brösel, Mandeln und Schokoflocken unterrühren.

2 Je 2 Papierbackförmchen ineinandersetzen und auf ein Backblech stellen. Den Teig in die Förmchen füllen. Den Backofen auf 200° (Umluft 180°) einstellen. Die Törtchen im Backofen (Mitte) in 25 Min. goldbraun backen. Herausnehmen, mit erwärmter Aprikosenkonfitüre einpinseln.

3 Die Schokoladenglasur schmelzen und in einen Gefrierbeutel füllen. Ein kleine Ecke abschneiden und die Törtchen mit der Glasur verzieren.

Apfelcroissants

ZUTATEN FÜR 6 STÜCK:
1 Packung Croissant-Teig
(6 Stück, 250 g, Kühltheke)
5 EL Apfelmus (aus dem Glas)
etwas Zimt oder Nelkenpulver
Zum Bestreuen:
2 EL gehackte Haselnüsse
1 TL Zucker · etwas Zimt
Backpapier

Zubereitungszeit: 10 Min
Backzeit 12-15 Min.

Pro Stück ca. 170 kcal
4 g EW/10 g F/17 g KH

1 Den Backofen auf 200° vorheizen. Das Backblech mit Backpapier auslegen.

2 Den Croissant-Teig auseinanderrollen und aufs Backblech legen. Das Apfelmus nach Belieben mit etwas Zimt oder einer Prise Nelkenpulver würzen. Die Teigstücke mit dem Apfelmus bestreichen und von der breiten Seite her aufrollen.

3 Die Haselnüsse mit dem Zucker und dem Zimt vermischen und die Croissants damit bestreuen. Im Backofen (Mitte, Umluft 180°) 12–15 Min. backen.

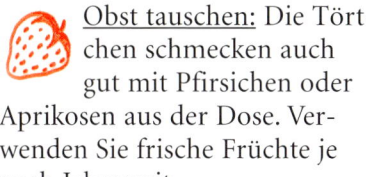 Zutaten tauschen: Streuen Sie gewürfelte Marzipanrohmasse über das Apfelmus.

Schneckennudeln

ZUTATEN FÜR 16 STÜCK:
60 g Butter · 100 g Sahne
3 EL Ahornsirup
100 g gehackte Mandeln · 2 TL Zimt
1 Paket Blätterteig (fertig ausgerollt aus dem Kühlregal, 30x20 cm)
1 Päckchen Vanillezucker
150 g Puderzucker · Backpapier

Zubereitungszeit: 10 Min.
Kühlzeit: 10 Min.
Backzeit: 20 Min.

Pro Stück ca. 210 kcal
2 g EW/14 g F/18 g KH

1 Die Butter schmelzen lassen. Sahne mit 2 EL Butter und 2 EL Ahornsirup erwärmen. Mandeln und Zimt unterrühren.

2 Den Blätterteig entrollen, mit 1 EL Butter bestreichen. Die Mandelfüllung darauf verteilen. Von der Längsseite her aufrollen. Rolle 10 Min. tiefkühlen.

3 Den Backofen auf 220° vorheizen. Das Backblech mit Backpapier auslegen. Die Rolle mit der restlichen Butter bestreichen, mit Vanillezucker bestreuen, in 16 Stücke schneiden und auf das Blech legen. Im Ofen (Mitte, Umluft 200°) in 15-20 Min. goldbraun backen.

4 Puderzucker und restlichen Ahornsirup verrühren. Die Schnecken damit bestreichen.

Mürbe Törtchen mit Mangocreme

ZUTATEN FÜR 8 STÜCK:
2 kleine Dosen Mangos in Scheiben
(à 225 g Abtropfgewicht)
250 g Mascarpone
4 EL Puderzucker
2-3 EL Limetten- oder Zitronensaft
1 Packung Mürbeteigtörtchen
(Supermarkt, 8 Stück, 200 g)

Zubereitungszeit: 10 Min.

Pro Stück ca. 280 kcal
3 g EW/15 g F/33 g KH

1 Die Mangos abtropfen lassen. Die Hälfte der Scheiben mit Mascarpone, Puderzucker und Limetten- oder Zitronensaft pürieren.

2 Die Creme auf den Mürbeteigtörtchen verteilen. Die restlichen Mangoscheiben nach Belieben klein schneiden oder ganz lassen und die Törtchen damit garnieren.

Dekotipp: Ein paar Himbeeren, Erdbeeren oder Kirschen als Garnierung setzen dekorative Farbkontraste. Schön sehen auch Zitronenmelisse oder Minzeblättchen aus.

Obst tauschen: Die Törtchen schmecken auch gut mit Pfirsichen oder Aprikosen aus der Dose. Verwenden Sie frische Früchte je nach Jahreszeit.

Heidelbeer-Muffins

ZUTATEN FÜR 12 STÜCK:
175 g Mehl · 2 TL Backpulver
80 g Zucker · 1 Prise Salz
1 Päckchen Vanillezucker
abgeriebene Schale von
1 unbehandelten Zitrone
2 Eier · 50 g Butter · 175 ml Milch
150 g Heidelbeeren (frisch, TK
oder abgetropft aus dem Glas)
Puderzucker zum Bestäuben
Fett oder Papierbackförmchen

Zubereitungszeit: 15 Min.
Backzeit: 25 Min.

Pro Stück ca. 120 kcal
3 g EW/5 g F/15 g KH

1 Den Backofen auf 200° vorheizen. Muffinsblechs fetten oder Papierförmchen hineinsetzen. Das Mehl in einer Schüssel mit Backpulver, Zucker, Salz, Vanillezucker und der Zitronenschale mischen.

2 In einer zweiten Schüssel die Eier verquirlen. Die Butter schmelzen lassen und mit der Milch unterrühren. Zuerst die Mehlmischung, dann die Heidelbeeren darunter mischen.

3 Den Teig in die Blechvertiefungen füllen. Im Backofen (Mitte, Umluft 160°) in 25 Min. goldgelb backen. Leicht abkühlen lassen und mit Puderzucker bestäuben.

Apfel-Mohn-Muffins

ZUTATEN FÜR 12 STÜCK:
3 Eier
200 g Zucker
200 g weiche Butter
7 EL Apfelmus
150 g Mehl
50 g Weizenvollkornmehl
1/2 Päckchen Backpulver
100 g backfertige Mohnmischung (Backregal)
Fett oder Papierbackförmchen

Arbeitszeit: 10 Min
Backzeit: 20 Min.

Pro Stück ca. 310 kcal
5 g EW/19 g F/30 g KH

1 Den Backofen auf 190° vorheizen. Die Vertiefungen eines Muffinsblechs einfetten oder Papierförmchen hineinsetzen.

2 Die Eier mit dem Zucker und der Butter verquirlen. Das Apfelmus unterrühren. Das Mehl und das Backpulver nur kurz untermischen.

3 Den Teig in die Blechvertiefungen einfüllen. Je 1 gehäuften Teelöffel Mohnmischung auf den Teig setzen und mit einem Holzstäbchen leicht unterrühren. Die Muffins im Backofen (Mitte, Umluft 170°) 20 Min. backen.

Aprikosen-Muffins

ZUTATEN FÜR 12 STÜCK:
1 kleine Dose Aprikosen (225 g Abtropfgewicht) · 3 Eier
150 g Zucker · 200 g weiche Butter
100 g Vanillejoghurt · 200 g Mehl
1/2 Päckchen Backpulver
Fett oder Papierbackförmchen

Arbeitszeit: 15 Min
Backzeit: 20-25 Min.

Pro Stück ca. 275 kcal
4 g EW/19 g F/29 g KH

1 Den Backofen auf 200° vorheizen. Die Vertiefungen eines Muffinsblechs einfetten oder Papierförmchen hineinsetzen.

2 Die Aprikosen abtropfen lassen und klein schneiden. Die Eier mit dem Zucker und der Butter verquirlen. Den Joghurt unterrühren. Die Aprikosen unterheben. Mehl und Backpulver nur kurz untermischen.

3 Den Teig in die Blechvertiefungen füllen und die Muffins im Backofen (Mitte, Umluft 180°) 20-25 Min. backen.

Obst tauschen: Das Obst können Sie nach Lust und Jahreszeit variieren.

Deko-Tipp: Setzen Sie je eine Aprikose vor dem Backen auf den Teig.

Bananen-Muffins

ZUTATEN FÜR 12 STÜCK:
2 reife Bananen · 3 Eier
150 g Butter · 150 g Zucker
50 g gehackte Haselnüsse
150 g Mehl
1/2 Päckchen Backpulver
Fett oder Papierbackförmchen

Arbeitszeit: 15 Min
Backzeit: 15-20 Min.

Pro Stück ca. 240 kcal
4 g EW/15 g F/24 g KH

1 Den Backofen auf 200° vorheizen. Die Vertiefungen eines Muffinsblechs einfetten oder Papierförmchen hineinsetzen.

2 Die Bananen mit einer Gabel zerdrücken. Die Eier mit der Butter und dem Zucker verquirlen. Erst die Bananen, dann die Nüsse unterrühren, zuletzt das Mehl und das Backpulver nur kurz untermischen.

3 Den Teig in die Blechvertiefungen füllen und die Muffins im Backofen (Mitte, Umluft 180°) 15-20 Min. backen.

Zutaten tauschen: Statt Haselnüsse Mandeln oder Walnüsse verwenden. Ob gemahlen, gehackt oder im Ganzen bleibt Ihrem Geschmack überlassen. Wer mag, lässt die Nüsse ganz weg.

Möhren-Muffins

ZUTATEN FÜR 12 STÜCK:
1 unbehandelte Orange
250 g Möhren
150 g gemahlene Haselnüsse
200 g Mehl · 1 TL Natron (ersatzweise Backpulver)
1 Ei · 150 g brauner Zucker
100 ml Öl · 200 g saure Sahne
Fett oder Papierbackförmchen

Zubereitungszeit: 15 Min.
Backzeit: 25 Min.

Pro Stück ca. 260 kcal
4 g EW /15 g F /24 g KH

1 Den Backofen auf 175° vorheizen. Muffinsblech fetten hineinsetzen.

2 Schale der Orange abreiben, Saft auspressen. Möhren putzen und fein reiben. Mit Orangensaft, Schale und Haselnüssen mischen. Mehl mit Natron mischen. Das Ei mit Zucker schaumig rühren, Öl und saure Sahne hinzufügen. Möhrenmischung und das Mehl unterheben.

3 Den Teig in die Blechvertiefungen füllen. Im Backofen (Mitte, Umluft 160°) in 20-25 Min. goldbraun backen.

Deko-Tipp: Die Muffins mit Puderzuckerglasur überziehen und mit kleinen Marzipanmöhren verzieren.

Nuss-Nougat-Muffins

ZUTATEN FÜR 12 STÜCK:
3 Eier · 200 g Zucker
200 g weiche Butter
3 EL Nuss-Nougat-Creme
1 EL Kakaopulver
200 g Mehl
1/2 Päckchen Backpulver
Fett oder Papierbackförmchen

Arbeitszeit: 10 Min.
Backzeit: 15-20 Min.

Pro Stück ca. 290 kcal
4 g EW /17 g F /31 g KH

1 Den Backofen auf 190° vorheizen. Das Muffinsblech einfetten oder Papierförmchen hineinsetzen.

2 Die Eier mit dem Zucker und der Butter schaumig schlagen. Die Nuss-Nougat-Creme und das Kakaopulver unterrühren. Das Mehl und das Backpulver untermischen.

3 Den Teig in die Blechvertiefungen füllen und die Muffins im Backofen (Mitte, Umluft 170°) 15-20 Min. backen. Blech aus dem Ofen nehmen, 5 Min. ruhen lassen und erst dann die Muffins aus dem Blech lösen.

Deko-Tipp: Schmelzen Sie etwas weiße und braune Kuvertüre und lassen Sie sie über die Muffins laufen.

Kakaowaffeln mit Schokoladensauce

Schnell ●●●	Zubereitungszeit: 30 Min.
Vorbereiten ●	Backzeit: 25-30 Min.
Preiswert ●●●	

Pro Waffel ca. 425 kcal
7 g Eiweiß /27 g Fett /38 g Kohlenhydrate

ZUTATEN FÜR 8 WAFFELN:
150 g Mehl · 1/2 Päckchen Backpulver
3 EL Kakao · 125 g Butter
80 g Puderzucker
1 Päckchen Vanillezucker
Salz · 3 Eier
200 ml Milch
Für die Schokoladensauce:
150 g Zartbitterkuvertüre
125 g Sahne · 1 Prise Zimt
1 TL Vanillezucker
Fett für das Waffeleisen

1 Das Mehl mit dem Backpulver und Kakao in eine Schüssel sieben. Die Butter schmelzen lassen und mit dem Puderzucker, Vanillezucker, 1 Prise Salz, den Eiern und der Milch zum Mehl geben. Alles zu einem glatten Teig rühren.

2 Das Waffeleisen geschlossen vorheizen, einfetten, jeweils einen Schöpfer Teig darauf geben und nach und nach in jeweils 3-4 Min. 8 Waffeln backen.

3 Für die Schokoladensauce die Kuvertüre in kleine Stücke schneiden. Die Sahne mit Zimt und Vanillezucker aufkochen und unter ständigem Rühren die Kuvertüre darin schmelzen lassen.

4 Über die fertigen Waffeln etwas Schokoladensauce träufeln. Dazu passt Zimtschlagsahne.

Zutaten tauschen: Für Haselnusswaffeln 150 g weiche Butter mit 100 g Zucker und 1 Päckchen Vanillezucker verrühren. 4 Eier darunter rühren. Mit 200 g Dinkelmehl, 1 TL Backpulver, 1 Prise Salz und 100 g gemahlenen Haselnüssen zu einem glatten Teig rühren, evtl. etwas Milch dazugeben. Die Waffeln wie oben beschrieben backen.

Saure-Sahne-Waffeln

Schnell ●●●	Zubereitungszeit: 15 Min.
Vorbereiten ●	Ruhezeit: 15 Min.
Preiswert ●●●	Backzeit: 15 Min.

Pro Waffel ca. 320 kcal
9 g Eiweiß /18 g Fett /31 g Kohlenhydrate

ZUTATEN FÜR 6 WAFFELN:
5 Eier
65 g Zucker
1 Päckchen Vanillezucker
1/2 Päckchen geriebene Zitronenschale
1 Prise Salz
150 g Mehl
150 g Schmand
5 EL flüssige Butter
Fett für das Waffeleisen

1 Die Eier mit dem Zucker sehr schaumig schlagen. Vanillezucker, geriebene Zitronenschale und Salz einrühren.

2 Das Mehl sieben und abwechselnd mit dem Schmand nach und nach unter die Ei-Zucker-Masse rühren. Zum Schluss die Butter dazugießen und mit dem Teig mischen. Den Waffelteig 15 Min. ruhen lassen.

3 Inzwischen das Waffeneisen vorheizen und einfetten. Etwas Teig einfüllen, backen und auf ein Kuchengitter legen, bis alle Waffeln gebacken sind. Die Waffeln können auch im 100° heißen Backofen auf einem Gitter warm gehalten werden.

Deko-Tipp: Nach Belieben können die Waffeln mit Puderzucker bestäubt werden.

Mit Pep: Sehr gut schmecken zu den Waffeln geschlagene Sahne und warmes Kirschkompott, eingekochte Preiselbeeren oder gezuckerte Erdbeeren.

Bild oben:
Kakaowaffeln und Haselnusswaffeln
Bild unten: Saure-Sahne-Waffeln

Sahne einfrieren

Um immer Sahne im Vorrat zu haben, können Sie sie direkt im Becher einfrieren. Beim Auftauen ist dann folgendes zu beachten: Sahne lässt sich am besten schlagen, wenn sie noch nicht ganz aufgetaut ist. Deshalb bitte Vorsicht beim Auftauen in der Mikrowelle. Schlagen Sie die Sahne dann auf, lassen Sie sie kurz stehen und schlagen Sie sie nochmals auf.

Leipziger Lerchen

Schnell ●●	Zubereitungszeit: 45 Min.
Vorbereiten ●	Ruhezeit: 30 Min.
Preiswert ●●●	Backzeit: 35–40 Min.

Bei 10 Stück pro Stück ca. 525 kcal
7 g Eiweiß / 28 g Fett / 60 g Kohlenhydrate

ZUTATEN FÜR 8–10 STÜCK:
Für den Mürbeteig:
2 Eier · 250 g Mehl · 125 g kalte Butter · 125 g Zucker
Salz · 1 TL abgeriebene Zitronenschale
Für die Füllung:
125 g weiche Butter · 150 g Puderzucker
100 g gemahlene Mandeln
2 Tropfen Bittermandelaroma
2 EL Aprikosenlikör · 75 g Mehl · 1 Ei
50 g Zucker · 4–5 EL Aprikosenmarmelade

1 Die Eier trennen. Aus Mehl, Butter, Zucker, den Eigelben (Eiweiße beiseite stellen), 1 Prise Salz und der Zitronenschale einen glatten Mürbeteig kneten. In Folie einschlagen und 30 Min. im Kühlschrank ruhen lassen.

2 Für die Füllung Butter und Puderzucker cremig rühren. Nach und nach die Mandeln, das Aroma, Likör und Mehl dazugeben. Das Ei trennen, alle 3 Eiweiße mit dem Zucker steif schlagen und unter die Mandelmasse heben.

3 Den Mürbeteig etwa 1/2 cm dünn ausrollen. Kleine runde Backförmchen mit gewelltem Rand (Ø 6-8 cm) dünn ausfetten und jedes mit Teig auslegen. Überstehenden Teig abschneiden und aufheben. Mit einer Gabel mehrmals in den Teig stechen. Den Backofen auf 180° vorheizen.

4 Die Aprikosenmarmelade leicht erwärmen und den Teig in den Förmchen zu etwa 2/3 damit bestreichen. Nun die Mandelmasse einfüllen und glatt streichen. Aus den Teigresten schmale, 1/2 cm breite Streifen ausrädeln. Jeweils 2 Streifen kreuzförmig auf die Törtchen legen, die Ränder leicht festdrücken. Mit dem restlichen Eigelb bestreichen.

5 Die Lerchen im Ofen (Mitte, Umluft 160°) in 35-40 Min. hellbraun backen. Etwas abkühlen lassen, stürzen und mit der restlichen Aprikosenmarmelade bestreichen.
Dazu schmeckt eine Fruchtjoghurtsauce, frische Beeren oder Schlagsahne.

Sächsischer Prasselkuchen

Schnell ●●	Zubereitungszeit: 45 Min.
Vorbereiten ●	Backzeit: 15–20 Min.
Preiswert ●●●	

Pro Stück ca. 130 kcal
1 g Eiweiß / 7 g Fett / 15 g Kohlenhydrate

ZUTATEN FÜR 30 STÜCK:
300 g TK-Blätterteig
200 g Mehl
100 g Zucker
Salz
125 g weiche Butter
Für die Glasur:
25 g Kokosfett (1 Würfel)
100 g Puderzucker
3 EL Zitronensaft

1 Die Blätterteigscheiben auseinander legen und auftauen lassen.

2 Das Mehl mit dem Zucker, 1 Prise Salz und der Butter zu krümeligen Streuseln verkneten. Den Backofen auf 220° vorheizen.

3 Jede Blätterteigscheibe auf einer bemehlten Arbeitsfläche dünn ausrollen. Mit einem Teigrädchen Stücke von 6x10 cm schneiden (1 Platte ergibt 6 Stücke). Mit einer Gabel mehrmals in den Teig stechen und den Teig leicht mit Wasser bestreichen.

4 Ein Backblech mit Backpapier belegen und etwa 10 Teigstücke darauf geben. Mit Streuseln belegen und im Ofen (Mitte, Umluft 200°) in 15-20 Min. goldgelb backen. Die Prasselkuchen nacheinander backen.

5 Für die Glasur das Fett schmelzen und wieder abkühlen lassen. Mit dem Puderzucker und Zitronensaft verrühren und jeden Prasselkuchen damit bestreichen oder mit Linien überziehen.

Bild oben: Leipziger Lerchen
Bild unten: Sächsischer Prasselkuchen

Mürbeteig einfrieren

Mürbeteig können Sie roh oder gebacken einfrieren. Geben Sie den rohen Teig in einen Gefrierbeutel und drücken Sie ihn möglichst flach. So gefriert er schneller und auch die Auftauzeit verkürzt sich. Gebackenen Mürbeteig wie Torteletts geben Sie am besten in Gefrierdosen, damit er nicht zerbricht. Weitere Tipps zum Einfrieren von Gebäck und Kuchen finden Sie auf Seite 230.

Rosinenschnecken

Schnell ●●●	Zubereitungszeit: 30 Min.
Vorbereiten ●	Ruhezeit: 1 Std.
Preiswert ●●●	Backzeit: 30 Min.

Pro Stück ca. 240 kcal
4 g Eiweiß/ 13 g Fett/ 26 g Kohlenhydrate

ZUTATEN FÜR 20 STÜCK:
250 g Magerquark
250 g weiche Butter
250 g Mehl
1 1/2 TL Backpulver
2 Päckchen Vanillezucker
Salz
125 g Rosinen
100 g gehackte Mandeln
4 EL Zucker
1/2 TL Zimt
150 g Puderzucker
1 1/2 EL Zitronensaft
Backpapier

1 Den Quark abtropfen lassen und in eine Schüssel geben. 200 g Butter in kleinen Stückchen, das Mehl, Backpulver, Vanillezucker und 1 Prise Salz mit dem Quark mischen und zu einem glatten Teig verkneten. In Folie wickeln und 1 Std. kühl stellen.

2 Den Backofen auf 200° vorheizen. Ein Blech mit Backpapier auslegen.

3 Den Teig auf einer bemehlten Arbeitsfläche ausrollen (ca. 40x60 cm). Die restliche Butter leicht schmelzen lassen und auf den Teig pinseln. Rosinen und Mandeln darauf verteilen. Zucker mit Zimt mischen und darüber streuen.

4 Die Teigplatte von der schmalen Seite her aufrollen und mit einem immer wieder angefeuchteten Messer in Scheiben schneiden.

5 Die Schnecken auf das Blech legen und im Ofen (Mitte, Umluft 180°) in 30 Min. goldbraun backen.

6 Den Puderzucker mit Zitronensaft verrühren und auf die noch warmen Schnecken pinseln.

Fannys Buchteln

Schnell ●●	Zubereitungszeit: 45 Min.
Vorbereiten ●	Ruhezeit: 1 Std. 20 Min.
Preiswert ●●●	Backzeit: 40 Min.

Bei 15 Stück pro Stück ca. 275 kcal
5 g Eiweiß/11 g Fett/ 38 g Kohlenhydrate

ZUTATEN FÜR 12-15 STÜCK:
500 g Mehl · 1 Würfel Hefe (42 g) · 80 g Zucker
1/4 l lauwarme Milch · 150 g Butter, Salz
1 Päckchen Vanillezucker
1 TL abgeriebene Zitronenschale
4 Eigelbe · 200 g Pflaumenmus (aus dem Glas)
Fett für die Form

1 Das Mehl in eine Schüssel sieben, in die Mitte eine Vertiefung drücken. Die Hefe hineinbröckeln, 1 EL Zucker und die Hälfte Milch darüber geben. Von der Mitte her mit etwas Mehl zu einem Brei verrühren, bis sich die Hefe aufgelöst hat.

2 Den Vorteig mit etwas Mehl bestäuben und abgedeckt an einem warmen Platz 20 Min. ruhen lassen.

3 Den restlichen Zucker, 50 g Butter, 1 Prise Salz, Vanillezucker, Eigelbe und Zitronenschale dazugeben. Einen glatten Teig kneten und nochmals abgedeckt 30 Min. gehen lassen.

4 Den Teig auf einer bemehlten Arbeitsfläche zu einem Quadrat ausrollen und daraus kleine Quadrate (ca. 5x5 cm) schneiden. Jeweils in die Mitte 1 TL Pflaumenmus setzen und den Teig darüber zusammendrücken.

5 Eine feuerfeste Form ausfetten. Die restliche Butter schmelzen lassen. Die Buchteln in die Butter tauchen und mit der Verschlussseite nach unten, aber nicht zu dicht in die Form setzen. Übrige Butter darüber streichen. Buchteln abgedeckt nochmals 30 Min. gehen lassen. Den Backofen auf 180° vorheizen.

6 Die Buchteln im Backofen (Mitte, Umluft 160°) in 40 Min. goldgelb backen. Noch warm mit einer Vanillesauce (Rezept Seite 46) servieren.

Bild oben: Rosinenschnecken
Bild unten: Fannys Buchteln

Schnecken mit Pflaumenmus

300 g Kartoffeln kochen, fein zerdrücken, mit 4 EL Grieß, 80 g Mehl, 2 EL Zucker, einem Ei und 3 EL weicher Butter verkneten. Backofen auf 200° vorheizen. Teig auf einer bemehlten Arbeitsfläche zu einem 30 x 15 cm großen Rechteck ausrollen, mit 150 g Pflaumenmus bestreichen und 4 EL Rosinen bestreuen. Teig von der Längsseite her fest aufrollen und in 3 cm dicke Scheiben schneiden. Schnecken auf ein mit Backpapier belegtes Blech legen und im Ofen (Mitte, Umluft 180°) ca. 20-25 Min. backen. Auskühlen lassen und mit Puderzucker bestäuben.

Windbeutel

Schnell ●	Zubereitungszeit: 1 Std.
Vorbereiten ●	Backzeit: 20–25 Min.
Preiswert ●	

Bei 15 Stück pro Stück ca. 140 kcal
2 g Eiweiß /11 g Fett /7 g Kohlenhydrate

ZUTATEN FÜR 12-15 STÜCK:
Für den Brandteig:
1 Päckchen Vanillezucker · Salz
60 g Butter · 100 g Mehl · 1 EL Speisestärke · 3 Eier
Für die Füllung:
300 g Sahne · 1 1/2 EL Puderzucker
250 g gemischte Beeren (frisch oder TK)
Puderzucker zum Bestäuben
Backpapier

1 In einem Topf 1/4 l Wasser mit dem Vanillezucker, 2 Prisen Salz und der Butter aufkochen.

2 Mehl und Speisestärke sieben, mischen und auf einmal in das Butter-Wasser-Gemisch geben. Teig so lange rühren, bis er sich zu einem Kloß verbunden hat. Am Topfboden bildet sich dann eine weiße dünne Schicht.

3 Den Topf vom Herd nehmen und die Eier einzeln darunter mischen. Den Backofen auf 200° vorheizen. Das Backblech mit Backpapier belegen.

4 Den Teig in einen Spritzbeutel mit großer Sterntülle füllen und mit Abstand Rosetten auf das Blech spritzen.

5 Die Windbeutel im Backofen (Mitte, Umluft 180°) in 20–25 Min. goldbraun backen (dabei nicht die Ofentür öffnen, sonst fällt das Gebäck zusammen!). Anschließend sofort mit einer Küchenschere einen Deckel abschneiden und die Windbeutel ausdampfen lassen.

6 Für die Füllung die Sahne mit dem Puderzucker steif schlagen. Beeren putzen, größere nach Belieben teilen. Die Sahne in die untere Windbeutelhälfte füllen, einige Beeren leicht eindrücken und den Deckel darauf setzen. Mit Puderzucker bestäuben und sofort servieren, denn sie schmecken ganz frisch am besten!

Mit Pep: Wenn Sie keinen Spritzbeutel haben, den Teig mit 2 Teelöffeln in kleinen Häufchen auf das Blech setzen.

Schweinsöhrchen

Schnell ●●●	Zubereitungszeit: 25 Min.
Vorbereiten ●●●	Ruhezeit: 20 Min.
Preiswert ●●●	Backzeit: 15 Min.

Pro Stück ca. 45 kcal
0 g Eiweiß /2 g Fett /5 g Kohlenhydrate

ZUTATEN FÜR ETWA 40 STÜCK:
300 g TK-Blätterteig
1 1/2 EL Butter
100 g Zucker
1 Päckchen Vanillezucker

1 Den Blätterteig in 10 Min. auftauen lassen. Die Butter schmelzen und wieder abkühlen lassen. Den Zucker mit Vanillezucker mischen.

2 Die einzelnen Teigplatten leicht mit Wasser bestreichen und wieder aufeinander legen. Auf die Arbeitsfläche etwas Zucker streuen und den Teig zu einem Quadrat (ca. 30x30 cm) ausrollen.

3 Die Butter auf dem Teig verstreichen und mit der Hälfte Zucker bestreuen. Nun den Teig von beiden Seiten her gleichmäßig und fest zur Mitte hin einrollen und leicht aneinander drücken. Die Rolle 20 Min. im Kühlschrank ruhen lassen.

4 Den Backofen auf 200° vorheizen. Die Teigrolle in 1/2 cm dicke Scheiben schneiden und von einer Seite in den restlichen Zucker drücken. Mit der Zuckerseite nach oben auf ein angefeuchtetes Blech legen und im Ofen (Mitte, Umluft 180°) 15 Min. backen. Dann die Schweinsöhrchen wenden und weitere 5 Min. backen, damit der Zucker auf beiden Seiten goldbraun karamellisieren kann.

Deko-Tipp: Zartbitterkuvertüre im Wasserbad schmelzen, die Schweinsöhrchen zur Hälfte darin eintauchen.

Bild oben: Windbeutel
Bild unten: Schweinsöhrchen

Schokofüllung für Windbeutel

1 Päckchen Puddingpulver nach Packungsanweisung mit 1/2 l Milch und 50 g Zucker zubereiten. Den Pudding anschließend abkühlen lassen und, damit sich keine Haut bildet, immer wieder umrühren. Unter den erkalteten Pudding 2 EL Crème fraîche, 1 EL Schokoraspel und 1 Prise Zimt rühren. Füllung mit Spritzbeutel oder einfach mit einem Löffel in die Windbeutel füllen.

Kleine Obsttörtchen

Schnell ●	Zubereitungszeit: 1 Std.
Vorbereiten ●●	Ruhezeit: 30 Min.
Preiswert ●●	Backzeit: 15 Min.

Bei 14 Stück pro Stück ca. 195 kcal
2 g Eiweiß/13 g Fett/18 g Kohlenhydrate

ZUTATEN FÜR 12-14 TÖRTCHEN:
100 g Mehl · 4 EL Speisestärke
1/2 TL Backpulver · 50 g weiche Butter
7 EL Puderzucker · 1 Ei · Salz
400 g Sahne · 1 Päckchen Vanillezucker
1 EL Amaretto oder Rum (nach Belieben)
500 g frisches Obst nach Belieben, z.B. Erdbeeren, Johannisbeeren, Stachelbeeren, Heidelbeeren, Brombeeren, Himbeeren, Trauben, Pfirsiche, Aprikosen, Kiwis, Ananas
Fett für die Förmchen

1 Aus Mehl, Speisestärke, Backpulver, Butter, 5 EL Puderzucker, dem Ei und 1 Prise Salz einen Teig kneten. Zur Kugel formen, in Klarsichtfolie wickeln und 30 Min. im Kühlschrank ruhen lassen. Die Tortelettförmchen ausfetten, den Backofen auf 200° vorheizen.

2 Den Teig auf einer bemehlten Arbeitsfläche dünn ausrollen. Zur passenden Größe ausrädeln und die Förmchen damit auskleiden. Den Boden mit einer Gabel mehrmals einstechen, überstehenden Rand abschneiden. Im Backofen (Mitte, Umluft 180°) 15 Min. backen. Aus den Förmchen nehmen und auskühlen lassen.

3 Das Obst putzen und evtl. zerteilen. Die Sahne mit dem restlichen Puderzucker und Vanillezucker steif schlagen, nach Belieben Amaretto oder Rum unterziehen. In einen Spritzbeutel füllen und nach Belieben dekorativ unter, zwischen oder auf die mit Obst belegten Törtchen spritzen. Nach Geschmack zusätzlich mit Blüten, kandierten Veilchen, Schokoladentröpfchen o.a. verzieren.

Aus dem Vorrat: Natürlich können Sie die Torteletts auch fertig kaufen. Wenn Sie nur einige Backförmchen besitzen, einfach die Böden nacheinander backen. Die Törtchen können gut auf Vorrat gebacken werden. In einer Blechdose aufbewahrt, halten sie sich ca. 1 Woche frisch. Bei Bedarf brauchen sie dann nur noch belegt zu werden. Gut abgetropftes Obst aus der Dose eignet sich ebenfalls.

Gefüllte Schuhsohlen

Schnell ●	Zubereitungszeit: 45 Min.
Vorbereiten ●●●	Backzeit: 15 Min.
Preiswert ●●●	

Pro Stück ca. 565 kcal
8 g Eiweiß /32 g Fett /61 g Kohlenhydrate

ZUTATEN FÜR 4 STÜCK:
300 g TK-Blätterteig
4 EL Hagelzucker
2 Blatt weiße Gelatine
1/2 Päckchen Vanillepuddingpulver
200 ml Milch
3 EL Zucker
1 Eigelb
100 g Sahne
1 Päckchen Vanillezucker

1 Den Blätterteig auftauen lassen. Den Backofen auf 220° vorheizen.

2 Aus jeder Platte zwei Kreise von ca. 7 cm Ø ausstechen und diese zu ovalen Sohlen ausrollen. 4 Ovale mit dem Hagelzucker bestreuen, den Teig leicht eindrücken und mit einer Gabel mehrmals einstechen. Alle Sohlen auf ein angefeuchtetes Backblech legen. Die bestreuten Sohlen mit der Zuckerseite nach oben auf das Blech legen. Schuhsohlen im Ofen (Mitte, Umluft 200°) 15 Min. backen.

3 Die Gelatine in kaltem Wasser einweichen. Den Vanillepudding mit Milch und Zucker nach der Packungsanweisung kochen. Gelatine ausdrücken und unter den heißen gekochten Pudding rühren. Das Eigelb unterziehen und abkühlen lassen.

4 Die Sahne mit dem Vanillezucker steif schlagen und unter den Pudding heben. Vier Sohlen (die ohne Hagelzucker) dick mit der Creme bestreichen und mit je einer Zuckersohle bedecken.

Deko-Tipp: Es sieht schöner aus, wenn Sie die Creme mit dem Spritzbeutel aufspritzen. Zusätzlich können Sie z.B. noch in Spalten geschnittenes Obst (Pfirsiche oder Aprikosen, auch aus der Dose) auf die Creme legen. Schuhsohlen schmecken natürlich auch klassisch mit Schlagsahne gefüllt.

Bild oben: Gefüllte Schuhsohlen
Bild unten: Kleine Obsttörtchen

Sahne-Füllungen

ERDBEER-ZITRONENSAHNE: 400 g Erdbeeren waschen, putzen und mit einer Gabel zerdrücken. 30 g Puderzucker, Schale und Saft einer unbehandelten Zitrone unterrühren. 300 g Sahne mit 1 Päckchen Vanillezucker steif schlagen und unter das Erdbeerpüree heben.

ZITRONENSAHNE: 150 g Quark mit der abgeriebenen Schale und dem Saft von 1 unbehandelten Zitrone glattrühren. 300 g Sahne mit einem Päckchen Vanillezucker steif schlagen und unterheben.

Baisertörtchen mit Aprikosen

Schnell ●	Zubereitungszeit: 30 Min.
Vorbereiten ●●	Ruhezeit: über Nacht
Preiswert ●●	Backzeit: 1 Std. 30 Min.

Bei 10 Stück pro Stück ca. 200 kcal
3 g Eiweiß / 7 g Fett / 31 g Kohlenhydrate

ZUTATEN FÜR 8-10 TÖRTCHEN:
4 Eiweiße · Salz · 200 g Puderzucker
1 Päckchen Vanillezucker
1 EL Speisestärke · 400 g Aprikosen
2-3 Schnapsgläser Aprikosenlikör (ersatzweise Apfelsaft oder Wasser) · 100 g Zartbitterkuvertüre
150 g Sahne · Backpapier

1 Die Eiweiße mit 1 Prise Salz in einer Schüssel mit den Quirlen des Handrührgerätes sehr steif schlagen. Nacheinander 3-4 EL Puderzucker unterschlagen, bis die Masse weiche Spitzen hat.

2 Restlichen Puderzucker mit dem Vanillezucker und der Speisestärke mischen und nach und nach unter den Eischnee heben. Den Backofen auf 95° vorheizen. Ein Blech mit Backpapier belegen.

3 Die Masse in einen Spritzbeutel mit Sterntülle füllen und von der Mitte anfangend runde Kreise (ca. 8–10 cm Ø) auf das Papier spritzen. Den äußeren Rand mit Tupfen verzieren. Die Baisers im Ofen (Mitte, Umluft 80°) 1 1/2 Std. mehr trocknen als backen. Einen Holzlöffel zwischen die Ofentür klemmen, damit die Feuchtigkeit abziehen kann und die Temperatur nicht zu hoch wird. Die Törtchen vom Papier lösen und über Nacht trocknen lassen.

4 Die Aprikosen überbrühen, enthäuten, den Stein entfernen und die Früchte in Spalten schneiden. Das Obst im Likör 5 Min. pochieren, dabei vorsichtig wenden.

5 Die Kuvertüre im heißen Wasserbad schmelzen. Etwas abkühlen lassen und die Törtchenböden bis auf einen kleinen Rest damit bestreichen. Die Sahne steif schlagen, nach Belieben noch etwas Likör untermischen. Die Aprikosen in die Baisers füllen, eine Sahnehaube aufspritzen und die restliche Kuvertüre darüber träufeln.

Zutaten tauschen: Unter die Baisermasse entweder 2 TL Kakao oder 60 g Kokosraspel mischen. In die fertigen Törtchen geschlagene Sahne spritzen und mit gemischten, in Zucker gewälzten Beeren füllen.

Erdbeertütchen

Schnell ●●	Zubereitungszeit: 35 Min.
Vorbereiten ●	Backzeit: 10–12 Min.
Preiswert ●●	

Bei 6 Stück pro Stück ca. 310 kcal
6 g Eiweiß / 13 g Fett / 42 g Kohlenhydrate

ZUTATEN FÜR 4-6 TÜTCHEN:
2 Eier
Zucker und Mehl nach dem Eigewicht
1/2 TL Backpulver
500 g kleine Erdbeeren
200 g Sahne
1 TL Zucker
1 EL Puderzucker
Backpapier

1 Den Backofen auf 200° vorheizen. Die Eier wiegen und danach die gleiche Zucker- und Mehlmenge abwiegen. Eier und Zucker schaumig rühren, das Mehl und Backpulver dazusieben und einen glatten Teig rühren. Ist der Teig zu dick, evtl. mit 1 EL Wasser strecken.

2 Ein Backblech mit Backpapier belegen. Jeweils etwas Teig kreisförmig und dünn (Ø ca. 12 cm) in Abständen auf das Blech streichen. Im Backofen (Mitte, Umluft 180°) 10-12 Min. backen. Wenn die Ränder braun werden, vom Blech lösen und noch warm zu Tütchen formen. Die Ränder gut festdrücken.

3 Die Erdbeeren putzen, größere eventuell zerteilen. Die Sahne mit dem Zucker steif schlagen. Beeren und Sahne in die Tütchen füllen, mit Puderzucker bestäuben und servieren.

 Obst tauschen: Gibt es keine Erdbeeren, so schmecken die Tütchen auch sehr lecker mit Himbeeren oder Heidelbeeren.

Bild oben: Erdbeertütchen
Bild unten: Baisertörtchen mit Aprikosen

Erdbeerkonfekt

15 schöne Erdbeeren waschen und trocken tupfen, die Kelche dabei nicht abzupfen. Jeweils 50 g weiße und dunkle Kuvertüre im Wasserbad schmelzen. Die Beeren gut bis zur Hälfte in die Kuvertüre eintauchen. Erdbeeren auf einem Kuchengitter trocknen lassen. Nach Belieben in kleine Papiermanschetten setzen und zu den Erdbeertütchen reichen.

Amerikaner

Schnell	●●	Zubereitungszeit: 45 Min.
Vorbereiten	●●	Backzeit: 15-20 Min.
Preiswert	●●●	

Bei 12 Stück pro Stück ca. 265 kcal
4 g Eiweiß/11 g Fett/37 g Kohlenhydrate

ZUTATEN FÜR 10-12 STÜCK:
100 g Butter oder Margarine
100 g Zucker · Salz
abgeriebene Schale von 1 unbehandelten Zitrone
2 Eier
250 g Mehl
2 TL Backpulver
1 EL Rum (nach Belieben)
knapp 1/8 l Milch
Für den Guss:
100 g Schokoladenkuvertüre
100 g Puderzucker
1 EL Zitronensaft
Backpapier

1 Butter oder Margarine mit Zucker, 1 Prise Salz, Zitronenschale und den Eiern schaumig rühren. Das Mehl mit dem Backpulver dazusieben, Rum und soviel Milch untermengen, dass ein zähfließender Teig entsteht.

2 Den Backofen auf 200° vorheizen. Ein Backblech mit Backpapier auslegen.

3 Vom Teig kleine Teighäufchen in genügend Abstand auf das Blech setzen und im Backofen (Mitte, Umluft 180°) in 15-20 Min. goldgelb backen. Auf ein Kuchengitter legen und abkühlen lassen.

4 Die Kuvertüre schmelzen lassen. Den Puderzucker mit Zitronensaft glatt rühren.

5 Nun die flache Seite der Amerikaner nach Belieben bestreichen: jeweils nur mit einem Guss oder halb Zuckerguss, halb Schokolade. Amerikaner danach trocknen lassen.

Deko-Tipp: Wenn Sie Amerikaner zu Ostern backen, dann rühren Sie unter etwas Zuckerguss gelbe Speisefarbe und setzen einen extra dicken und schönen runden Klecks (wie ein Eigelb) in die Mitte.

Mit Pep: Sie können aus dem Teig natürlich viele kleine »Mini-Amerikaner« backen, super für Kindergeburtstage!

Blätterteigbirnen

Schnell	●●●	Zubereitungszeit: 25 Min.
Vorbereiten	●●	Backzeit: 15 Min.
Preiswert	●●●	

Pro Stück ca. 210 kcal
3 g Eiweiß /11 g Fett /24 g Kohlenhydrate

ZUTATEN FÜR 8 STÜCK:
300 g TK-Blätterteig
4 mittelgroße reife Birnen
3 EL Apfelgelee
(ersatzweise Quitten- oder Zitronengelee)
1 EL Butter · 2 TL Zucker
1 Eigelb · Puderzucker zum Bestäuben
Backpapier

1 Den Blätterteig auftauen lassen. Die Birnen schälen, halbieren, das Kerngehäuse entfernen. Birnenhälften fächerartig einschneiden.

2 Apfelgelee erwärmen, die Birnenhälften darin 2 Min. ziehen lassen. Herausnehmen und abtropfen lassen. Die Butter in einem Topf erwärmen.

3 Den Blätterteig 1 cm dick ausrollen und mit der Hälfte der flüssigen Butter bestreichen, 1 TL Zucker darüber streuen. Den Teig zusammenklappen und wieder 1 cm dick ausrollen.

4 Den Backofen auf 200 ° vorheizen. Das Backblech mit Backpapier auslegen.

5 Den Blätterteig in 8 gleich große Stücke schneiden und auf das Backblech legen. Mit dem übrig gebliebenen Apfelgelee bestreichen. Die Birnenhälften darauf verteilen. Die Ränder einschlagen, etwas hochziehen und an die Birnen andrücken. Teigrand mit Eigelb bestreichen. Die Birnen mit der restlichen Butter bestreichen und mit 1 TL Zucker bestreuen.

6 Die Blätterteigbirnen im Backofen (Mitte, Umluft 180°) 15 Min. backen. Herausnehmen und vor dem Servieren mit Puderzucker bestäuben.

Deko-Tipp: Aus übrig gebliebenem Blätterteig kleine Blätter ausstechen, mit Eigelb bestreichen und die Birnen damit verzieren.

Bild oben: Amerikaner
Bild unten: Blätterteigbirnen

Obst tauschen

Blätterteig ist ein Allroundtalent und lässt sich mit vielen Obstsorten lecker belegen. Probieren Sie Apfelspalten, Aprikosen- oder Pfirsichhälften, Zwetschgen oder Mangospalten. Bestreichen Sie das Obst wie im Rezept beschrieben mit Apfelgelee oder mit einer Konfitüre aus der passenden Obstsorte. Konfitüre hierfür erwärmen und durch ein Sieb streichen.

Lieblingskuchen mit und

Was backe ich, wenn

... es superschnell gehen soll:

Apfel-Marzipan-Tarte 43
Aprikosen-Mohn-Streusel
Aprikosenstrudel 42
Aprikosenwähe 48
Bananenkuchen 41
Bananenkuchen mit Rumsauce 52
Blitzkäsekuchen 40
Brauner Kirschkuchen 64
Brombeertorte mit Walnuss-Guss 58
Buttermilch-Kokos-Kuchen 94
Einfacher Kirschkuchen 62
Erdbeerkuchen 54
Gestürzte Birnentorte 52
Heidelbeergetzen 56
Himbeerkuchen 58
Karmaellkuchen 110
Königskuchen 100
Limettentarte 78
Mandarinenkuchen 42
Mangokuchen 68
Marmorkuchen 100
Marzipankuchen 40
Mohnrolle 112
Orangenkuchen 66
Pfirsichkuchen 42
Kirschtarte 43
Preiselbeerbombe 72
Quark-Kirschkuchen 64
Rhabarberkuchen 74
Rhabarber-Tarte 42
Sandkuchen 102
Schokoladenkuchen 41
Spanischer Mandelkuchen 40
Stachelbeerkuchen mit Baiserhaube 76
Streuselkuchen 92
Umgedrehter Ananaskuchen 41
Walnusskuchen 106

... es aus dem Vorrat sein soll:

Apfelkuchen mit Kokosraspeln 44
Aprikosenwähe 48
Bienenstich 92
Blitzkäsekuchen 40
Brauner Kirschkuchen 64
Brauner Streuselkuchen 96
Donauwellen 90
Einfacher Kirschkuchen 62
Heidelbeergetzen 56
Mandarinenkuchen 42
Marmorkuchen 100
Millirahmstrudel 112
Kirschtarte 43
Quarkkuchen ohne Boden 84
Roter Johannisbeerkuchen 60
Sandkuchen 102
Schneller Apfelkuchen 44
Schokoladenkuchen 41
Spanischer Mandelkuchen 40
Umgedrehter Ananaskuchen 41

... es besonders preiswert sein soll:

American Browny Cake 110
Apfelkuchen mit Kokosraspeln 44
Aprikosenwähe 48
Bananenkuchen 41
Blitzkäsekuchen 40
Brauner Streuselkuchen 96
Einfacher Kirschkuchen 62
Gugelhupf 106
Mandarinenkuchen 42
Mandarinen-Frischkäse-Kuchen 68
Marmorkuchen 100
Preiselbeerbombe 72
Quarkkuchen ohne Boden 84
Sandkuchen 102
Schokoladenkuchen 41
Spanischer Mandelkuchen 40
Zitronenkuchen mit zweierlei Guss 78
Zucker-Butterkuchen 94

ohne Obst

... es gut vorzubereiten sein soll:

Bananenkuchen 41
Bienenstich 92
Brauner Kirschkuchen 64
Donauwellen 90
Einfacher Kirschkuchen 62
Kaffeekuchen 96
Königskuchen 100
Kürbiskuchen 108
Marmorkuchen 100
Möhrenkuchen 102
Quark-Kirschkuchen 64
Quarkkuchen ohne Boden 84
Quark-Napfkuchen 88
Sandkuchen 102
Spanischer Mandelkuchen 40
Walnusskuchen 106
Zitronenkuchen mit zweierlei Guss 78
Zucchinikuchen mit Zitronenglasur 104

... es was fürs Kinderfest geben soll:

Apfel-Marzipan-Tarte 43
Aprikosenwähe 48
Bananenkuchen 41
Blitzkäsekuchen 40
Brauner Kirschkuchen 64
Buttermilch-Kokos-Kuchen 94
Donauwellen 90
Einfacher Kirschkuchen 62
Erdbeerkuchen 54
Gestürzte Birnentorte 52
Haselnusskuchen 104
Heidelbeer-Quarkkuchen 56
Himbeerkuchen 58
Karamellkuchen 110
Mandarinen-Frischkäse-Kuchen 68
Mandarinenkuchen 42
Marzipankuchen 40
New Yorker Cheesecake 86
Philadelphia Cheesecake 86
Zwetschgenkuchen vom Blech 82

... es gut zu transportieren sein soll:

Aprikosen-Mohn-Streusel 48
Bananenkuchen 41
Brauner Kirschkuchen 64
Brauner Streuselkuchen 96
Buttermilch-Kokos-Kuchen 94
Einfacher Kirschkuchen 62
Erdbeerkuchen 54
Gestürzte Birnentorte 52
Guglhupf 106
Haselnusskuchen 104
Heidelbeer-Quarkkuchen 56
Kaffeekuchen 96
Karamellkuchen 110
Königskuchen 100
Kürbiskuchen 108
Limettentarte 78
Marmorkuchen 100
Marzipankuchen 40
Möhrenkuchen 102
Philadelphia Cheesecake 86
Preiselbeerbombe 72
Quarkkuchen ohne Boden 84
Quark-Napfkuchen 88
Rhabarberkuchen 74
Rosenkuchen 108
Sandkuchen 102
Sauerkirschkuchen 62
Schneller Apfelkuchen 44
Schokoladenkuchen 41
Spanischer Mandelkuchen 40
Stachelbeerkuchen 76
Streuselkuchen 92
Walnusskuchen 106
Zitronenkuchen mit zweierlei Guss 78
Zucchinikuchen mit Zitronenglasur 104
Zucker-Butterkuchen 94
Zwetschgenkuchen vom Blech 82

Blitzkäsekuchen

ZUTATEN FÜR 1 SPRINGFORM
(26 cm Ø):
250 g Doppelrahm-Frischkäse
250 g Magerquark
4 Eier
200 g Zucker
1 Päckchen Bourbon-Vanille-
puddingpulver
Fett für die Form

Zubereitungszeit: 10 Min.
Backzeit: 50 Min.

Bei 12 Stück pro Stück ca. 180 kcal
6 g EW/8 g F/21 g KH

1 Den Backofen auf 180° vorheizen. Die Springform gut einfetten.

2 Alle Zutaten mit dem Mixer verquirlen und die Masse in die Springform füllen. Im Backofen (Mitte, Umluft 160°) 50 Min. backen.

Zutaten tauschen:
• Sie mögen Käsekuchen lieber mit Boden? Dann bereiten Sie den Blitzmürbeteig vom Pfirsichkuchen (Seite 43) zu, drücken ihn in die Springform und gießen Sie die Käsekuchenmasse darüber. Backen wie oben beschrieben.
• Kein Puddingpulver im Haus? Ersetzen Sie es durch 2 Päckchen Vanillezucker oder 1/2 Fläschchen Backöl Vanille.

Marzipankuchen

ZUTATEN FÜR 1 SPRINGFORM MIT
ROHRBODEN (26 cm Ø):
100 g Marzipan-Rohmasse
6 Eier
250 g Butter
250 g Zucker
1 TL Zimt
je 100 g gemahlene Mandeln,
Weizenvollkornmehl, Weizenmehl
Fett für die Form

Arbeitszeit: 15 Min.
Backzeit: 55 Min.

Bei 16 Stück pro Stück ca. 315 kcal
6 g EW/20 g F/28 g KH

1 Den Backofen auf 200° vorheizen. Die Backform einfetten. Die Marzipan-Rohmasse kleinschneiden.

2 Die Eier mit der Butter, dem Zucker, dem Zimt und der Marzipan-Rohmasse schaumig rühren. Die gemahlenen Mandeln und die beiden Mehlsorten nur kurz untermischen.

3 Den Teig in die Springform füllen und den Kuchen im Backofen (Mitte, Umluft 180°) 55 Min. backen.

Deko-Tipp: Puderzucker mit etwas Zimt mischen und den Kuchen dick damit bestäuben.

Spanischer Mandelkuchen

ZUTATEN FÜR 1 SPRINGFORM
(26 cm Ø):
6 Eier · Salz
200 g Puderzucker
2 Päckchen Bourbon Vanillezucker
abgeriebene Schale von
1 unbehandelten Zitrone
1/2 TL Zimt
200 g geschälte gemahlene
Mandeln
Puderzucker zum Bestäuben
Fett für die Form

Zubereitungszeit: 15 Min.
Backzeit: 30 Min.

Bei 12 Stück pro Stück ca. 210 kcal
6 g EW/12 g F/19 g KH

1 Den Backofen auf 175° vorheizen. Die Form einfetten. Die Eier trennen. Eiweiße mit 1 Prise Salz steif schlagen. Die Eigelbe mit Puderzucker cremig rühren. Zitronenschale, Vanillezucker und Zimt dazugeben.

2 Eischnee und gemahlene Mandeln vorsichtig mit der Eigelbcreme vermischen.

3 Den Teig in die Form füllen. Im Backofen (Mitte, Umluft 160°) 30 Min. backen. Vor dem Servieren dick mit Puderzucker bestreuen.

Mit Pep: Den Kuchen mit abgeriebener Orangenschale zubereiten.

Schokoladenkuchen

ZUTATEN FÜR 1 SPRINGFORM
(26 cm Ø):
200 g Zartbitterschokolade
2 EL Milch · 3 Eier
100 g Butter
150 g Zucker
2 EL Speisestärke
Puderzucker zum Bestäuben
Fett für die Form

Zubereitungszeit: 15 Min.
Backzeit: 40 Min.

Bei 12 Stück pro Stück ca. 220 kcal
3 g EW/13 g F/22 g KH

1 Den Backofen auf 160° vorheizen. Die Form fetten. Die Schokolade mit 2 EL Milch schmelzen lassen.

2 Die Eier trennen, Eiweiße steif schlagen. Die Butter mit Zucker und Eigelben cremig schlagen. Geschmolzene Schokolade einrühren. Die Speisestärke mit dem Eischnee vorsichtig vermischen und unter den Schokoladenteig heben.

3 Den Teig in die Springform füllen. Im Backofen (unten, Umluft 140°) 40 Min. backen. Vor dem Servieren mit Puderzucker bestäuben.

⬅ Zutaten tauschen: Den Kuchen anstatt mit Speisestärke mit 50 g gemahlenen Mandeln zubereiten.

Bananenkuchen

ZUTATEN FÜR 1 BACKBLECH:
3–4 reife Bananen
250 g weiche Butter
220 g Zucker · 4 Eier
350 g Mehl
1 TL Backpulver
Puderzucker zum Bestäuben
Butter für das Backblech

Zubereitungszeit: 15 Min.
Backzeit: 15 Min.

Bei 20 Stück pro Stück ca. 245 kcal
3 g EW/12 g F/31 g KH

1 Den Backofen auf 200° vorheizen. Das Backblech einfetten. Die Bananen schälen und mit einer Gabel zerdrücken.

2 Die Butter mit dem Zucker schaumig rühren. Die Eier nach und nach unterrühren. Die zerdrückten Bananen dazugeben und kräftig durchrühren. Das Mehl mit dem Backpulver unter den Teig mischen.

3 Den Teig gleichmäßig auf dem Backblech verteilen. Den Kuchen im Backofen (Mitte, Umluft 180°) 15 Min. backen. Herausnehmen, in 20 Stücke teilen und noch heiß mit Puderzucker bestreuen.

‼ Mit Pep: Mischen Sie zusätzlich 50 g feingehackten, kandierten Ingwer unter.

Umgedrehter Ananaskuchen

ZUTATEN FÜR 1 SPRINGFORM ODER
1 HERZFORM (26 cm Ø):
3 Eier · 150 g Zucker
1 Päckchen Vanillezucker
150 g Mehl · 1/2 TL Backpulver
200 g Butter · 150 g brauner Zucker
1 große Dose Ananasscheiben
Fett für die Form · Backpapier

Zubereitungszeit: 15 Min.
Backzeit: 35 Min.

Bei 12 Stück pro Stück ca. 325 kcal
3 g Eiweiß /16 g Fett /43 g Kohlenhydrate

1 Die Eier mit dem Zucker und Vanillezucker schaumig rühren. Mehl und Backpulver dazusieben. Die Butter ganz leicht bräunen lassen und unter den Teig rühren.

2 Den Backofen auf 180° vorheizen. Die Form mit Backpapier auslegen, fetten und den braunen Zucker darauf streuen.

3 Die Ananasscheiben gut abtropfen lassen und den Boden der Form damit belegen. Den Teig darüber gießen und den Kuchen im Backofen (Mitte, Umluft 160°) 35 Min. backen.

4 Den Kuchen abkühlen lassen, auf eine Platte stürzen und das Backpapier abziehen. Mit Erdbeeren servieren.

6 × SCHNELL

Mandarinen-Kuchen

ZUTATEN FÜR 1 SPRINGFORM
(26 cm Ø):
2 Dosen Mandarinen (à 175 g)
200 g weiche Butter · 3 Eier
150 g Zucker · 100 g saure Sahne
250 g Mehl · 50 g Speisestärke
1/2 Päckchen Backpulver
Fett für die Form
Puderzucker zum Bestäuben

Zubereitungszeit: 15 Min.
Backzeit: 40 Min.

Bei 12 Stück pro Stück ca. 305 kcal
4 g EW/16 g F/36 g KH

1 Den Backofen auf 200° vorheizen und die Springform einfetten. Die Mandarinen gut abtropfen lassen.

2 Die Butter mit den Eiern und dem Zucker verquirlen. Die saure Sahne und die Mandarinen untermischen. Die Früchte dürfen dabei zerfallen. Das Mehl, die Speisestärke und das Backpulver kurz unterrühren.

3 Den Teig in die Form füllen. Im Ofen (Mitte, Umluft 180°) 40 Min. backen. Mit Puderzucker bestreut servieren.

Dekotipp: Der Blitzkuchen wird zur Blitztorte, wenn Sie ihn mit Sahne bestreichen und mit Mandarinenspalten verzieren.

Aprikosenstrudel

ZUTATEN FÜR 1 STRUDEL:
1 Dose Aprikosen (460 g)
100 g Amarettini · 100 g Butter
1 Päckchen Vanillezucker
1 Paket ausgerollter Blätterteig
(aus dem Kühlregal)
Backpapier

Zubereitungszeit: 15 Min.
Backzeit: 25 Min.

Bei 8 Stück pro Stück ca. 255 kcal
2 g EW/18 g F/22 g KH

1 Die Aprikosen abtropfen lassen. Danach in schmale Spalten schneiden. Die Amarettini fein zerbröseln.

2 Den Backofen auf 225° vorheizen. Die Butter schmelzen lassen. Das Backblech mit etwas flüssiger Butter einfetten.

3 Strudelteig mit gut der Hälfte der Butter bestreichen. Vanillezucker und Amarettini auf den Teig streuen, dabei die Ränder frei lassen. Aprikosen darauf verteilen. Die Ränder einschlagen und den Teig von der Längseite aufrollen.

4 Strudel auf das Backblech legen. Mit der restlichen Butter bestreichen. Im Ofen (Mitte, Umluft 180°) in 25 Min. goldbraun backen. Zum Servieren mit Puderzucker bestäuben.

Rhabarber-Tarte

ZUTATEN FÜR 1 TARTEFORM
(30 cm Ø):
750 g Rhabarber
1 EL Johannisbeergelee
1 Paket ausgerollter Blätterteig
(aus dem Kühlregal)
2 Eigelb · 100 g Puderzucker
200 g Schmand
2 EL gemahlene Mandeln
Fett für die Form

Zubereitungszeit: 15 Min.
Backzeit: 25 Min.

Bei 8 Stück pro Stück ca. 230 kcal
3 g EW/14 g F/22 g KH

1 Den Rhabarber putzen und klein würfeln. Das Johannisbeergelee erwärmen und mit dem Rhabarber gut vermischen. 5 Min. ziehen lassen, danach auf einem Sieb abtropfen lassen, dabei den Saft auffangen.

2 Backofen auf 200° vorheizen. Die Form fetten, mit dem Teig auslegen und kühl stellen.

3 Die Eigelbe mit Puderzucker, Rhabarbersaft und Schmand cremig rühren. Die Mandeln auf den Blätterteig streuen. Rhabarber darauf verteilen und die Eiercreme darüber gießen.

4 Kuchen im Ofen (Mitte, Umluft 180°) 25 Min. backen. Herausnehmen, abkühlen lassen.

Pfirsichkuchen

ZUTATEN FÜR 1 SPRINGFORM
(26 cm Ø):
1 Dose Pfirsiche (470 g)
300 g Mehl
200 g weiche Butter
150 g Zucker · 1 Eigelb
1 Päckchen backfeste Puddingcreme ohne Kochen (Backregal)
1/4 l Milch
Fett für die Form

Zubereitungszeit: 15 Min.
Backzeit: 55 Min.

Bei 12 Stück pro Stück ca. 315 kcal
4 g EW/15 g F/41 g KH

1 Den Backofen auf 200° vorheizen. Die Springform einfetten. Die Pfirsiche abtropfen
lassen.

2 Das Mehl, die Butter, den
Zucker und das Eigelb verkneten. Den Teig in die Springform geben und mit den Händen gleichmäßig glatt drücken.

3 Die Puddingcreme mit der
Milch nach Packungsanwei-
sung aufschlagen. Die Creme
auf den Mürbeteig streichen
und die Pfirsichhälften darauf
verteilen.

4 Den Pfirsichkuchen im Ofen
(Mitte, Umluft 180°) 55 Min.
backen.

Apfel-Marzipan-Tarte

ZUTATEN FÜR 1 SPRINGFORM
(26 cm Ø):
250 g Mehl · 250 g weiche Butter
150 g Zucker · 1 Eigelb
100 g Marzipan-Rohmasse
4-5 mittelgroße, säuerliche Äpfel
Fett für die Form

Zubereitungsszeit: 15 Min.
Backzeit: 50 Min.

Bei 12 Stücken pro Stück ca. 335 kcal
3 g EW/20 g F/35 g KH

1 Den Backofen auf 200° vorheizen. Die Springform einfetten.

2 Das Mehl mit der Butter,
dem Zucker und dem Eigelb
verkneten. In die Springform
geben und mit den Händen
gleichmäßig glatt drücken.

3 Die Marzipan-Rohmasse in
dünne Scheiben schneiden
und gleichmäßig auf dem Teig
verteilen. Die Äpfel schälen,
vierteln, entkernen und in Spalten schneiden, den Teig damit
belegen. Im Ofen (Mitte, Umluft
180°) 50 Min. backen.

Dekotipp: Die Tarte nach
dem Backen sofort mit er-
wärmtem, glatt gerührtem
Apfel- oder Quittengelee, mit
Orangenmarmelade oder Aprikosenkonfitüre bestreichen.

Kirschtarte

ZUTATEN FÜR 1 TARTEFORM
(28 cm Ø):
1 Glas Kirschen (370 g)
150 g Butter · 3 Eier
250 g Zucker · 100 g Mehl
50 g geschälte gemahlene Mandeln
40 g Mandelblättchen
1 TL Puderzucker · Fett für die Form

Zubereitungszeit: 15 Min.
Backzeit: 30 Min.

Bei 8 Stück pro Stück ca. 445 kcal
6 g EW/24 g F/51 g KH

1 Die Form fetten. Backofen
auf 180° vorheizen. Die Kirschen abtropfen lassen.

2 Die Butter schmelzen lassen.
Die Eier mit Zucker cremig
schlagen, Mehl und Mandeln
unterrühren. Die flüssige Butter
unter den Teig heben.

3 Den Teig in die Form füllen.
Die Kirschen darauf vertei-
len. Die Mandelblätttchen mit
Puderzucker vermischen.

4 Den Kuchen im Ofen (Mitte,
Umluft 160) 30 Min. backen.
Nach 15 Min. die Mandelblätt-
chen auf dem Kuchen verteilen.
Die Kirschtarte schmeckt lau-
warm mit 1 Kugel Eis oder
Schlagsahne besonders gut.

6 x SCHNELL

Apfelkuchen mit Kokosraspeln

Schnell ●
Vorbereiten ●●
Preiswert ●●

Zubereitungszeit: 1 Std.
Backzeit: 35–40 Min.

Bei 20 Stück pro Stück ca. 330 kcal
5 g Eiweiß /17 g Fett /39 g Kohlenhydrate

ZUTATEN FÜR 1 BACKBLECH:
200 g weiche Butter
200 g Zucker
2 Päckchen Vanillezucker
Salz
4 Eier
350 g Mehl
1/2 Päckchen Backpulver
4-5 EL Milch
abgeriebene Schale von 1 unbehandelten Zitrone
1 EL Zitronensaft
150 g Kokosraspel
2 kg säuerliche Äpfel
100 g gemahlene Mandeln
150 g Puderzucker
Backpapier

1 Butter, die Hälfte Zucker, Vanillezucker und 2 Prisen Salz in eine Schüssel geben. 3 Eier trennen, Eiweiße beiseite stellen. Die Eigelbe und das ganze Ei zur Butter-Zucker-Mischung geben. Masse schaumig rühren. Das Mehl mit dem Backpulver dazusieben. Milch, Zitronenschale und 70 g Kokosraspel unterrühren.

2 Die Äpfel schälen, vierteln, das Kerngehäuse entfernen und die Apfelviertel in Spalten schneiden. Den Backofen auf 220° vorheizen. Das Blech mit Backpapier belegen.

3 Den Teig auf dem Blech verstreichen, mit den Mandeln bestreuen und dicht mit den Apfelspalten belegen. Mit dem restlichen Zucker bestreuen und im Ofen (Mitte, Umluft 190°) vorerst 15 Min. backen.

4 Inzwischen die Eiweiße mit 1 Prise Salz und dem Puderzucker steif schlagen. Den Zitronensaft und die restlichen Kokosflocken unterheben. Diesen Guss auf den Äpfeln verstreichen, die Temperatur auf 180° zurückschalten und den Kuchen in 20-25 Min. fertig backen. Schlagsahne passt sehr gut dazu.

Schneller Apfelkuchen

Schnell ●
Vorbereiten ●
Preiswert ●●

Zubereitungszeit: 1 Std.
Backzeit: 25–30 Min.

Bei 20 Stück pro Stück ca. 235 kcal
3 g Eiweiß /15 g Fett /21 g Kohlenhydrate

ZUTATEN FÜR 1 BACKBLECH:
4-5 Äpfel (Cox Orange, Boskop)
1 Becher Sahne (200 g)
1 3/4 Becher Zucker
1 Päckchen Vanillezucker
3 Eier · 2 Becher Mehl
3/4 Päckchen Backpulver
abgeriebene Schale von 1 unbehandelten Zitrone
Salz · 100 g Butter
100 g Mandelblättchen
4 EL Milch · Backpapier

1 Die Äpfel schälen, vierteln, die Kerngehäuse entfernen und die Apfelviertel in Spalten schneiden. Den Backofen auf 200° vorheizen. Das Backblech mit Backpapier belegen.

2 Die Sahne in eine Schüssel gießen, den Becher wieder säubern und abtrocknen. 1 Becher Zucker, Vanillezucker und die Eier dazugeben, mit der Sahne schaumig rühren.

3 Nun Mehl, Backpulver, Zitronenschale und 2 Prisen Salz unter die Masse rühren. Den Teig auf das Backblech streichen und gleichmäßig mit den Apfelspalten belegen.

4 Im Ofen (Mitte, Umluft 180°) 10 Min. backen. In der Zwischenzeit die Butter erhitzen, die Mandeln darin leicht anbräunen. Den restlichen Zucker einrühren und mit der Milch aufschäumen lassen.

5 Den Kuchen aus dem Ofen nehmen, den Mandelbelag darauf verteilen und in 15-20 Min. fertig backen.

Zutaten tauschen: Der Kuchen schmeckt auch mit abgetropften Kirschen aus dem Glas und sogar ohne Obst. Dann wird es ein Mandelkuchen, dafür etwas mehr Mandeln und Butter nehmen.

Bild oben: Apfelkuchen mit Kokosraspeln
Bild unten: Schneller Apfelkuchen

Apfel

Die wichtigste und bei uns meistgegessene Kernfrucht. Allein in Europa gibt es mehrere tausend Sorten, die sehr vielseitig verwendbar sind. Äpfel sollten kühl, dunkel und luftig gelagert werden. Roh lassen sie sich nicht einfrieren. Für Kompott können sie in Spalten in Zuckersirup eingelegt, für Kuchen in Wasser blanchiert eingefroren werden.
Zum Backen sind die festfleischigen, säuerlichen Sorten wie Boskop, Cox Orange, Glockenapfel, Grafensteiner und Jonathan am besten geeignet.

Elsässer Apfelweinkuchen

Schnell ●●	Zubereitungszeit: 45 Min.
Vorbereiten ●●●	Ruhezeit: 1 Tag
Preiswert ●	Backzeit: 1 Std. 30 Min.

Bei 12 Stück pro Stück ca. 420 kcal
3g Eiweiß /15 g Fett /68 g Kohlenhydrate

ZUTATEN FÜR 1 SPRINGFORM (28 cm Ø):
125 g Butter oder Margarine
125 g Zucker
1 Ei · 250 g Mehl
1 TL Backpulver
Für die Füllung:
1,5 kg Äpfel (Boskop, Cox Orange)
2 Päckchen Vanillezucker
2 Päckchen Vanillepuddingpulver
3/4 l Apfelwein (ersatzweise Weißwein oder Apfelsaft mit etwas Calvados)
200 g Zucker · 200 g Sahne
Mehl für die Arbeitsfläche
Fett und Semmelbrösel für die Form

1 Die Butter oder Margarine mit dem Zucker und Ei verrühren. Das Mehl und Backpulver dazusieben und einen Mürbeteig kneten. Auf einer bemehlten Arbeitsfläche ausrollen. Die Form ausfetten und mit Bröseln ausstreuen. Den Teig einlegen, die Ränder etwas hochdrücken, den Boden mit einer Gabel mehrmals einstechen. Teig kühl stellen.

2 Die Äpfel schälen, das Kerngehäuse entfernen und Äpfel in etwa 1 cm kleine Würfel schneiden. Mit 1 Päckchen Vanillezucker vermischen. Das Puddingpulver in etwas Apfelwein anrühren, den restlichen Wein mit dem Zucker aufkochen. Das Puddingpulver unter Rühren in den Wein gießen, kurz aufkochen lassen.

3 Den Backofen auf 160° vorheizen. Die Apfelstückchen auf dem Teig verteilen, mit der Puddingmasse begießen und glatt streichen. Den Kuchen im Ofen (Mitte, Umluft 140°) 1 1/2 Std. backen. 1 Tag kühlgestellt durchziehen lassen.

4 Vor dem Servieren die Sahne mit dem restlichen Vanillezucker steif schlagen und entweder auf dem Kuchen verstreichen oder in Rosetten darauf spritzen.

Apfelstrudel

Schnell ●	Zubereitungszeit: 1 Std.
Vorbereiten ●	Backzeit: 1 Std.
Preiswert ●●	

Bei 8 Stück pro Stück ca. 370 kcal
5 g Eiweiß /25 g Fett /31 g Kohlenhydrate

ZUTATEN FÜR 1 STRUDEL:
450 g TK-Blätterteig · 6 EL Rosinen
2–3 EL Rum (ersatzweise Apfelsaft oder Wasser)
800 g Äpfel (z.B. Cox Orange, Boskop)
1 unbehandelte Zitrone · 6 EL Zucker
1/2 TL Zimt · 6 EL gehackte Walnüsse
6 EL Crème fraîche · 1–2 Eigelbe
Puderzucker zum Bestäuben · etwas Mehl · Backpapier

1 Den Blätterteig auftauen lassen. 5 Platten aufeinander legen und auf einem bemehlten Küchentuch sehr dünn zu einem Rechteck ausrollen.

2 Die Rosinen im Rum einweichen. Die Äpfel schälen, vierteln, das Kerngehäuse entfernen und die Apfelviertel in feine Scheibchen schneiden. Die Zitronenschale abreiben, den Saft auspressen. Die Äpfel mit der Zitronenschale und 3 EL Saft, Zucker, Zimt, den Rosinen und Nüssen vermengen. Den Backofen auf 180° vorheizen. Das Blech mit Backpapier belegen.

3 Die Teigmitte mit Crème fraîche und 3 cm Teigrand mit Eigelb bestreichen. Die Äpfel verteilen, die Teigränder einschlagen und den Teig aufrollen.

4 Den Strudel mit der Naht nach unten auf das Blech legen. Die restliche Platte etwas ausrollen und mit einem Herzausstecher Herzen ausstechen. Die Unterseite mit Eigelb bestreichen und den Strudel damit verzieren. Restliches Eigelb darüber verstreichen. Den Strudel im Ofen (Mitte, Umluft 160°) 1 Std. backen. Mit Puderzucker bestäuben und Vanillesauce dazu servieren.

Bild oben: Elsässer Apfelweinkuchen
Bild unten: Apfelstrudel

Vanillesauce

Eine Vanilleschote längs aufschlitzen, das Mark herauskratzen. Von 1/2 l Milch etwas abnehmen und mit 1 1/2 EL Vanillepuddingpulver und 4 Eigelben verquirlen. Übrige Milch mit 500 g Sahne, 100 g Zucker und dem Vanillemark aufkochen. Das Pulver unter Rühren dazugießen und die Sauce kurz aufkochen lassen.

Aprikosenwähe

Schnell ●●●	Zubereitungszeit: 20 Min.
Vorbereiten ●●	Backzeit: 40 Min.
Preiswert ●●●	

Bei 8 Stück pro Stück ca. 480 kcal
8 g Eiweiß/31 g Fett/42 g Kohlenhydrate

ZUTATEN FÜR EINE WÄHENFORM ODER FEUERFESTE BACKFORM (28 cm Ø):
150 g weiche Butter
100 g brauner Zucker
3 Eier
150 g Weizenvollkornmehl
50 g gemahlene Mandeln
1 Msp. Backpulver
1 Dose Aprikosen (Abtropfgewicht 490 g)
200 g Crème fraîche
2 Eigelb
50 g brauner Zucker oder Puderzucker
Fett für die Form

1 Den Backofen auf 180° vorheizen. Die Backform einfetten.

2 Die Butter mit Zucker und Eiern schaumig schlagen. Das Mehl mit den Mandeln und dem Backpulver mischen und unterrühren. Den Teig in der Form verteilen.

3 Die Aprikosen aus der Dose gut abtropfen lassen und auf dem Teigboden verteilen.

4 Crème fraîche mit den Eigelben und Zucker kräftig verrühren und über die Aprikosen gießen. Den Kuchen im Ofen (Mitte, Umluft 160°) 40 Min. backen.

Obst tauschen: Sie können statt der Aprikosen auch Pfirsiche, Birnen oder Sauerkirschen nehmen.

Mit Pep: 1 El Sonnenblumenkerne vor dem Backen auf die Aprikosenwähe streuen.

Aprikosen-Mohn-Streusel

Schnell ●●●	Zubereitungszeit: 20 Min.
Vorbereiten ●●	Backzeit: 50 Min.
Preiswert ●	

Bei 12 Stück pro Stück ca. 455 kcal
8g Eiweiß /31 g Fett /36 g Kohlenhydrate

ZUTATEN FÜR 1 SPRINGFORM (26 cm Ø):
600 g frische Aprikosen
250 g weiche Butter
150 g Zucker
1 Ei · 300 g Mehl
200 g Schmand
250 g backfertige Mohnmischung (Backregal)
Fett für die Form

1 Die Aprikosen waschen, halbieren und entsteinen. Den Backofen auf 180° vorheizen. Die Springform einfetten.

2 Die Butter mit dem Zucker, dem Ei und 250 g Mehl verkneten. Die Hälfte des Teiges in die Form drücken.

3 Das restliche Mehl zur anderen Hälfte des Teigs geben. Diesen Teig zwischen den Fingern zu Streuseln verkneten.

4 Den Schmand auf den Teigboden streichen. Die Mohnmischung darauf verteilen und die Streusel darüber streuen. Die Aprikosenhälften darauf setzen und den Kuchen im Ofen (Mitte, Umluft 160°) 50 Min. backen.

Blitzvariante: Aprikosen aus der Dose verwenden.

Obst tauschen: Der Kuchen schmeckt auch mit Pfirsichen, Äpfeln und Birnen köstlich.

Zutaten tauschen: Der Schmand gibt dem Kuchen zwar eine besondere Note, wenn Sie aber keinen zu Hause haben, können Sie ihn auch weglassen oder Sie ersetzen ihn durch Crème fraîche.
Haben Sie mal keine Lust auf Obst? Dann lassen Sie die Früchte weg und backen einfach einen Mohn-Streuselkuchen.

Bild oben: Aprikosenwähe
Bild unten: Aprikosen-Mohn-Streusel

Aprikosen

Aromatische Aprikosen erkennen Sie an einer gelben bis intensiv orangenen Färbung und saftigem Fleisch. Wasserreiche Früchte sind dagegen oft nur schwach aromatisch. Am besten schmecken Aprikosen, wenn sie erwärmt werden, deshalb sind sie zum Backen und Einkochen sehr gut geeignet zum Einfrieren weniger. Ein Sorte die sich gut vom Stein löst ist »Ungarische Beste«, die ab Juli im Handel ist. Wer es saftig und leicht säuerlich mag, sollte »Aprikose von Nancy« versuchen.

Beschwipste Birnentorte

Schnell ●●	Zubereitungszeit: 45 Min.
Vorbereiten ●●	Marinierzeit: 1 Std.
Preiswert ●	Backzeit: 1 Std.

Bei 12 Stück pro Stück ca. 285 kcal
4 g Eiweiß /11 g Fett /37 g Kohlenhydrate

ZUTATEN FÜR 1 SPRINGFORM (26 cm Ø):
750 g reife Birnen
1 unbehandelte Zitrone
5 Gläschen Birnenschnaps (10 cl)
300 g Mehl
150 g Margarine
90 g Zucker
Salz
1 großes Ei
etwas Birnensaft nach Belieben
1 1/2 EL Speisestärke
2 EL Puderzucker
Mehl für die Arbeitsfläche
Fett und Semmelbrösel für die Form

1 Die Birnen schälen, halbieren, das Kerngehäuse entfernen und die Birnenhälften in ein Schüsselchen legen. Die Zitronenschale abreiben, den Saft auspressen. Die Birnen rundum mit Zitronensaft beträufeln, den Schnaps zugießen und abgedeckt 1 Std. marinieren.

2 Den Backofen auf 200° vorheizen. Die Form ausfetten und mit Bröseln ausstreuen.

3 Für den Mürbeteig das Mehl in eine Schüssel sieben. Mit Margarine, 80 g Zucker, 1 Prise Salz und dem Ei zu einem glatten Teig verkneten. Auf einer bemehlten Arbeitsfläche ausrollen, einige Streifen für die Dekoration abrädeln. Teig in die Form legen und dabei einen 2 cm hohen Rand andrücken. Im Ofen (Mitte, Umluft 180°) 15 Min. vorbacken. Die Temperatur auf 175° schalten.

4 Die Birnen abtropfen lassen und den Teigboden damit belegen. Die Marinade auf 1/8 l mit Wasser (oder Birnensaft) auffüllen und mit Speisestärke und restlichem Zucker verrühren. Über die Birnen gießen. Die Teigstreifen gitterförmig darauf legen und weitere 30 Min. backen. Dann die Temperatur auf 225° hochschalten und in 15 Min. fertigbacken. Nach dem Abkühlen mit Puderzucker bestäuben und mit Schlagsahne servieren.

Birnenkuchen mit Schmandguss

Schnell ●	Zubereitungszeit: 1 Std. 30 Min.
Vorbereiten ●	Backzeit: 55 Min.
Preiswert ●	

Bei 20 Stück pro Stück ca. 370 kcal
8 g Eiweiß /23 g Fett /34 g Kohlenhydrate

ZUTATEN FÜR 1 TIEFES BACKBLECH:
1,5 kg reife, aber noch feste Birnen
2 unbehandelte Zitronen
200 g Marzipan-Rohmasse
150 g Zucker · 2 Päckchen Vanillezucker
Salz · 150 g weiche Butter · 8 Eier
6 EL Sahne · 300 g Mehl · 3/4 Päckchen Backpulver
200 g gehackte Mandeln
3 EL Puderzucker · 1 EL Speisestärke
300 g Schmand · Backpapier

1 Die Birnen vierteln, das Kerngehäuse herausschneiden und Birnenviertel schälen. Je nach Größe in 2-3 Spalten schneiden. Die Zitronen waschen, die Schale abreiben und den Saft auspressen. Die Birnen mit 2 EL Zitronensaft beträufeln, durchmengen und zur Seite stellen.

2 Das Marzipan mit dem Zucker, Vanillezucker und 2 Prisen Salz verkneten. Die Butter in kleinen Stückchen und die Hälfte der Zitronenschale mit den Quirlen des Handrührgerätes dazurühren.

3 5 Eier und die Sahne nach und nach unterrühren. Mehl und Backpulver dazusieben und mit den Mandeln zu einem glatten Teig vermengen.

4 Das Blech mit Backpapier auslegen. Den Teig gleichmäßig darauf verteilen und mit den Birnen belegen.

5 Für den Guss den restlichen Zitronensaft- und schale, Puderzucker und Speisestärke verrühren. Den Schmand und die restlichen 3 Eier gründlich mit dem Schneebesen unterarbeiten. Den Guss gleichmäßig auf den Birnen verteilen.

6 Das Blech in den kalten Backofen (Mitte) schieben und bei 200° (Umluft 180°) 55 Min. backen. Lauwarm in Stücke schneiden. Dazu passt Schlagsahne, die für die Erwachsenen mit Eierlikör beträufelt werden kann.

Bild oben: Birnenkuchen mit Schmandguss
Bild unten: Beschwipste Birnentorte

Birnen

Schmecken süßer als Äpfel, enthalten aber nicht mehr Zucker, sondern weniger Säure. Sehr vielseitig verwendbar auch in Kombination mit pikanten Zutaten (z.B. luftgetrockneter Schinken oder Roquefort). Harte Birnen reifen bei Zimmertemperatur schnell nach. Bei kühler Lagerung halten sich einige Sorten bis ins Frühjahr. In Zuckersirup blanchiert lassen sie sich gut einfrieren, roh nicht.
Birnen vertragen sich gut mit Gewürzen wie Zimt, Vanille und Ingwer. Gut ist auch die Kombination mit säuerlichen Beeren (z.B. Preiselbeeren) und Früchten.

Gestürzte Birnentorte

Schnell ●●●	Zubereitungszeit: 20 Min.
Vorbereiten ●●	Backzeit: 25 Min.
Preiswert ●●	

Bei 8 Stück pro Stück ca. 275 kcal
3 g Eiweiß/12 g Fett/39 g Kohlenhydrate

ZUTATEN FÜR 1 BESCHICHTETE BACKFORM (24 cm Ø):
200 g Zucker
3 Birnen
100 g weiche Butter
2 Eier
100 g Mehl
1/4 TL Backpulver
2 EL Mandelblättchen

1 100 g Zucker mit 3 EL Wasser in einer beschichteten Pfanne ohne Rühren aufkochen. Bei mittlerer Hitze unter gelegentlichem Rühren köcheln lassen, bis ein hellbrauner Karamell entsteht. Danach in die Form gießen. Den Backofen auf 200° vorheizen.

2 Die Birnen schälen, vierteln, dabei das Kerngehäuse entfernen. Die Viertel längs in schmale Spalten schneiden und in die Form legen.

3 Die Butter mit dem restlichen Zucker und den Eiern zu einer cremigen Masse rühren. Das Mehl mit dem Backpulver mischen und unterheben.

4 Den Teig gleichmäßig über den Birnen verteilen. Im Ofen (Mitte, Umluft 180°) 25 Min. backen.

5 Den Kuchen aus dem Ofen nehmen, etwas abkühlen lassen. Den Rand vorsichtig ablösen, Kuchen auf eine Platte stürzen. Den Rand mit den Mandelblättchen bestreuen.

!! *Mit Pep:* Der Kuchen schmeckt lauwarm mit Vanilleeis oder Schlagsahne vorzüglich.

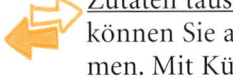

Zutaten tauschen: Anstatt frische Birnen können Sie auch Birnen aus der Dose nehmen. Mit Küchenpapier gut trockentupfen und in Spalten schneiden.

Bananenkuchen mit Rumsauce

Schnell ●●●	Zubereitungszeit: 30 Min.
Vorbereiten ●●●	Backzeit: 1 Std.
Preiswert ●●	

Bei 12 Stück pro Stück ca. 360 kcal
5 g Eiweiß /20 g Fett /38 g Kohlenhydrate

ZUTATEN FÜR 1 KASTENFORM (25 cm LÄNGE):
200 g Zucker
125 g Butter
4 Eier
175 g Mehl
1 TL Backpulver
1 Päckchen Vanillezucker
Salz
3 reife Bananen
Fett und Semmelbrösel für die Form
Für die Sauce:
4 EL Zucker
250 g Sahne
1 Vanilleschote
4 Eigelbe
2 Schnapsgläser Rum (ca. 5 cl)

1 Den Zucker (2 EL aufheben) mit der Butter und den Eiern schaumig rühren. Das Mehl und Backpulver dazusieben, den Vanillezucker und 1 Prise Salz unterrühren. Den Backofen auf 180° vorheizen.

2 Die Bananen schälen und mit den 2 EL Zucker fein zerdrücken. Das Mus unter den Teig rühren. Die Form ausfetten, mit Bröseln ausstreuen und den Teig einfüllen. Im Ofen (Mitte, Umluft 160°) 1 Std. backen.

3 Für die Sauce den Zucker in einem Topf hellbraun karamellisieren lassen. Die Sahne dazugießen und köcheln lassen, bis sich das Karamell aufgelöst hat. Etwas abkühlen lassen.

4 Die Vanilleschote auskratzen, das Mark mit den Eigelben und Rum in ein zweites Töpfchen geben und in ein heißes Wasserbad setzen. Nun unter ständigem Rühren mit dem Schneebesen die Sahne dazugießen, bis die Sauce cremig ist. Bis zum Servieren kalt stellen.

Bild oben: Bananenkuchen mit Rumsauce
Bild unten: Gestürzte Birnentorte

Vanillezucker selbst machen

Wird nur das Mark einer Vanilleschote verwendet, wäre es viel zu schade die Schote wegzuwerfen. Mit ihr können Sie ganz leicht Ihren eigenen Vanillezucker herstellen. Die aromatische Schote halbieren und mit normalem Zucker in ein Schraubglas geben. Schon nach wenigen Tagen hat der Zucker das feine Aroma angenommen und kann wie handelsüblicher Vanillezucker verwendet werden.

Erdbeerkuchen

Schnell ●●●	Zubereitungszeit: 20 Min.
Vorbereiten ●●●	Backzeit: 15 Min.
Preiswert ●●	

Bei 12 Stück pro Stück ca. 245 kcal
6 g Eiweiß / 5 g Fett / 44 g Kohlenhydrate

ZUTATEN FÜR 1 SPRINGFORM (26 cm Ø):
3 Eier · 150 g Zucker
150 g Schmand · 200 g Mehl
250 g Erdbeeren
Für die Creme:
1 Päckchen backfeste Puddingcreme ohne Kochen (Backregal)
1/4 l Milch
gehackte Pistazien · Backpapier

1 Den Boden der Springform mit Backpapier auslegen und in die Springform einspannen. Den Backofen auf 190° vorheizen.

2 Die Eier mit dem Zucker und dem Schmand dickschaumig schlagen. Das Mehl nur kurz untermischen. Den Teig in die Springform füllen und im Ofen (Mitte, Umluft 170°) 15 Min. backen. Den Boden abkühlen lassen.

3 Inzwischen die Erdbeeren waschen, putzen und die Früchte nach Belieben halbieren oder längs in Scheiben schneiden.

4 Die Puddingcreme mit der Milch nach Packungsanweisung zu einer Creme aufschlagen. Die Creme sofort auf den Biskuitboden streichen und die Erdbeeren darauf verteilen. Den Erdbeerkuchen mit Pistazien bestreuen.

Blitzvariante: Einen fertigen Biskuit-Tortenboden mit der Creme bestreichen und mit Erdbeeren belegen.

Zutaten tauschen: Statt Schmand macht auch Sahne dem Teig saftig.
Keine Puddingcreme im Haus? Schlagen Sie 250 g Sahne mit etwas Zucker oder Vanillezucker steif, streichen Sie die Sahne auf den Biskuitboden und legen Sie die Erdbeeren darauf. Wer mag, mischt die Sahne mit Doppelrahmfrischkäse.

Erdbeerschnitten

Schnell ●	Zubereitungszeit: 1 Std.
Vorbereiten ●●●	Ruhezeit: 1–2 Std.
Preiswert ●●	Backzeit: 15 Min.

Bei 16 Stück pro Stück ca. 325 kcal
7 g Eiweiß / 15 g Fett / 40 g Kohlenhydrate

ZUTATEN FÜR 1 BACKBLECH:
1 Packung TK-Blätterteig (450 g)
2 Päckchen Mandelpuddingpulver
1 l Milch
250 g Zucker
6 Blatt Gelatine
200 g Sahne
1 kg Erdbeeren
2 Päckchen Tortenguss
1/2 l Saft (Johannisbeer, Kirsch o.a.)

1 Den Backofen auf 225° vorheizen. Die 6 Teigplatten nebeneinander auftauen lassen und leicht überlappend zu einem ganzen Rechteck ausrollen. Das Blech mit Wasser einpinseln, den Teig darauf legen. Mehrmals einstechen und 15 Min. backen (Mitte, Umluft 200°).

2 Inzwischen den Pudding mit Milch und 100 g Zucker nach Packungsanweisung kochen. Die Gelatine einweichen, ausdrücken und unter den Pudding rühren.

3 Die Sahne steif schlagen. Wenn der Pudding zu gelieren beginnt, die Sahne unterheben. Die Creme auf dem Teig verstreichen.

4 Die Erdbeeren putzen, halbieren und auf der Creme verteilen. Den Tortenguss mit dem restlichen Zucker und Saft aufkochen und über die Beeren geben. Die Erdbeerschnitten vor dem Servieren 1-2 Std. kalt stellen, danach zerteilen.

Obst tauschen: Der Kuchen schmeckt mit allen Beerenfrüchten, aber auch mit Mangos, Aprikosen und Pfirsichen.

Deko-Tipp: Erdbeerschnitten mit 50 g gehackten Mandeln bestreuen.

Bild oben: Erdbeerkuchen
Bild unten: Erdbeerschnitten

Erdbeeren

Sie wird »die Königin des Beerenobstes« genannt. Die Handelsklassen sagen nur etwas über Größe und äußeren Zustand aus, nichts über Geschmack und Verwendungsmöglichkeiten. Bevorzugen Sie kleine, dunkle Sorten.
Erdbeeren sind sehr druck- und wasserempfindlich, darum nur kurz und vorsichtig waschen und gut abtropfen lassen. Im Kühlschrank halten sie sich nur einen Tag, sie lassen sich aber, gezuckert oder pur, gut einfrieren.

Heidelbeer-Quarkkuchen

Schnell ●●	Zubereitungszeit: 45 Min.
Vorbereiten ●●	Ruhezeit: 30 Min.
Preiswert ●	Backzeit: 1 Std.

Bei 12 Stück pro Stück ca. 330 kcal
9 g Eiweiß /15 g Fett /40 g Kohlenhydrate

ZUTATEN FÜR 1 SPRINGFORM (26 cm Ø):
Für den Mürbeteig:
230 g Mehl
2 EL Speisestärke
125 g kalte Butter
75 g Zucker
Für den Belag:
500 g Heidelbeeren
8-10 Mandelmakronen
500 g Quark (20%)
100 g Zucker
Saft und Schale von 1/2 unbehandelten Zitrone
2 EL Speisestärke
4 Eier · Salz
2 EL Puderzucker
Fett für die Form

1 Für den Mürbeteig die Zutaten rasch verkneten und ausrollen. Den Teig in die Form legen, dabei einen Rand hochziehen. Den Boden mit einer Gabel mehrmals einstechen und 30 Min. in den Kühlschrank stellen.

2 Die Heidelbeeren waschen, verlesen und gut abtropfen lassen. Die Makronen mit der Kuchenrolle zermahlen. Den Backofen auf 200° vorheizen.

3 Den Quark mit Zucker, Zitronensaft- und schale und der Speisestärke in eine Schüssel geben. 2 ganze Eier und 2 Eigelbe gründlich unterrühren. Die Eiweiße mit 1 Prise Salz steif schlagen und unter den Quark heben.

4 Die Makronenbrösel auf den Teig streuen, darauf die Heidelbeeren verteilen. Nun die Quarkmasse darauf streichen und den Kuchen im Ofen (unten, Umluft 180°) 40 Min. backen. Dann auf die mittlere Schiene setzen und in 15–20 Min. fertig backen. In der Form auskühlen lassen und vor dem Servieren mit Puderzucker bestreuen.

Heidelbeergetzen

Schnell ●●●	Zubereitungszeit: 15 Min.
Vorbereiten ●●	Backzeit: 30–40 Min.
Preiswert ●	

Bei 6 Stück pro Stück ca. 445 kcal
18 g Eiweiß /10 g Fett/70 g Kohlenhydrate

ZUTATEN FÜR 1 TIEFE BRATPFANNE (GETZENPFANNE) ODER 1 PIEFORM:
500 g Mehl
4 Eier
3/4 l Milch
Salz
500 g Heidelbeeren
Zucker und Zimt
Butterschmalz für die Form

1 Den Backofen auf 200° vorheizen. Das Mehl mit den Eiern, der Milch, 3-4 EL Wasser und 2 Prisen Salz verrühren.

2 In einer Getzenpfanne (d.i. eine tiefe Bratpfanne) oder einer Pieform reichlich Butterschmalz erhitzen, den Teig einfüllen und 500 g Heidelbeeren darauf verteilen.

3 Im Ofen (Mitte, Umluft 180°) 30-40 Min. backen, bis der Teig an den Rändern knusprig ist. Mit Zucker und Zimt bestreuen und warm servieren. Dazu passt Milchkaffee.

Obst tauschen: Auch Johannisbeeren, Aprikosen oder Äpfel lassen sich prima für dieses Rezept verwenden.

Zutaten tauschen: 100 g des Mehls durch gemahlene Mandeln oder Haselnüsse ersetzen.

Bild oben: Heidelbeer-Quarkkuchen
Bild unten: Heidelbeergetzen

Heidelbeeren

Die aromatischen Waldheidelbeeren kommen häufig aus Osteuropa, Sie können sie von Juni bis September aber auch in Nadelwäldern, Moor- und Heidelandschaften selber sammeln. Sie sind druckempfindlich und müssen schnell verarbeitet werden. Bewahren Sie sie möglichst an der kühlsten Stelle des Kühlschranks auf. Sie lassen sich gut einfrieren.
Kulturheidelbeeren sind größer, besser haltbar und transportfähig, haben aber weniger Aroma. Der blaue Farbstoff sitzt bei ihnen in der Schale und löst sich erst beim Kochen heraus.

Brombeertorte mit Walnuss-Guss

Schnell ●●●	Zubereitungszeit: 30 Min.
Vorbereiten ●●	Kühlzeit: 2 Std.
Preiswert ●	Backzeit: 45 Min.

Bei 8 Stück pro Stück ca. 490 kcal
7 g Eiweiß / 31 g Fett / 46 g Kohlenhydrate

ZUTATEN FÜR 1 SPRINGFORM (26 cm Ø):
200 g Butter
200 g Zucker
1 Prise Salz
2 Eigelb
250 g + 3 EL Mehl
250 g getrocknete Linsen oder Erbsen (zum Blindbacken)
500 g Brombeeren
125 g Walnusskerne
1 Päckchen geriebene Zitronenschale
2 Eier
100 g geschlagene Sahne
Butter für die Form

1 Für den Boden 125 g Butter mit 125 g Zucker, 1 Prise Salz, den Eigelben und 250 g Mehl verkneten. Die Springform mit Butter einfetten. Den Teig zwischen Frischhaltefolie dünn ausrollen, in die Form legen und einen gut 2 cm hohen Rand formen. Die Form für 2 Std. kühl stellen.

2 Den Backofen auf 180° vorheizen. Den Teigboden mit einer Gabel mehrmals einstehen und mit Alufolie auskleiden. Darauf 250 g Linsen oder Erbsen streuen und 15 Min. vorbacken. Die Hülsenfrüchte und die Alufolie entfernen.

3 Die Brombeeren abbrausen und gut abtropfen lassen. Vier Walnusskerne beiseite legen, den Rest fein mahlen. Den Teigboden mit 3 EL gemahlenen Walnüssen bestreuen. 75 g Zucker mit 75 g Butter, der Zitronenschale, den ganzen Eiern und 3 EL Mehl schaumig rühren. Die gemahlenen Walnüsse dazugeben.

4 Den Walnussguss auf den Tortenboden gießen und die Brombeeren darüber geben. Den Kuchen im Ofen (Mitte, Umluft 160°) 25–30 Min. backen. Die abgekühlte Torte mit Walnusskernen garnieren und Sahne dazureichen.

Himbeerkuchen

Schnell ●●●	Zubereitungszeit: 20 Min.
Vorbereiten ●●	Ruhezeit: 1 Std.
Preiswert ●●	

Bei 12 Stück pro Stück ca. 240 kcal
4 g Eiweiß / 16 g Fett / 18 g Kohlenhydrate

ZUTATEN FÜR 1 KUCHEN:
1 Schoko-Biskuitboden (Fertigprodukt, Wiener Boden)
2 EL Aprikosen- oder Himbeerkonfitüre
500 g Himbeeren
400 g Frischkäse mit Joghurt (ersatzweise Doppelrahm-Frischkäse)
50 g Zucker
1 EL Himbeersirup
1 Päckchen Himbeer-Puddingpulver (ohne Kochen)
200 g Sahne
1 Päckchen roter Tortenguss
1/4 l roter Fruchtsaft
2 EL Kokosflocken

1 Den Biskuitboden auf eine Tortenplatte legen und mit Konfitüre bestreichen. Die Himbeeren verlesen.

2 Frischkäse mit Zucker, Himbeersirup und Puddingpulver verrühren. Sahne steif schlagen und unter die Käsecreme heben.

3 Die Creme auf dem Tortenboden verteilen und mit den Himbeeren belegen.

4 Tortenguss nach Packungsaufschrift mit dem Fruchtsaft zubereiten und gleichmäßig über den Himbeeren verteilen. Den Rand mit Kokosflocken bestreuen.

> **Zutaten tauschen:** Anstatt Himbeer-Puddingpulver können Sie Vanille-Puddingpulver nehmen.
> 250 g Mascarpone, 150 g Schmand, 80 g Puderzucker und 100 g Kokosflocken verrühren und als Creme auf den Tortenboden geben.

> **Mit Pep:** Rühren Sie zusätzlich noch 2 cl Himbeergeist unter die Creme.

Bild oben: Himbeerkuchen
Bild unten: Brombeertorte mit Walnuss-Guss

Brombeeren

Angeboten werden Wildfrüchte und Zuchtbrombeeren. Wilde Beeren sind meist kleiner und aromatischer. Sie werden oft aus Osteuropa importiert.
Die besten Zuchtbrombeeren kommen ab Mitte August auf den Markt.
Brombeeren sind auch bei kühler Lagerung nur wenige Tage haltbar. Sie lassen sich gut einfrieren. Sie schmecken frisch sehr gut, ergeben aber auch sehr aromatische Konfitüren, Gelees und Füllungen.

Roter Johannisbeerkuchen

Schnell ●	Zubereitungszeit: 1 Std 30 Min.
Vorbereiten ●	Backzeit: 32 Min.
Preiswert ●	

Bei 12 Stück pro Stück ca. 320 kcal
5 g Eiweiß/14 g Fett/42 g Kohlenhydrate

ZUTATEN FÜR 1 SPRINGFORM (26 cm Ø):
160 g weiche Butter
225 g Zucker
1 Päckchen Vanillezucker
250 g Mehl
Salz
1 EL Speisestärke
1 TL Backpulver
4 Eier
1 Päckchen Vanillepuddingpulver
gut 1/4 l Milch
300 g rote Johannisbeeren
Fett und Semmelbrösel für die Form

1 Den Backofen auf 200° vorheizen. 150 g Butter mit 2 EL Zucker, Vanillezucker, Mehl, 1 Prise Salz, Speisestärke, Backpulver und 1 Ei zu einem glatten Teig verkneten.

2 Die Form ausfetten und mit Bröseln ausstreuen. Den Teig ausrollen, in die Form legen und 20 Min. backen (Mitte, Umluft 180°).

3 Inzwischen das Puddingpulver mit 50 g Zucker und der Milch nach Packungsanweisung kochen. Die Eier trennen, Eiweiße beiseite stellen. Die Eigelbe und die restliche Butter unter den Pudding ziehen, kalt stellen.

4 Die Johannisbeeren abspülen und von den Rispen streifen und unter den Pudding heben. Die Eiweiße mit dem restlichen Zucker steif schlagen. Den Pudding auf den Kuchenboden streichen, zuerst die Beeren und dann das Eiweiß darauf geben. Im Ofen (Mitte, Umluft 180°) 12 Min. backen, bis das Baiser eine schöne goldbraune Farbe bekommen hat.

!! **Mit Pep:** Tiefgefrorene Beeren brauchen nicht erst aufgetaut zu werden. Dann ist es aber besser, den Kuchenboden vorher mit Semmelbröseln, gemahlenen Nüssen oder Mandeln zu bestreuen, damit er nicht so durchweicht.

Schwarzer Johannisbeerkuchen

Schnell ●●	Zubereitungszeit: 45 Min.
Vorbereiten ●	Backzeit: 40 Min.
Preiswert ●	

Bei 20 Stück pro Stück ca. 340 kcal
5 g Eiweiß /19 g Fett /31 g Kohlenhydrate

ZUTATEN FÜR 1 BACKBLECH:
500 g schwarze Johannisbeeren (frisch oder TK)
250 g weiche Butter · 200 g Zucker
2 Päckchen Vanillezucker
4 Eier · Salz
abgeriebene Schale von 1 unbehandelten Zitrone
400 g Mehl · 1 Päckchen Backpulver
1/8 l Milch · 1/4 l Eierlikör
400 g Sahne
Fett und Semmelbrösel für das Blech

1 Die Beeren abspülen und von den Rispen streifen. Den Backofen auf 180° vorheizen. Das Blech ausfetten und mit Bröseln bestreuen.

2 Die Butter mit dem Zucker und 1 Päckchen Vanillezucker verrühren. Nach und nach die Eier, 1 Prise Salz und die Zitronenschale unterrühren. Mehl und Backpulver dazusieben, die Milch und die Johannisbeeren unter den Teig mengen.

3 Die Teigmasse auf dem Blech verstreichen und im Ofen (Mitte, Umluft 160°) 40 Min. backen. Anschließend auskühlen lassen.

4 Etwa die Hälfte Eierlikör mit einem Backpinsel auf dem Kuchen verstreichen. Unmittelbar vor dem Servieren die Sahne mit dem zweiten Päckchen Vanillezucker steif schlagen und gleichmäßig auf dem Kuchen verstreichen.

5 Den restlichen Eierlikör in einen kleinen Klarsichtbeutel füllen, eine winzige Ecke abschneiden und mit dem Likör diagonal ein Gittermuster über die Sahne ziehen.

Bild oben: Roter Johannisbeerkuchen
Bild unten: Schwarzer Johannisbeerkuchen

Johannisbeeren

Es gibt rote, weiße und schwarze Johannisbeeren. Sie werden Anfang Juni bis Ende August angeboten.

ROTE JOHANNISBEEREN sind säuerlich-erfrischend. Eignen sich gut zum Rohessen, aber auch für Desserts, Gelee und Gebäck. Unverzichtbar sind sie für die Rote Grütze.

WEISSE JOHANNISBEEREN werden seltener angeboten. Sie sind süßer, sehr aromatisch, und eignen sich gut für Most und Konfitüre.

SCHWARZE JOHANNISBEEREN sind transportempfindlicher als die roten. Sie enthalten ungewöhnlich viel Vitamin C und andere gesundheitlich wertvolle Stoffe.

Einfacher Kirschkuchen

Schnell	●●●	Zubereitungszeit: 15 Min.
Vorbereiten	●●●	Backzeit: 50 Min.
Preiswert	●●●	

Bei 20 Stück pro Stück ca. 255 kcal
5 g Eiweiß/13 g Fett/29 g Kohlenhydrate

ZUTATEN FÜR 1 BACKBLECH:
2 Gläser Schattenmorellen (à 350 g Abtropfgewicht)
5 Eier
250 g weiche Butter
250 g Zucker
250 g Mehl
1 TL Backpulver, Salz
2-3 EL Kirschwasser (nach Belieben)
Hagelzucker zum Bestreuen
Backpapier

1 Die Kirschen in einem Sieb gut abtropfen lassen. Die Eier trennen, die Eiweiße beiseite stellen. Die Eigelbe mit Butter und Zucker schaumig rühren. Mehl, Backpulver, 1 Prise Salz und das Kirschwasser darunter rühren.

2 Den Backofen auf 200° vorheizen. Das Blech mit Backpapier belegen.

3 Die Kirschen unter den Teig mengen. Zum Schluss die Eiweiße steif schlagen und sorgfältig unter den Teig heben. Die Masse auf dem Blech verstreichen, mit Hagelzucker bestreuen und im Ofen (Mitte, Umluft 180°) 50 Min. backen.

Obst tauschen: Hier können Sie immer mit Ihren Vorräten variieren: eingemachte Zwetschgen, Aprikosen oder Pfirsiche (auch aus der Dose) eignen sich ebenfalls gut als Belag. Und wenn Sie noch ein paar Nüsse haben – gehackt mit unter den Teig mischen!

Mit Pep: Und immer schmeckt Schlagsahne dazu! Wenn Sie Mandellikör im Hause haben und keine Kinder mitessen – 2 EL unter die Sahne rühren, das Mandelaroma paßt wunderbar zum Kirschkuchen.

Sauerkirschkuchen

Schnell	●	Zubereitungszeit: 1 Std. 15 Min.
Vorbereiten	●●	Backzeit: 50 Min.
Preiswert	●	

Bei 20 Stück pro Stück ca. 310 kcal
5 g Eiweiß /15 g Fett /37 g Kohlenhydrate

ZUTATEN FÜR 1 BACKBLECH:
1,5 kg Sauerkirschen
250 g Butter oder Margarine
300 g Zucker
Salz
4 Eier
abgeriebene Schale von 1 unbehandelten Zitrone
300 g Mehl
100 g Speisestärke
3/4 Päckchen Backpulver
5 EL saure Sahne
100 g gestiftelte Mandeln
Backpapier oder Fett und Semmelbrösel
für das Backblech

1 Die Kirschen in einem Sieb abspülen, entstielen und entsteinen.

2 Die Butter mit 250 g Zucker, 2 Prisen Salz, den Eiern und der Zitronenschale mit den Quirlen des Handrührgerätes schaumig rühren. Nach und nach Mehl, Speisestärke, Backpulver und Sahne unterrühren.

3 Das Blech mit Backpapier belegen oder ausfetten und mit Bröseln bestreuen. Den Teig darauf verstreichen und die Kirschen gleichmäßig darauf verteilen. Mit den Mandeln bestreuen und in den kalten Backofen (Mitte) schieben. Bei 200° (Umluft 180°) 50 Min. backen. Den fertigen Kuchen mit dem restlichen Zucker bestreuen und auskühlen lassen.

Zutaten tauschen: Statt Zucker schmeckt auch eine Glasur auf dem fertigen Kuchen: Dafür 20 g Pflanzenfett schmelzen und abkühlen lassen. Mit 150 g Puderzucker und 2 EL Zitronensaft verrühren und mit einem Backpinsel auf dem Kuchen verstreichen.

Bild oben: Sauerkirschkuchen
Bild unten: Einfacher Kirschkuchen

Kirschen

Auf dem Markt sind verschiedene Sorten: Süßkirschen und Sauerkirschen. Süßkirschen gibt es bereits ab Mai. Achten Sie auf regionaltypische Sorten, dann können Sie sicher sein, dass Sie ausgereifte, aromatische Früchte bekommen, die keine langen Transportwege hinter sich haben. SÜSSKIRSCHEN halten bei kühler Lagerung maximal 2 Wochen und schmecken am besten frisch, SAUERKISCHEN können Sie höchstens 10 Tage aufheben. Sie lassen sich gut zu Kompott und Saft verarbeiten. Kirschen sind reich an Vitaminen der B-Gruppe und an Vitamin C.

Brauner Kirschkuchen

Schnell	●●●	Zubereitungszeit: 30 Min.
Vorbereiten	●●●	Backzeit: 50 Min.
Preiswert	●●	

Bei 12 Stück pro Stück ca. 400 kcal
5 g Eiweiß /24 g Fett /40 g Kohlenhydrate

ZUTATEN FÜR 1 SPRINGFORM (26 cm Ø):
2 Gläser Sauerkirschen (à 370 g Abtropfgewicht)
1 EL Kirschwasser (nach Belieben)
100 g Zartbitterschokolade
4 Eier
Salz
200 g Butter
180 g Zucker
1 TL Schokoladenpulver
100 g Mehl
100 g gemahlene Haselnüsse
1 TL Backpulver
1 EL Puderzucker zum Bestäuben
Fett für die Form

1 Den Backofen auf 180° vorheizen. Die Form fetten. Die Sauerkirschen auf einem Sieb abtropfen lassen. Nach Belieben mit Kirschwasser marinieren.

2 Schokolade hacken und im Wasserbad schmelzen. Eier trennen. Eiweiße mit Salz steif schlagen. Butter, Zucker und Schokoladenpulver schaumig rühren, Eigelbe unterrühren. Mehl mit Haselnüssen und Backpulver mischen, zusammen mit dem Eischnee dazugeben und locker untermischen.

3 Den Teig in die Form füllen, die Kirschen darauf verteilen. Den Kuchen im Ofen (Mitte, Umluft 160°) 50 Min. backen. Herausnehmen und in der Form auskühlen lassen.

4 Den Kirschkuchen aus der Form nehmen und mit Puderzucker bestäuben.

Obst tauschen: Anstatt Sauerkirschen können Sie den Kuchen auch mit Birnen oder Aprikosen aus der Dose zubereiten.

Deko-Tipp: 150 g Puderzucker mit 1 TL Kirschwasser oder Zitronensaft und eventuell etwas Wasser glatt rühren. Den Kuchen mit der Glasur überziehen.

Quark-Kirschkuchen

Schnell	●●●	Zubereitungszeit: ca. 30 Min.
Vorbereiten	●●●	Backzeit: 1 1/2 Std.
Preiswert	●●	

Bei 12 Stück pro Stück ca. 180 kcal
9 g Eiweiß /5 g Fett/24 g Kohlenhydrate

ZUTATEN FÜR 1 SPRINGFORM (26 cm Ø):
500 g frische Kirschen (ersatzweise aus dem Glas)
1 Zitrone
1 Vanilleschote
750 g Quark (Magerstufe)
4 Eier
1/8 l Milch
2 Päckchen Vanillepuddingpulver
125 g Zucker, Salz
Fett und Semmelbrösel für die Form

1 Die Kirschen waschen und entsteinen (Kirschen aus dem Glas gut abtropfen lassen). Die Zitrone auspressen. Die Vanilleschote längs aufschlitzen und das Mark herauskratzen.

2 Den Quark in eine Schüssel geben. Die Eier trennen. Eiweiße beiseite stellen. Eigelbe, Milch, Puddingpulver, Zitronensaft, Vanillemark, Zucker und 1 Prise Salz gründlich mit dem Quark verrühren. Den Backofen auf 175° vorheizen. Die Form ausfetten und mit Bröseln ausstreuen.

3 Die Eiweiße steif schlagen und unter die Quarkmasse heben. In die Form füllen und glatt streichen. Die Kirschen darauf verteilen und etwas eindrücken. Im Ofen (Mitte, Umluft 160°) etwa 1 1/2 Std. backen (Stäbchenprobe machen!). Dazu schmeckt Schlagsahne.

Zutaten tauschen: Nehmen Sie anstatt des Vanillepuddingpulvers Puddingpulver mit Mandelgeschmack.

Bild oben: Quark-Kirschkuchen
Bild unten: Brauner Kirschkuchen

Sauerkirschen selber einmachen

Sauerkirschen müssen schnell verarbeitet werden, wenn sie reif sind. Man kann sie aber ganz unkompliziert konservieren. Sie brauchen pro 1 kg Kirschen 300 g Zucker. Kirschen waschen, Stiele entfernen. Dann die Kirschen entkernen und in saubere Twist-off-Gläser füllen bis 2 cm unter den Rand. Den Zucker dazugeben. Die Gläser verschließen, in die etwa 2 cm mit Wasser gefüllte Fettpfanne des Backofens stellen und 20 bis 30 Minuten bei 175° sterilisieren. Die Gläser dürfen sich nicht berühren.

Kumquat-Orangen-Kuchen

Schnell ●●	Zubereitungszeit: 45 Min.
Vorbereiten ●●●	Backzeit: 45 Min.
Preiswert ●	

Bei 12 Stück pro Stück ca. 350 kcal
7 g Eiweiß / 24 g Fett / 27 g Kohlenhydrate

ZUTATEN FÜR 1 SPRINGFORM (26 cm Ø):
2 unbehandelte Orangen
100 g Zucker
6 Eier
150 g weiche Butter
150 g Quark
150 g grob gehackte Haselnüsse
100 g zartbittere Raspel-Schokolade
15 Kumquats
3 EL Orangenlikör (z.B. Cointreau) nach Belieben
100 g Puderzucker
Fett und Brösel für die Form

1 Die Orangen heiß abwaschen und trockenreiben. Die Schale mit einem Schälmesser dünn abschälen und klein schneiden. Den Saft auspressen. Die Schalen mit 2 EL Zucker und 3 EL Saft 3 Min. einkochen lassen.

2 Die Eier trennen. Eigelbe, Zucker (2 EL aufheben) und Butter cremig rühren. Den Quark, die Nüsse und die Schokolade darunter rühren.

3 Den Backofen auf 180° vorheizen. Die Form fetten und mit Bröseln ausstreuen. Die Eiweiße steif schlagen. Die Orangenschalen mit Sirup und Eischnee sorgfältig unter den Quark heben. Den Teig in die Form füllen und im Ofen (Mitte, Umluft 160°) 30–35 Min. backen.

4 Die Kumquats waschen, in gleichmäßig dünne Scheibchen schneiden, Enden und Kerne entfernen. 4 EL Orangensaft, restlichen Zucker, Orangenlikör und die Kumquats 3–4 Min. in einem Topf köcheln lassen. Beiseite stellen.

5 Den fertigen Kuchen noch 10 Min. im ausgeschalteten Ofen ruhen lassen. In der Form ganz auskühlen lassen und auf eine Kuchenplatte geben.

6 Die Kumquats in einem Sieb abtropfen lassen. Den Puderzucker mit etwas Sud dickflüssig anrühren und auf dem Kuchen verstreichen. Die Kumquatscheiben rundherum in den noch weichen Guss drücken. Fest werden lassen und den Kuchen kühl servieren.

Orangenkuchen

Schnell ●●●	Zubereitungszeit: 30 Min.
Vorbereiten ●●●●	Backzeit: 50 Min.
Preiswert ●	

Bei 12 Stück pro Stück ca. 445 kcal
11 g Eiweiß / 18 g Fett / 59 g Kohlenhydrate

ZUTATEN FÜR 1 SPRINGFORM (26 cm Ø):
3 Orangen (1 davon unbehandelt)
8 Eier · Salz · 250 g Zucker
2 EL Grand Marnier
4 EL Mehl · 100 g Löffelbiskuits
300 g gemahlene Mandeln
200 g Puderzucker
100 g kandierte Orangenscheiben (nach Belieben)
Fett und Semmelbrösel für die Form

1 Von der unbehandelten Orange die Schale abreiben, alle Früchte auspressen. 3 EL Orangensaft beiseite stellen. Die Eier trennen, die Eiweiße mit 2 Prisen Salz steif schlagen.

2 Die Eigelbe mit dem Zucker schaumig rühren. Den Likör, Orangensaft- und schale sowie das Mehl dazugeben. Den Backofen auf 180° vorheizen. Die Form fetten und mit Bröseln gründlich ausstreuen.

3 Die Biskuits klein bröseln und mit den Mandeln in den Teig rühren. Zum Schluss den Eischnee unter den Teig heben. In die Form füllen und im Ofen (Mitte, Umluft 160°) 50 Min. backen.

4 Den restlichen Orangensaft mit dem Puderzucker zu einem dicken Guss verrühren. Den fertig gebackenen Kuchen auf ein Kuchengitter stürzen und mit der Glasur bestreichen. Die kandierten Orangenscheiben halbieren und sofort kranzförmig in den noch weichen Guss drücken.

Bild oben: Orangenkuchen
Bild unten: Kumquat-Orangen-Kuchen

Tipp zum Orangenkuchen

Sie können den Kuchen auch mit frischen Orangenscheiben belegen. Dafür 2 unbehandelte Orangen waschen, in dünne Scheiben schneiden und vierteln. 80 g Zucker in 150 ml Wasser aufkochen, die Orangenscheiben kurz darin ziehen lassen. Herausheben, abtropfen lassen und den Kuchen damit garnieren. Blutorangen sehen besonders dekorativ aus.

Mandarinen-Frischkäse-Kuchen

Schnell ●●	Zubereitungszeit: 35 Min.
Vorbereiten ●●●	Kühlzeit: 6 Std.
Preiswert ●	

Bei 8 Stück pro Stück ca. 505 kcal
8 g Eiweiß /38 g Fett /35 g Kohlenhydrate

ZUTATEN FÜR 1 QUADRATISCHE FORM (20 x 20 cm):
6–8 EL flüssige Butter
75 g Mandelkekse (Amaretti)
2 EL Zucker · 6 Blatt weiße Gelatine
500 g Doppelrahm-Frischkäse
150 g Joghurt · 125 g Puderzucker
1 Päckchen Amaretto-Bittermandelaroma
4 EL Zitronensaft
250 g Sahne
2 Dosen Mandarinen (à 175 g Abtropfgewicht)
40 g gehackte Pistazien
1 Päckchen heller Tortenguss

1 Die Form überlappend mit Frischhaltefolie auskleiden und den Boden dünn mit etwas Butter bestreichen. Die Kekse fein reiben, mit Zucker und restlicher flüssiger Butter mischen und auf den Boden der Form drücken. Die Form kühl stellen.

2 Die Gelatine 5 Min. in kaltem Wasser einweichen. Den Frischkäse mit Joghurt, gesiebtem Puderzucker, Mandelaroma und Zitronensaft glatt rühren. Die Gelatine gut ausdrücken und bei milder Hitze auflösen. Die abgekühlte, aber noch flüssige Gelatine mit der Frischkäsecreme verrühren.

3 Die Sahne steif schlagen und unter die Creme heben. Die Mandarinen gut abtropfen lassen und dabei 1/4 l Saft auffangen. Knapp die Hälfte der Creme auf den Tortenboden streichen. Etwa die Hälfte der Mandarinen darüber legen und mit der Creme abdecken.

4 Die restlichen Mandarinen dekorativ auf der Torte verteilen und die Oberfläche mit einigen gehackten Pistazien verzieren. Die Torte 6 Std. kühl stellen.

5 Die Torte mit Hilfe der Folie aus der Form heben. Den Tortenrand mit den restlichen Pistazien bestreuen. Den Tortenguss nach Packungsanweisung mit dem Mandarinensaft zubereiten und die Mandarinen damit überziehen.

!! Mit Pep: Diese Torte lässt sich auch in einer runden Kuppelform zubereiten.

Mangokuchen

Schnell ●●●	Zubereitungszeit: 25 Min.
Vorbereiten ●●	Backzeit: 35 Min.
Preiswert ●	

Bei 12 Stück pro Stück ca. 335 kcal
5 g Eiweiß /21 g Fett /31 g Kohlenhydrate

ZUTATEN FÜR 1 SPRINGFORM (26 cm Ø):
1 große, reife Mango
3 Eier · 200 g weiche Butter
150 g Zucker
50 g Walnusskerne (ersatzweise Mandeln oder Haselnüsse)
200 g Mehl · 1/2 Päckchen Backpulver
Für den Guss:
2 Eier · 200 g Schmand
3 EL Puderzucker
Fett für die Form

1 Den Backofen auf 200° vorheizen. Die Springform einfetten.

2 Die Mango schälen und das Fruchtfleisch vom Stein lösen, dabei in Scheiben schneiden.

3 Die Eier mit der Butter und dem Zucker dickschaumig rühren. Die Walnusskerne untermischen, dann das Mehl und das Backpulver nur kurz unterrühren.

4 Den Teig in die Springform füllen und das Mangofruchtfleisch darauf verteilen. Den Kuchen im Ofen (Mitte, Umluft 180°) 15 Min. vorbacken.

5 Für den Guss die Eier mit dem Schmand und dem Puderzucker gründlich verrühren und gleichmäßig über den Kuchen gießen. Noch 20 Min. weiterbacken.

Aus dem Vorrat: Verwenden Sie statt der frischen Mango Früchte aus der Dose. Auch tiefgekühlte Beeren eignen sich gut. Wer keinen Schmand für den Guss im Kühlschrank hat, nimmt Sahne, saure Sahne oder Crème fraîche. Der Kuchen schmeckt aber auch ohne Guss.

Obst tauschen: Statt Mangos passen auch Aprikosen, Pfirsiche, Nektarinen, Äpfel, Birnen, Rhabarber und Beeren in diesen Rührkuchen.

Bild oben: Mandarinen-Frischkäse-Kuchen
Bild unten: Mangokuchen

Mango

Mangos können sehr unterschiedlich aussehen. Die Farbe variiert von grüngelb über orange bis rot, die Form von rund bis birnenförmig.

Mangos werden unreif geerntet und reifen bei Zimmertemperatur nach. Reife Früchte sind sehr druckempfindlich.

Es ist schwierig das Fruchtfleisch vom Kern zu lösen. Entweder schneiden Sie die ungeschälte Frucht längs am Kern entlang durch und löffeln das Fruchtfleisch aus der Schale oder Sie schälen die Mango und schneiden das Fruchtfleisch in Spalten vom Kern.

Nektarinen-Kokos-Torte

Schnell ●	Zubereitungszeit: 1 Std.
Vorbereiten ●	Kühlzeit: 4 Std.
Preiswert ●●	Backzeit: 20 Min.

Bei 8 Stück pro Stück ca. 540 kcal
7 g Eiweiß / 27 g Fett / 66 g Kohlenhydrate

ZUTATEN FÜR 1 SPRINGFORM (26 cm Ø):
2 Eier · 155 g Puderzucker
125 g weiche Butter · 150 g Speisestärke
100 g Mehl · 1 Prise Backpulver
2 EL Rum oder Milch · 3/4 l Pfirsichnektar
500 g reife Nektarinen · 6 EL Kokosflocken
4 Blatt weiße Gelatine
60 ml Kokoscreme aus der Dose · 200 g Sahne
8 Johannisbeerrispen · Butter für die Form

1 Die Eier mit 115 g gesiebtem Puderzucker und der Butter schaumig rühren. 100 g Speisestärke mit Mehl und Backpulver darüber sieben und unterrühren. Rum oder Milch einrühren. Den Backofen auf 220° vorheizen. Die Springform einfetten, den Teig einfüllen und 15-20 Min. backen. Auf einem Gitter auskühlen lassen.

2 Den Pfirsichnektar erhitzen. Die Nektarinen waschen, halbieren und entkernen. In dem Saft 10 Min. gar ziehen lassen. Die Früchte herausnehmen und in Spalten schneiden.

3 Die Kokosflocken in einer fettfreien Pfanne goldgelb rösten. Von dem Saft 1/2 l abmessen, 6 EL davon mit der restlichen Speisestärke und mit dem restlichen Puderzucker glatt rühren. Den Saft zum Kochen bringen, die Speisestärke einrühren und einmal aufkochen lassen.

4 Die Gelatine 5 Min. in kaltem Wasser einweichen, ausdrücken und in der heißen Creme auflösen. Die Kokoscreme und die Hälfte der Kokosflocken einrühren. Die Creme 2 Std. kühl stellen.

5 Sahne steif schlagen und unter die Creme heben. Springformrand um den Tortenboden legen, Creme darüber streichen, 2 Std. kühl stellen.

6 Die Nektarinenspalten auf die Creme legen. Den Springformrand entfernen und den Tortenrand mit Kokosflocken bestreuen. Die Torte mit Johannisbeerrispen garnieren.

!! Mit Pep: Die Früchte nach Belieben mit klarem Tortenguss überziehen.

Nektarinentorte

Schnell ●●	Zubereitungszeit: 40 Min.
Vorbereiten ●●●	Kühlzeit: 1 Std 15 Min.
Preiswert ●●	Backzeit: 20 Min.

Bei 12 Stück pro Stück ca. 245 kcal
3 g Eiweiß / 12 g Fett / 33 g Kohlenhydrate

ZUTATEN FÜR 1 SPRINGFORM (24 cm Ø):
2 Eier · 100 g Zucker
50 g Mehl · 1 EL flüssige Butter
300 g Aprikosenkonfitüre
1 EL Aprikosenlikör nach Belieben
250 g Mascarpone · 50 g Puderzucker
1 kg Nektarinen · 1 EL gehackte Pistazien
Fett für die Form

1 Den Backofen auf 200° vorheizen. Die Backform einfetten.

2 Die Eier trennen, die Eiweiße steif schlagen, den Zucker nach und nach einrieseln lassen. Die Eigelbe dazugeben und noch 2 Min. weiterrühren. Das Mehl und die flüssige Butter unterheben. Den Teig in die Form füllen. Im Ofen (Mitte, Umluft 180°) 20 Min. backen.

3 Den Boden aus der Form lösen und auf eine Platte setzen. Die Aprikosenkonfitüre erwärmen und durch ein Sieb streichen. Nach Belieben mit Aprikosenlikör verrühren. Den Tortenboden mit 2 EL Konfitüre bestreichen.

4 Mascarpone mit Puderzucker und 2 EL Konfitüre cremig rühren. Die Creme auf dem Boden verteilen, glatt streichen und 15 Min. kühl stellen.

5 Die Nektarinen waschen, halbieren, den Stein entfernen und die Hälften in Spalten schneiden.

6 Nektarinenspalten kreisförmig auf die Creme legen. Restliche Konfitüre nochmals kurz erwärmen und die Nektarinen damit überziehen und mit den Pistazien bestreuen. Den Kuchen 1 Std. im Kühlschrank durchziehen lassen.

↩ Zutaten tauschen: Anstatt Aprikosenkonfitüre können Sie auch Pfirsichkonfitüre nehmen. Nur die Hälfte Konfitüre nehmen und den Kuchen noch mit Tortenguß überziehen.

Bild oben: Nektarinentorte
Bild unten: Nektarinen-Kokos-Torte

Nektarinen

Nektarinen sind eine Kreuzung zwischen Pfirsich und Pflaume. Sie haben eine glatte Schale und saftig, aromatisches Fleisch. Sie werden meist noch hart angeboten und reifen bei Zimmertemperatur nach.
Sie schmecken frisch sehr gut, eignen sich für Obstsalate, als Kuchenbelag, zu Quark und Speiseeis. Nektarinen lassen sich entkernt und gezuckert gut einfrieren.

Preiselbeerbombe

Schnell ●●●	Zubereitungszeit: 20 Min.
Vorbereiten ●●	Backzeit: 25 Min.
Preiswert ●●●	

Bei 12 Stück pro Stück ca. 360 kcal
5 g Eiweiß /16 g Fett / 48 g Kohlenhydrate

ZUTATEN FÜR 1 SPRINGFORM (26 cm Ø):
3 Eier
200 g Schmand
200 g Zucker
250 g Mehl
2 TL Backpulver
400 g Sahne
400 g Preiselbeeren
Fett oder Backpapier für die Form

1 Den Backofen auf 180° vorheizen. Die Springform einfetten oder den Boden mit Backpapier auslegen.

2 Die Eier mit dem Schmand und dem Zucker schaumig schlagen. Das Mehl und das Backpulver nur kurz unterrühren. Den Teig in die Form füllen und im Ofen (Mitte, Umluft 160°) 25 Min. backen. Abkühlen lassen.

3 Den Kuchen aushöhlen und dabei einen 2 cm breiten Rand stehen lassen.

4 Die Sahne steif schlagen. Die Preiselbeeren und die Kuchenkrümel untermischen. Die Masse in den Kuchen füllen und bis zum Servieren kalt stellen.

Zutaten tauschen: Der Schmand macht diesen Teig besonders lecker und saftig. Sie können ihn aber auch durch Sahne oder Sauerrahm ersetzen.

Obst tauschen: Die Füllung schmeckt auch mit abgetropften Kirschen aus dem Glas, Mandarinen aus der Dose oder mit kleingeschnittenem Mangofruchtfleisch.

Mit Pep: Aromatisieren Sie den Teig mit 1/2 Fläschchen Backöl Buttervanille oder dem ausgekratzten Mark von einer Vanilleschote. Auch abgeriebene Zitronen- oder Orangenschale gibt dem Teig eine feine Note.

Quittenkuchen mit Baiser

Schnell ●	Zubereitungszeit: 1 Std.
Vorbereiten ●	Ruhezeit: 30 Min.
Preiswert ●	Backzeit: 30 Min.

Bei 12 Stück pro Stück ca. 370 kcal
5 g Eiweiß /14 g Fett /50 g Kohlenhydrate

ZUTATEN FÜR 1 SPRINGFORM (26 cm Ø):
230 g Mehl
2 EL Speisestärke
125 kalte Butter
350 g Zucker
1 kg Quitten
375 ml Weißwein (ersatzweise Birnensaft)
1 EL abgeriebene Zitronenschale · 2 Nelken
100 g gehackte Hasel- oder Walnüsse
4 Eiweiß

1 Für den Mürbeteig das Mehl mit der Speisestärke, Butter und 100 g Zucker verkneten. Den Teig ausrollen, in die Form legen und dabei einen Rand hochziehen. Den Teigboden mehrmals mit einer Gabel einstechen und die Form 30 Min. in den Kühlschrank stellen.

2 Die Quitten mit einem kräftigen Messer vierteln, schälen und das Kerngehäuse herausschneiden. Die Viertel in Spalten schneiden.

3 Den Wein mit der Hälfte der Zitronenschale, Nelken und 100 g Zucker aufkochen. Portionsweise die Quitten in 12 Min. nicht ganz gar, also noch bissfest kochen. Im Sieb gut abtropfen lassen. Den Backofen auf 200° vorheizen.

4 Die Hälfte der Nüsse auf den Teig streuen und im Ofen (unten, Umluft 180°) 20 Min. vorbacken. Mit den Quittenspalten belegen und die restlichen Nüsse darüber streuen.

5 Die Eiweiße mit dem restlichen Zucker steif schlagen. Zum Schluss noch die übrige Zitronenschale untermischen und den Eischnee auf den Quitten verteilen. Den Kuchen im Ofen (Mitte) 10-12 Min. backen, bis das Baiser goldgelb ist. Lauwarm mit Walnusseis servieren.

Bild oben: Quittenkuchen mit Baiser
Bild unten: Preiselbeerbombe

Quitten

Reife Quitten haben einen zitronenähnlichen Duft und schmecken sehr herb. Sie werden eigentlich immer gekocht, weil sie dann erst ihr Aroma entfalten. Sie enthalten viel Vitamin C und reichlich Pektin, den wichtigsten Gelierstoff. Quitten werden zu Gelee, Quittenmus und Konfekt verarbeitet und eignen sich gut für Gebäck.
Sie lassen sich roh und gekocht gut einfrieren.

Saftiger Rhabarberkuchen vom Blech

Schnell ●	Zubereitungszeit: 1 Std. 20 Min.
Vorbereiten ●●	Ruhezeit: 1 Std.
Preiswert ●	Backzeit: 1 Std.

Bei 20 Stück pro Stück ca. 330 kcal
6 g Eiweiß/17 g Fett/36 g Kohlenhydrate

ZUTATEN FÜR 1 TIEFES BACKBLECH:
Für den Hefeteig:
400 g Mehl · 1 Würfel Hefe
1/8 l warme Milch · 100 g Zucker
150 g Margarine · Salz
abgeriebene Schale von 1 unbehandelten Zitrone
Für den Belag:
120 g Zwieback · 75 g Butter
2 Päckchen Vanillezucker
100 g gehackte Mandeln
1,5 kg Rhabarber
5 Eier · 200 g Crème fraîche
200 g Sahne · 200 g Zucker
Backpapier

1 Das Mehl in eine Schüssel sieben, in die Mitte eine Mulde drücken. Die Hefe in 4 EL Milch krümeln, mit 1 TL Zucker verrühren, in die Mulde gießen und 20 Min. gehen lassen.

2 Die Margarine, die restliche Milch und Zucker, 2 Prisen Salz und Zitronenschale zum Vorteig geben und alles kräftig kneten. Den Teig mit Mehl bestäuben und abgedeckt 45 Min. gehen lassen.

3 Den Zwieback in einem Gefrierbeutel mit der Kuchenrolle zerkrümeln. Die Butter erhitzen, den Zwieback darin anrösten. Zur Seite stellen und Vanillezucker und Mandeln untermischen.

4 Rhabarber putzen und in 2 cm große Stückchen schneiden. Die Eier mit Crème fraîche, Sahne und Zucker verquirlen. Den Backofen auf 200° vorheizen. Das Blech mit Backpapier belegen.

5 Den Teig nochmals durchkneten und auf dem Blech ausrollen. Die Ränder hochdrücken und den Boden mit einer Gabel mehrmals einstechen.

6 Zuerst den Zwieback, dann den Rhabarber auf dem Teig verteilen. Den Eierguss darüber gießen. Im Ofen (Mitte, Umluft 180°) 1 Std. backen. Nach Belieben mit etwas Zucker bestreuen.

Rhabarberkuchen

Schnell ●●●	Zubereitungszeit: 20 Min.
Vorbereiten ●●	Marinierzeit: 10 Min.
Preiswert ●	Backzeit: 45 Min.

Bei 8 Stück pro Stück ca. 305 kcal
5 g Eiweiß /20 g Fett /27 g Kohlenhydrate

ZUTATEN FÜR 1 BACKFORM (24 cm Ø):
500 g Rhabarber
1 Päckchen Vanillezucker
100 g weiche Butter
80 g Zucker
2 Eier
1 TL unbehandelte Orangenschale
100 g Mehl
1 Msp. Backpulver
50 g gemahlene Haselnüsse
50 g Haselnussblättchen
2 EL Puderzucker
Fett für die Form

1 Den Rhabarber waschen, entfädeln oder schälen und in 1 cm lange Stücke schneiden. Rhabarber mit Vanillezucker bestreuen und zugedeckt 10 Min. stehen lassen. Danach auf einem Sieb abtropfen lassen, Saft auffangen.

2 Den Backofen auf 180° vorheizen. Die Backform einfetten.

3 Die Butter mit Zucker, Eiern, 1 EL Rhabarbersaft und Orangenschale cremig rühren. Das Mehl mit Backpulver und gemahlenen Haselnüssen mischen, zu dem Teig geben und unterrühren.

4 Den Teig in die Backform füllen. Rhabarber darauf verteilen. Haselnussblättchen mit Puderzucker vermischen und über den Kuchen streuen.

5 Den Kuchen im Ofen (unten, Umluft 160°) 45 Min. backen.

➡ **Zutaten tauschen:** Statt der Haselnüsse gemahlene Mandeln und Mandelblättchen verwenden.

Bild oben: Saftiger Rhabarberkuchen vom Blech
Bild unten: Rhabarberkuchen

Rhabarber

Rhabarber ist eigentlich ein Gemüse, es werden die Blattstiele verwendet. Er schmeckt erfrischend säuerlich, wobei der Blutrhabarber herber ist als der Himbeerrhabarber. Die Stangen sollten fest, saftig und nicht zu dick sein. Sie kommen ohne die Blätter in den Handel, weil diese zu viel Oxalsäure enthalten. Ab Mitte bis Ende Juni (nach der Blüte) steigt auch in den Stangen der Oxalsäuregehalt auf ein gesundheitsschädliches Maß, dann sollten sie nicht mehr verzehrt werden. Gicht- und Rheumageplagte sollten darum keinen Rhabarber essen.

Stachelbeerkuchen mit Baiserhaube

Schnell	●●●	Zubereitungszeit: 30 Min.
Vorbereiten	●●	Backzeit: 45 Min.
Preiswert	●	

Bei 12 Stück pro Stück ca. 285 kcal
5 g Eiweiß / 13 g Fett / 37 g Kohlenhydrate

ZUTATEN FÜR 1 SPRINGFORM (26 cm Ø):
125 g weiche Butter
80 g Zucker
3 Eigelb
250 g Mehl
500 g Stachelbeeren
3 Eiweiß
150 g Zucker
50 g gemahlene Mandeln
Mehl für die Arbeitsfläche
Fett für die Form

1 Den Backofen auf 180° vorheizen. Die Form fetten. Die Butter mit Zucker und Eigelben cremig rühren, das Mehl hinzufügen und alles zu einem glatten Teig verkneten. Den Teig auf bemehlter Arbeitsfläche ausrollen, in die Form füllen und in den Kühlschrank stellen.

2 Die Stachelbeeren putzen, waschen und trockentupfen. Danach die Beeren mehrfach mit einer Nadel oder Holzstäbchen einstechen, damit sie beim Backen nicht zu sehr aufplatzen. Die Beeren auf dem Teigboden verteilen. Im Ofen 20 Min. (Mitte, Umluft 160°) backen.

3 Inzwischen die Eiweiße mit Zucker zu Schnee schlagen. Die Mandeln unterheben.

4 Die Baisermasse mit einem Löffel auf den Stachelbeeren verteilen, dabei die Spitzen mit dem Löffel etwas nach oben ziehen. Den Kuchen in 20-25 Min. fertig backen.

Obst tauschen: Anstatt mit Stachelbeeren können Sie den Kuchen auch mit Johannisbeeren oder Rhabarber zubereiten.

Dekotipp: Die Baisermasse in einen Spritzbeutel mit großer gezackter Tülle füllen und auf die Oberfläche spritzen.

Stachelbeerkuchen

Schnell	●●	Zubereitungszeit: 45 Min.
Vorbereiten	●●	Backzeit: 40 Min.
Preiswert	●	

Bei 20 Stück pro Stück ca. 305 kcal
5 g Eiweiß / 14 g Fett / 39 g Kohlenhydrate

ZUTATEN FÜR 1 BACKBLECH:
1 kg grüne Stachelbeeren
1 Päckchen Vanillezucker
2 EL gemahlene Mandeln
125 g Marzipan-Rohmasse
250 g weiche Butter
200 g Zucker
6 Eier
450 g Mehl
1 TL Backpulver
125 ml Milch
100 g Puderzucker
Fett für das Blech

1 Die Stachelbeeren putzen, waschen und leicht trockentupfen. Danach die Beeren mehrfach mit einer Nadel oder Holzstäbchen einstechen, damit sie beim Backen nicht zu sehr aufplatzen. Stachelbeeren mit dem Vanillezucker und Mandeln vermischen. Das Backblech einfetten. Den Backofen auf 180° vorheizen.

2 Das Marzipan mit Butter und Zucker kräftig verrühren, bis die Masse glatt ist. Die Eier nach und nach unter ständigem Rühren dazugeben.

3 Das Mehl mit Backpulver mischen und abwechselnd mit der Milch zu dem Teig geben.

4 Den Teig auf das Blech geben, die Stachelbeeren darüber verteilen. Im Ofen (Mitte, Umluft 160°) 40 Min. backen.

5 Den fertigen Kuchen mit Puderzucker bestäuben und in 16 Stücke teilen.

Obst tauschen: Den Kuchen können sie auch mit frischen Kirschen oder Mirabellen zubereiten.

Bild oben: Stachelbeerkuchen mit Baiserhaube
Bild unten: Stachelbeerkuchen

Stachelbeeren

können sehr unterschiedlich aussehen. Sie können weiß-gelb oder rot, glatt oder behaart sein und dünne zarte oder feste dicke Schalen haben.
Sie sind saftig säuerlich, werden aber, je reifer, desto süßer. Roh schmecken sie sehr gut, aber auch als Kompott, Marmelade und Kuchenbelag. Blanchiert lassen sie sich gut einfrieren.

Zitronenkuchen mit zweierlei Guss

Schnell ●
Vorbereiten ●●●
Preiswert ●●●

Zubereitungszeit: 1 Std. 20 Min.
Backzeit: 25 Min.

Bei 20 Stück pro Stück ca. 210 kcal
3 g Eiweiß/10 g Fett/28 g Kohlenhydrate

ZUTATEN FÜR 1 BACKBLECH:
3 unbehandelte Zitronen
150 g Butter · 6 Eier · 200 g Zucker
1 Päckchen Vanillezucker
Salz · 150 g Mehl
100 g Speisestärke
1/2 Päckchen Backpulver
100 g Puderzucker
100 g Halbbitter-Kuvertüre
Backpapier

1 Die Zitronen waschen, die Schale abreiben und den Saft auspressen. Die Butter schmelzen und lauwarm abkühlen lassen.

2 Die Eier trennen. Eiweiße beiseite stellen. Eigelbe mit Zucker, Vanillezucker und 1 Prise Salz schaumig rühren. Die Butter unterrühren.

3 Mehl, Speisestärke und Backpulver dazusieben. Zwei Drittel der Zitronenschale und -saft gründlich unter den Teig mischen. Den Backofen auf 200° vorheizen.

4 Die Eiweiße steif schlagen, 1 TL davon für den Guss beiseite stellen, den Rest unter den Teig heben. Das Blech mit Backpapier auslegen, den Teig gleichmäßig darauf streichen. Den Kuchen im Ofen (Mitte, Umluft 180°) 25 Min. backen. Auskühlen lassen.

5 Für den Guss die restliche Zitronenschale und -saft mit 100 g Puderzucker und dem Eiweiß verrühren. Die Kuvertüre grob hacken und im heißen Wasserbad schmelzen lassen.

6 Auf eine Kuchenhälfte die Zitronenglasur, auf die andere Hälfte Kuvertüre streichen oder Linien ziehen. Den Guss fest werden lassen und den Kuchen in Stücke schneiden.

Limettentarte

Schnell ●●●
Vorbereiten ●●
Preiswert ●●

Zubereitungszeit: 20 Min.
Backzeit: 50 Min.

Bei 12 Stück pro Stück ca. 295 kcal
4 g Eiweiß /16 g Fett /32 g Kohlenhydrate

ZUTATEN FÜR 1 SPRINGFORM (26 cm Ø):
Für den Teig:
150 g weiche Butter
120 g Zucker
1 Ei
150 g Mehl
Für die Limettencreme:
3 Eier
150 g Zucker
Saft von 3 Limetten (ca. 100 ml)
200 g Schmand
abgeriebene Schale von 1 Limette
Fett für die Form

1 Die Springform einfetten. Den Backofen auf 180° vorheizen.

2 Für den Mürbeteig die Butter mit dem Zucker, dem Ei und dem Mehl verkneten. Den Teig mit den Händen gleichmäßig in die Form drücken.

3 Für die Limettenmasse die Eier mit dem Zucker, dem Limettensaft und dem Schmand nur kurz verrühren. Die Masse auf den Mürbeteig gießen und die abgeriebene Limettenschale darüber streuen.

4 Die Limettentarte im Ofen (Mitte, Umluft 160°) 50 Min. backen.

Dekotipp: Garnieren Sie den Kuchen rundherum mit in Scheiben geschnittenen Limettenvierteln, und legen Sie einige schöne Minze- oder Zitronenmelisseblättchen in die Mitte der Limettentarte.

Zutaten tauschen: Statt Limettensaft kann man auch Zitronen- oder Orangensaft verwenden, statt Schmand Crème fraîche.

Bild oben: Zitronenkuchen mit zweierlei Guss
Bild unten: Limettentarte

Zitronen

Zitronen werden nicht nach Sorten, sondern nach Herkunftsland gehandelt. Zitronen aus den Mittelmeerländern werden häufig unbehandelt angeboten.
Zitronen werden unreif und grün geerntet. Sie reifen bei kühlen Temperaturen (nicht im Kühlschrank).
Zitronen mit glatter dünner Schale sind saftiger als die mit grobporiger dicker Schale. Sie enthalten viel Vitamin C. Zum Backen werden Saft und unbehandelte Schale verwendet. Zitronenscheiben mit Schale sind sehr dekorativ.

Zwetschgen-Mandeltorte

Schnell ●	Zubereitungszeit: 1 Std. 10 Min.
Vorbereiten ●●	Backzeit: 1 Std.
Preiswert ●●	

Bei 12 Stück pro Stück ca. 560 kcal
10 g Eiweiß / 43 g Fett / 32 g Kohlenhydrate

ZUTATEN FÜR 1 SPRINGFORM (28 cm Ø):
1,5 kg Zwetschgen · 200 g gehackte Mandeln
200 g Butter · 100 g Zucker · 1 EL Zimt
300 g Amarettini · 400 g Crème fraîche
1 TL abgeriebene Schale von 1 unbehandelten Zitrone
5 große Eier · Salz

1 Die Zwetschgen waschen, halbieren und entsteinen. Die Hälften nochmals ein- aber nicht ganz durchschneiden.

2 100 g Mandeln in einer Pfanne ohne Fett leicht anrösten. Die Butter schmelzen lassen. Die Hälfte Zucker mit dem Zimt vermischen. Die Amarettini in einen Gefrierbeutel geben und mit der Kuchenrolle grob zerdrücken. Den Backofen auf 180° vorheizen.

3 Die Form mit etwas Butter auspinseln und den Boden mit der Hälfte Amaretti bedecken. Darüber die Hälfte der Mandeln und des Zimtzuckers streuen und mit der Hälfte der Butter beträufeln.

4 Die Hälfte der Zwetschgen dachziegelartig und ziemlich senkrecht darauf legen. Auf die Früchte restlichen Amarettini, Mandeln, Zimtzucker, Butter und Zwetschgen geben.

5 Crème fraîche mit 3 EL Zucker, Zitronenschale, Eiern und 2 Prisen Salz verrühren. Den Guss gleichmäßig auf dem Kuchen verteilen und im Ofen (Mitte, Umluft 160°) 1 Std. backen.

6 Restliche Mandeln und Zucker mit einigen Tropfen Wasser in einer heißen Pfanne mischen. Dabei ständig rühren, bis der Zucker zu schmelzen beginnt und die Mandeln mit einer Karamellschicht umhüllt sind.

7 Den fertigen Kuchen mit den Mandeln bestreuen und für 15 Min. mit einer beschwerten Kuchenplatte bedecken. In der Form auskühlen lassen. Dazu Schlagsahne servieren.

Einfacher Pflaumenkuchen

Schnell ●●	Zubereitungszeit: 45 Min.
Vorbereiten ●●	Backzeit: 55 Min.
Preiswert ●●	

Bei 12 Stück pro Stück ca. 340 kcal
5 g Eiweiß / 16 g Fett / 42 g Kohlenhydrate

ZUTATEN FÜR 1 SPRINGFORM (26 cm Ø):
200 g Butter
200 g Zucker
2 Päckchen Vanillezucker
Salz
4 Eier
250 g Mehl
1 EL Speisestärke
1/2 Päckchen Backpulver
1 kg Pflaumen oder Zwetschgen
Zimt und Zucker zum Bestreuen
Fett und Semmelbrösel für die Form

1 Die Butter mit Zucker, Vanillezucker, 1 Prise Salz und den Eiern schaumig rühren. Mehl, Speisestärke und das Backpulver dazusieben, alles gut verrühren.

2 Die Pflaumen waschen, halbieren und entsteinen. Die Hälften durchschneiden und vorsichtig unter den Teig mengen. Den Backofen auf 200° vorheizen. Die Form ausfetten und mit Bröseln ausstreuen.

3 Den Teig in die Form füllen. Im Ofen (Mitte, Umluft 180°) 55-60 Min. backen, zwischendurch eventuell mit Alufolie abdecken.

4 Den noch warmen Kuchen mit einer Zucker-Zimtmischung bestreuen. Schlagsahne dazu servieren.

Zutaten tauschen: Den Kuchen mit Zimtstreuseln backen. Dafür 150 g Mehl mit 150 g Zucker, 1 TL Zimt und 75 g weicher Butter zu Streuseln verkneten. Auf den Pflaumen verteilen und dann wie beschrieben backen.

Bild oben: Einfacher Pflaumenkuchen
Bild unten: Zwetschgen-Mandeltorte

Zwetschgen

Zwetschgen sind eng verwandt mit den Pflaumen. Sie enthalten aber weniger Wasser, mehr Zucker und lassen sich besser vom Stein lösen. Am aromatischsten sind die Spätzwetschgen. Alle Pflaumenarten entwickeln ihr volles Aroma erst, wenn sie voll ausgereift sind, sonst sind sie sauer, hart und trocken.

Zwetschgen eignen sich zum roh Essen, für Knödel und als Kuchenbelag (Zwetschgendatschi). Sie werden zu Kompott und Zwetschgenmus (Powidl) verarbeitet.

Zwetschgenkuchen mit Quark

Schnell ●	Zubereitungszeit: 1 Std. 45 Min.
Vorbereiten ●	Ruhezeit: 40 Min.
Preiswert ●●	Backzeit: 1 Std.

Bei 20 Stück pro Stück ca. 345 kcal
12 g Eiweiß/11 g Fett/48 g Kohlenhydrate

ZUTATEN FÜR 1 TIEFES BACKBLECH:
Für den Teig:
400 g Mehl · Salz · 60 g Zucker
1 Würfel Hefe
80 g Butterschmalz
Für den Belag:
2,5 kg Zwetschgen
10 Löffelbiskuits oder 6 Zwieback
Für den Guss:
750 g Magerquark · 125 g Zucker · Salz
60 g Speisestärke · 250 g Crème fraîche
abgeriebene Schale von 1 unbehandelten Zitrone
5 Eier
Zum Bestreuen:
100 g Zucker · 2 TL Zimt
Fett oder Backpapier für die Form

1 Für den Teig Mehl in eine Schüssel sieben, in die Mitte eine Mulde drücken. 2 Prisen Salz und Zucker auf dem Mehlrand verteilen. Butterschmalz schmelzen und leicht abkühlen lassen. Die Hefe in 1/8 l lauwarmes Wasser bröckeln, in die Mehlmulde gießen. Das Schmalz dazugeben und alles zu einem glatten Teig verarbeiten. Abgedeckt 30 Min. ruhen lassen.

2 Die Zwetschgen waschen und entsteinen. Biskuits oder Zwieback in einen Gefrierbeutel geben und mit dem Nudelholz zerkrümeln.

3 Für den Guss den Quark gut abtropfen lassen. In einer Schüssel mit Zucker, 2 Prisen Salz, Speisestärke, Crème fraîche, Zitronenschale und den Eiern gründlich verrühren.

4 Das Blech gut ausfetten oder mit Backpapier belegen. Den Teig nochmals durchkneten, auf dem Blech ausrollen. Mit einer Gabel mehrmals einstechen und die Biskuitkrümel darauf streuen. Den Teig nochmals 10 Min. ruhen lassen. Den Backofen auf 200° vorheizen.

5 Die Zwetschgen dachziegelartig auf den Teig legen. Den Quarkguss gleichmäßig darüber streichen. Im Ofen (Mitte, Umluft 180°) 1 Std. backen. Zucker und Zimt mischen, den warmen Kuchen damit bestreuen.

Zwetschgenkuchen vom Blech

Schnell ●●	Zubereitungszeit: 45 Min.
Vorbereiten ●	Ruhezeit: 40 Min.
Preiswert ●●	Backzeit: 35 Min.

Bei 20 Stück pro Stück ca. 145 kcal
3 g Eiweiß /3 g Fett /25 g Kohlenhydrate

ZUTATEN FÜR 1 BACKBLECH:
300 g Mehl
1 Päckchen Trockenhefe
50 g Zucker
150 ml lauwarme Milch
50 g Butter
1 Ei
2 kg Zwetschgen
3 EL Hagelzucker · 1/2 TL Zimt
Mehl für die Arbeitsfläche · Fett für das Blech

1 Das Mehl mit der Trockenhefe in einer Schüssel mischen. Zucker, Milch, die Butter in Flöckchen und das Ei hinzufügen und schnell zu einem glatten elastischen Teig verkneten. Den Teig zugedeckt an einem warmen Ort 30 Min. gehen lassen.

2 Inzwischen die Zwetschgen waschen, halbieren und entsteinen. Die Hälften längs einschneiden.

3 Das Backblech einfetten. Den Hefeteig auf der bemehlten Arbeitsfläche nochmals durchkneten, auf dem Blech ausrollen und die Ränder etwas hochziehen. Die Zwetschgen dachziegelartig darauf verteilen und den Teig nochmals 10 Min. gehen lassen. Den Backofen auf 200° vorheizen.

4 Den Zwetschgenkuchen im Ofen (Mitte, Umluft 180°) 35 Min. backen, danach den Kuchen herausnehmen, mit Zimt und Hagelzucker bestreuen.

Mit Pep: Die Teig- und Obstmenge reichen auch für 2 Obstkuchenformen von 26 cm Ø.

Bild oben: Zwetschgenkuchen mit Quark
Bild unten: Zwetschgenkuchen vom Blech

Zwetschgenkuchen mit Nussstreusel

100 g Mehl mit 100 g gemahlenen Haselnüssen oder Walnüssen mischen. 180 g Butter in Flöckchen und 180 g Zucker dazugeben und zwischen den Händen zu Streuseln verarbeiten. Den Zwetschgenkuchen vor dem Backen mit den Streuseln bestreuen.

Quark-Nougatkuchen

Schnell ●	Zubereitungszeit: 2 Std.
Vorbereiten ●●	Ruhezeit: 1 Std. 15 Min.
Preiswert ●	Backzeit: 50 Min.

Bei 20 Stück pro Stück ca. 300 kcal
7 g Eiweiß /12 g Fett /42 g Kohlenhydrate

ZUTATEN FÜR 1 BACKBLECH:
Für den Hefeteig:
400 g Mehl · 1 Würfel Hefe (42 g)
1/8 l warme Milch · 80 g Zucker
100 g weiche Butter · Salz
Für den Belag:
1 Päckchen Vanillepudingpulver
1/4 l Milch · 175 g Zucker
1 unbehandelte Zitrone
6 Eier · 2 Päckchen Vanillezucker
750 Magerquark · 100 g Rosinen
100 g gemahlene Mandeln
200 g Nussnougat · Fett für das Blech

1 Für den Hefeteig das Mehl in eine Schüssel sieben, in die Mitte eine Mulde drücken. Die Hefe in 4 EL warme Milch bröckeln und mit 1 TL Zucker in die Mulde gießen. Mit etwas Mehl vom Rand zu einem Vorteig verrühren und 30 Min. zugedeckt an einem warmen Ort gehen lassen.

2 Die Butter, die restliche Milch, den Zucker und 2 Prisen Salz dazugeben und gründlich durchkneten. 45 Min. abgedeckt gehen lassen.

3 Die Hälfte vom Puddingpulver mit Milch und Zucker kochen und sofort kühl stellen. Die Zitronenschale abreiben, 3 EL Saft auspressen.

4 Die Eier trennen, Eiweiße beiseite stellen. Eigelbe mit restlichem Zucker und Vanillezucker schaumig rühren. Quark, Zitronenschale und -saft, Rosinen, Mandeln, gekochten Pudding und restliches Puddingpulver hinzufügen und alles gründlich verrühren. Die Eiweiße mit 2 Prisen Salz steif schlagen und unter die Quarkmasse heben. Den Backofen auf 180° vorheizen.

5 Das Backblech fetten. Den Hefeteig durchkneten und auf Blechgröße ausrollen. Auf das Blech legen, die Quarkmasse darauf verteilen. Im Ofen (Mitte, Umluft 160°) 50 Min. backen. Kuchen etwas abkühlen lassen.

6 Die Nougatmasse im heißen Wasserbad schmelzen, auf dem gebackenen Kuchen verstreichen und auskühlen lassen.

Quarkkuchen ohne Boden

Schnell ●●	Zubereitungszeit: 40 Min.
Vorbereiten ●●●	Backzeit: 1 Std.
Preiswert ●●●	

Bei 12 Stück pro Stück ca. 260 kcal
14 g Eiweiß /11 g Fett/28 g Kohlenhydrate

ZUTATEN FÜR 1 SPRINGFORM (26 CM Ø):
1 kg Magerquark
125 g Butter oder Margarine
4 Eier
150 g Zucker
Salz
1 Päckchen Vanillesauce
4 EL Grieß
1/2 Päckchen Backpulver
125 g Rosinen
1 unbehandelte Zitrone
Puderzucker zum Bestäuben
Fett und Semmelbrösel für die Form

1 Den Quark gut abtropfen lassen. Die Butter oder Margarine in einem Töpfchen schmelzen lassen. Den Backofen auf 200° vorheizen. Die Form ausfetten und mit Bröseln ausstreuen.

2 Die Eier trennen und die Eiweiße steif schlagen. Die Eigelbe mit dem flüssigen Fett in einer großen Schüssel verrühren. Dann den Zucker, 1 Prise Salz, Vanillesaucenpulver, Grieß, Backpulver und die Rosinen unterrühren.

3 Die Zitrone waschen, die Schale abreiben und den Saft auspressen. Schale und Saft hinzufügen und nun den abgetropften Quark gründlich unterrühren. Zum Schluss den Eischnee unterheben und die Masse in die Form füllen. Im Ofen (Mitte, Umluft 180°) 1 Std. backen. Nach dem Erkalten mit Puderzucker bestäuben.

!! Mit Pep: Fertigen Kuchen zuerst mit etwas flüssiger Butter bestreichen und dann mit feinem Zucker bestreuen. Gut schmecken auch noch kleingehackte Mandeln im Teig.

Bild oben: Quarkkuchen ohne Boden
Bild unten: Quark-Nougatkuchen

Rosinen

Rosinen sind getrocknete Weinbeeren. Helle Sorten sind oft mit schwefelhaltiger Säure gebleicht, um die helle Farbe zu erhalten und die Haltbarkeit zu erhöhen. Oft werden sie auch mit Öl behandelt, damit sie nicht zusammenkleben.
Schwefel und Öl lassen sich durch Waschen in warmem Wasser entfernen.
Geschwefelte Rosinen sind gekennzeichnet. Angeboten werden Korinthen, das sind entstielte getrocknete rote Weinbeeren. Sie sind immer ungeschwefelt und kommen fast nur aus Griechenland.

New Yorker Cheesecake

Schnell ●	Zubereitungszeit: 1 Std. 15 Min.
Vorbereiten ●●●	Ruhezeit: 12 Std.
Preiswert ●	Backzeit: 2 Std.

Bei 12 Stück pro Stück ca. 455 kcal
7 g Eiweiß/22 g Fett/56 g Kohlenhydrate

ZUTATEN FÜR 1 SPRINGFORM (24 CM Ø):
Für den Boden:
125 g knusprige Kekse (z.B. Vollkorn-Butterkekse)
2 EL Butter · 1/2 Päckchen Vanillezucker
Für die Füllung:
600 g Doppelrahm-Frischkäse
180 g Zucker · 50 g Mehl · 4 Eier
1 Vanilleschote
2 unbehandelte Zitronen
1/2 unbehandelte Orange · 100 g Sahne
Für den Belag:
250 g Crème fraîche · 4 EL Zucker
1 Päckchen Vanillezucker · Puderzucker
Fett für die Form · Backpapier

1 Die Kekse in einem Gefrierbeutel mit dem Nudelholz zerbröseln und in eine Schüssel füllen. Die Butter schmelzen lassen und mit dem Vanillezucker unter die Brösel mischen. Die Springform ausfetten und die Brösel hineingeben. Gut andrücken und 30 Min. in den Kühlschrank stellen.

2 Frischkäse, Zucker und Mehl verrühren. Nach und nach die Eier unterschlagen. Den Backofen auf 180° vorheizen.

3 Die Vanilleschote längs aufschlitzen, das Mark herauskratzen und dazugeben. Die Zitronen- und Orangenschale abreiben, unter die Masse rühren. Die Sahne steif schlagen und unterheben.

4 Aus Backpapier einen Streifen von 80 cm Länge schneiden, 2-mal in der Höhe falten. Als erhöhten Rand rundum in die Springform legen.

6 Die Masse auf den Boden gießen und den Kuchen im Ofen (unten, Umluft 160°) 15 Min. backen. Die Hitze auf 150° zurückschalten und weitere 1 3/4 Std. weiterbacken. Den Backofen nicht öffnen, sonst fällt der Kuchen zusammen.

7 20 Min. vor Backzeitende die Crème fraîche mit Zucker und Vanillezucker verrühren. Auf dem Kuchen verstreichen und fertigbacken. Den Ofen ausschalten und den Kuchen über Nacht darin stehen lassen. Das Papier ablösen und den Kuchen mit Puderzucker bestäuben.

Philadelphia Cheesecake

Schnell ●●	Zubereitungszeit: 50 Min.
Vorbereiten ●●●	Kühlzeit: 2–3 Std.
Preiswert ●●	

Bei 12 Stück pro Stück ca. 395 kcal
9 g Eiweiß /25 g Fett /33 g Kohlenhydrate

ZUTATEN FÜR 1 SPRINGFORM (28 cm Ø):
250 g Löffelbiskuits · 175 g weiche Butter
1 Beutel Götterspeise (Zitronengeschmack)
2 Päckchen Vanillezucker
200 g Doppelrahm-Frischkäse
250 g Magerquark
1 unbehandelte Zitrone
100 g + 1 EL Zucker · 300 g Sahne
1 Päckchen Sahnesteif
2 EL gehackte Pistazien nach Belieben

1 Die Biskuits in einem Gefrierbeutel mit dem Nudelholz fein zermahlen. Mit der Butter verkneten, bis alles gut zusammenhält. Die Masse gleichmäßig in die Backform drücken.

2 Die Götterspeise in knapp 1/4 l kaltem Wasser mit dem Vanillezucker anrühren. 5 Min. quellen lassen. Unter Rühren erhitzen, aber nicht kochen lassen. Abkühlen lassen.

3 Frischkäse und Quark in eine Schüssel geben. Die Zitrone heiß abwaschen, mit einem Sparschäler die Schale dünn abschälen und in feine Streifen schneiden. Den Saft auspressen, Saft und 100 g Zucker unter den Quark rühren. Dann die Götterspeise untermischen.

4 Die Sahne mit dem Sahnesteif steif schlagen. Unter die Quarkmasse heben und alles auf dem Biskuitboden verstreichen. Mit Frischhaltefolie abdecken und 2-3 Std. kühl stellen.

5 Die Zitronenschale mit 1 EL Zucker in ganz wenig Wasser aufkochen. Abkühlen lassen und auf dem Kuchen verteilen. Den Kuchen mit den Pistazien bestreuen und gut gekühlt servieren.

!! *Mit Pep:* Den Kuchenboden aus Schokoladenkeksen oder -waffeln zubereiten. Und dazu eine fruchtige Sauce, z.B. aus Erdbeeren oder Himbeeren, servieren.

Bild oben: New Yorker Cheesecake
Bild unten: Philadelphia Cheesecake

Feiner Nussboden ohne Backen

Sie brauchen für einen Boden 100 g grob zerkleinerte Löffelbiskuits, 50 g fein gehackte bittere Kuvertüre, 100 g klein gewürfelte Marzipanrohmasse, 125 g Butter und 50 g gehackte Walnüsse. Die Walnüsse werden in einer Pfanne ohne Fett angeröstet bis sie duften. Nach dem Abkühlen werden alle Zutaten mit dem Knethaken des Handrührgeräts zu einem geschmeidigen Teig verknetet und dann mit der Hand gleichmäßig in eine mit Backpapier ausgelegte Springform gedrückt. Kühlen Sie den Boden, bevor Sie ihn weiter verwenden.

Quark-Napfkuchen

Schnell ●	Zubereitungszeit: 1 Std.
Vorbereiten ●●●	Backzeit: 1 Std.
Preiswert ●●	

Bei 12 Stück pro Stück ca. 400 kcal
9 g Eiweiß /4 g Fett /81 g Kohlenhydrate

ZUTATEN FÜR 1 NAPFKUCHENFORM:
400 g Quark (20 %)
100 g Rosinen
4 EL Rum (ersatzweise Saft oder Wasser)
1 unbehandelte Zitrone
250 g weiche Butter
125 g Zucker
3 Eier · Salz
400 g Mehl
50 g Speisestärke
1/2 Päckchen Backpulver
150 g Aprikosenkonfitüre
200 g Puderzucker
25 g gehackte Pistazien
Fett und Semmelbrösel für die Form

1 Den Quark in einem Sieb abtropfen lassen. Die Rosinen in dem Rum einweichen. Die Zitrone waschen, trocken reiben und die Schale abreiben. Den Saft auspressen. Die Form fetten und mit Bröseln ausstreuen. Den Backofen auf 180° vorheizen.

2 Butter, Zucker und Eier (1 TL vom Eiweiß für die Glasur aufheben) schaumig rühren. 2 Prisen Salz, Zitronenschale und 3 EL Zitronensaft hinzufügen. Das Mehl, Speisestärke und Backpulver dazusieben. Den Quark und die Rosinen gründlich untermengen.

3 Den Quarkteig in die Form füllen und im Ofen (Mitte, Umluft 160°) 1 Std. backen. Den Kuchen in der Form abkühlen lassen, dann auf eine Kuchenplatte stürzen.

4 Die Aprikosenkonfitüre aufkochen. Größere Fruchtstücke eventuell mit dem Mixer pürieren oder durch ein Sieb streichen. Die heiße Glasur mit einem Kuchenpinsel mehrmals auf den Kuchen streichen und fest werden lassen.

5 Puderzucker sieben und mit dem restlichen Zitronensaft und Eiweiß zu einem zähflüssigen Guss verrühren. Den Kuchen damit überziehen und anschließend den oberen Rand rundum mit den Pistazien bestreuen.

Quarkkuchen mit Nüssen und Eierlikör

Schnell ●	Zubereitungszeit: 1 Std. 15 Min.
Vorbereiten ●●	Ruhezeit: 45 Min.
Preiswert ●●	Backzeit: 50 Min.

Bei 20 Stück pro Stück ca. 370 kcal
10 g Eiweiß /20 g Fett /32 g Kohlenhydrate

ZUTATEN FÜR 1 BACKBLECH:
Für den Mürbeteig:
250 g Mehl · 3 EL Speisestärke
150 g kalte Butter · 100 g Zucker
Für den Belag:
750 g Quark (Magerstufe oder 20%)
1 unbehandelte Zitrone · 200 g weiße Kuvertüre
4 große Eier · 100 g Zucker
2 Päckchen Vanillezucker
100 g weiche Butter · Salz
200 ml Eierlikör · 150 ml Milch
6 EL Mehl · 2 EL Speisestärke
1/2 Päckchen Backpulver · 1 Tasse gehackte Nüsse
Butter und Zucker zum Betreichen
Fett für das Blech

1 Für den Mürbeteig die Zutaten verkneten. Den Teig zu einer Kugel formen, in Klarsichtfolie einwickeln und 30 Min. kühlen.

2 Den Quark in einem Sieb abtropfen lassen. Den Backofen auf 180° vorheizen. Die Zitrone abreiben, 3 EL Saft auspressen. Das Blech einfetten.

3 Den Teig auf dem Blech ausrollen und im Ofen (Mitte, Umluft 160°) 15 Min. backen. Die Kuvertüre schmelzen. Auf den Boden streichen und abkühlen lassen. Den Backofen nicht ausschalten.

4 Die Eier trennen. Eigelbe mit Zucker und Vanillezucker schaumig rühren. Butter, 2 Prisen Salz, Eierlikör, Milch, Zitronenschale und -saft dazurühren. Mit Mehl, Speisestärke, Backpulver, Quark und Nüssen verrühren.

5 Die Eiweiße steif schlagen und unter die Quarkmasse heben. Auf dem Teigboden verstreichen, 10 Min. backen. Herausheben und mit einem Messer den Kuchenrand vom Blech ablösen. 10 Min. weiterbacken, aus dem Ofen nehmen und 15 Min. ruhen lassen. Bei 175° den Kuchen in 15 Min. fertigbacken. Mit etwas flüssiger Butter bestreichen und mit Zucker bestreuen.

Bild oben: Quark-Napfkuchen
Bild unten: Quarkkuchen mit Nüssen und Eierlikör

Eierlikör selber machen

5 Eigelbe und 150 g Puderzucker mit dem Handrührgerät cremig schlagen. 1 Vanilleschote längs aufschlitzen, das Mark herausschaben und unter die Eicreme rühren. Unter Rühren nach und nach 200 g Sahne, 340 ml Kondensmilch und 1/8 l Weingeist (90 Vol.-%, aus der Apotheke) hinzufügen. Eine Flasche mit 1 Liter Inhalt heiß auswaschen, den Eierlikör hineinfüllen.

Donauwellen

Schnell	●	Zubereitungszeit: 1 Std.
Vorbereiten	●●●	Backzeit: 40 Min.
Preiswert	●●	

Bei 20 Stück pro Stück ca. 455 kcal
6 g Eiweiß / 28 g Fett / 43 g Kohlenhydrate

ZUTATEN FÜR 1 BACKBLECH (ODER 1 SPRINGFORM):
Für den Teig:
200 g Zucker · 250 g weiche Butter
6 Eier · 350 g Mehl
3/4 Päckchen Backpulver · Salz
1-2 EL Rum nach Belieben
2 Gläser Schattenmorellen (à 350 g Abtropfgewicht)
2 EL Kakao
Für die Buttercreme:
1 Päckchen Vanillepuddingpulver
1/2 l Milch · 100 g Zucker · 25 g Kokosfett
200 g weiche Butter in kleinen Stückchen
Für den Guss:
je 100 g Vollmilch- und Halbbitterschokolade
50 g Kokosfett (2 Würfel) · Backpapier

1 Zucker, Butter und Eier schaumig rühren. Mehl und Backpulver dazusieben. 2 Prisen Salz und nach Belieben den Rum hinzufügen.

2 Den Backofen auf 175° vorheizen. Das Blech mit Backpapier belegen. Die Kirschen in einem Sieb gut abtropfen lassen.

3 Die Hälfte Teig auf das Blech streichen. Unter die andere Teighälfte den Kakao rühren und dann auf den hellen Teig streichen. Die Kirschen darauf verteilen und leicht eindrücken. Den Kuchen im Ofen (Mitte, Umluft 160°) 40 Min. (60 Min.) backen. Danach auskühlen lassen.

4 Für die Buttercreme das Puddingpulver mit Milch und Zucker nach Packungsanweisung kochen. Kühl stellen, dabei öfter durchrühren.

5 Das Kokosfett schmelzen und wieder abkühlen lassen. Die Butter und den Pudding unterrühren. Creme auf den Kuchen streichen.

6 Für den Guss die Schokolade zerbröckeln und mit dem Kokosfett im Wasserbad schmelzen. Unter Rühren etwas abkühlen lassen. Der Guss soll nicht mehr heiß, muss aber noch flüssig sein. Den Guss dünn und gleichmäßig über die Buttercreme gießen und mit dem Teigschaber glatt streichen. Mit einer Gabel wellenförmige Linien durch den Guss ziehen und erkalten lassen.

Eierschecke

Schnell	●	Zubereitungszeit: 2 Std.
Vorbereiten	●●●	Ruhezeit: 1 Std.
Preiswert	●●	Backzeit: 45 Min.

Bei 20 Stück pro Stück ca. 435 kcal
13 g Eiweiß / 24 g Fett / 41 g Kohlenhydrate

ZUTATEN FÜR 1 BACKBLECH:
Für den Hefeteig:
400 g Mehl · 1 Würfel Hefe (42 g)
1/8 l lauwarme Milch · 100 g Zucker
150 g weiche Butter · 2 Prisen Salz
Für den Puddingbelag:
1/2 l Milch · 150 g Butter
75 g Zucker · 1 Päckchen Vanillepuddingpulver · 4 Eier
Für die Quarkmasse:
6 Eier · 1 kg Quark (20 %)
100 g Zucker · 2 Päckchen Vanillezucker
1 EL abgeriebene Zitronenschale · Salz
100 g Mandelblättchen · 100 g Rosinen
Zum Bestreichen:
60 g Butter · 50 g Zucker · Fett für das Blech

1 Für den Teig das Mehl in eine Schüssel sieben, in die Mitte eine Mulde drücken. Die Hefe hineinbröckeln und mit 4 EL Milch, 1 TL Zucker und etwas Mehl vom Rand zu einem Vorteig verrühren. Zugedeckt an einem warmen Ort 20 Min. gehen lassen. Butter, restliche Milch, Zucker und Salz dazugeben. Alles gut durchkneten und den Teig zugedeckt 40 Min. gehen lassen. Das Blech fetten.

2 Die Milch erhitzen, 4 EL davon abnehmen und das Puddingpulver anrühren. Butter und Zucker in der Milch schmelzen lassen und den Pudding nach Packungsanweisung kochen. Abkühlen lassen, zwischendurch öfter umrühren.

3 2 Eier trennen. Eiweiße beiseite stellen. Eigelbe mit Quark, Zucker, Vanillezucker, Zitronenschale, 1 Prise Salz und Mandeln gut verrühren. Den Teig auf dem Blech ausrollen. Die Quarkmasse darauf streichen und mit den Rosinen bestreuen.

4 Die restlichen 4 Eier trennen, Eigelbe unter die Puddingmasse rühren. Alle 6 Eiweiße steif schlagen und darunter heben. Die Puddingmasse auf den Quarkbelag streichen. Im Ofen bei 160° (Mitte, Umluft 150°) 45 Min. backen. Die Butter zerlassen, den heißen Kuchen damit bestreichen. Mit Zucker bestreuen und auskühlen lassen.

Bild oben: Eierschecke
Bild unten: Donauwellen

Schokoladen

Interessant ist für die Verwendung beim Backen der Gehalt an Kakaobutter, denn je mehr Kakaobutter eine Schokolade enthält, desto geschmeidiger ist sie beim Erwärmen und stabiler beim Abkühlen. Kuvertüre enthält viel Kakaobutter und ist ideal für Überzüge und zum Verzieren. Block- und Kochschokolade dagegen enthalten so wenig Butter, dass sie beim Backen kaum fließen, deshalb sind sie z.B. gut als Schokochips in Plätzchen. Ist keine feste Konsistenz nötig wie in Cremes, eignet sich die Tafelschokolade mit ihrem feinen Aroma.

Bienenstich

Schnell ●●	Zubereitungszeit: 45 Min.
Vorbereiten ●●	Ruhezeit/Kühlzeit: 3 Std. 15 Min.
Preiswert ●	Backzeit: 35 Min.

Bei 20 Stück pro Stück ca. 290 kcal
5 g Eiweiß /18 g Fett /27 g Kohlenhydrate

ZUTATEN FÜR 1 BACKBLECH (20 STÜCK):
500 g Mehl
1 Würfel Hefe (42 g)
220 g Zucker · 1 l Milch
1 Prise Salz · 400 g weiche Butter
1 Päckchen geriebene Zitronenschale
1 Ei · 3 EL Honig
300 g Mandelblättchen
1 1/2 Päckchen Vanillepuddingpulver
1 Päckchen Vanillezucker
Backpapier

1 Das Mehl in eine Schüssel sieben. Die Hefe mit 1 TL Zucker in 200 ml lauwarmer Milch glatt rühren. 3 EL Zucker, etwas Salz, 130 g Butter, Zitronenschale und das Ei am Mehlrand verteilen. Die Hefemilch in die Mitte gießen und alles zu einem glatten Teig verkneten. Bei Bedarf noch etwas Milch hinzufügen.

2 Den Teig in einer abgedeckten Schüssel 1 Std. ruhen lassen. Für den Belag 130 g Zucker, 150 g Butter, den Honig und 4 EL Milch erhitzen. Die Mandeln einrühren und beiseite stellen.

3 Den Backofen auf 190° vorheizen. Ein Backblech mit Backpapier auslegen. Den Teig darauf ausrollen und 15 Min. gehen lassen. Die Mandelmasse auf den Teig streichen und 35 Min. backen.

4 Das Puddingpulver in etwas kalter Milch glatt rühren. Restliche Milch mit restlichem Zucker und Vanillezucker zum Kochen bringen und das Puddingpulver einrühren, einmal aufkochen und auf Zimmertemperatur abkühlen lassen. Den abgekühlten Kuchen längs halbieren und jede Kuchenplatte quer einmal durchschneiden.

5 Die restliche Butter schaumig rühren und nach und nach den Pudding unterrühren. Die unteren Kuchenplatten mit der Creme bestreichen. Die oberen Kuchenplatten in 30 Rechtecke schneiden und auf die Füllung legen. Den Bienenstich 2 Std. kühl stellen.

Streuselkuchen

Schnell ●●●	Zubereitungszeit: 30 Min.
Vorbereiten ●●	Ruhezeit: 45 Min.
Preiswert ●●	Backzeit: 35 Min.

Bei 20 Stück pro Stück ca. 370 kcal
6 g Eiweiß /19 g Fett /44 g Kohlenhydrate

ZUTATEN FÜR 1 BACKBLECH
Für den Hefeteig:
500 g Mehl · 1 Würfel Hefe (42 g)
200 ml lauwarme Milch
100 g weiche Butter
100 g Zucker · 2 Eier
Für die Streusel:
250 g Weizenvollkornmehl
2 EL geschälte Sesamsamen
2 EL Leinsamen · 50 gehackte Haselnüsse
250 g Butter · 200 g brauner Zucker
3 EL Crème fraîche · Fett für das Blech

1 Das Mehl in eine Schüssel sieben, in die Mitte eine Mulde drücken. Die Hefe zerbröckeln, mit etwas lauwarmer Milch verrühren und in die Mulde gießen. Zugedeckt 15 Min. gehen lassen. Danach die restliche Milch, Butter in Flöckchen, Zucker und Eier hinzufügen und alles zu einem glatten Teig verarbeiten. Zugedeckt an einem warmen Ort nochmals 30 Min. gehen lassen.

2 Inzwischen für die Streusel das Weizenvollkornmehl mit Sesamsamen, Leinsamen und gehackten Haselnüssen mischen. Die Butter in Flöckchen schneiden, zusammen mit dem Zucker zum Mehl geben und zu Streuseln verarbeiten.

3 Den Backofen auf 200° vorheizen. Das Backblech einfetten. Den Hefeteig nochmals durchkneten. Auf der bemehlten Arbeitsfläche ausrollen und auf das Blech legen. Den Teig mit Crème fraîche bestreichen und die Streusel darüber streuen. Den Streuselkuchen im Ofen (Mitte, Umluft 180°) backen.

> **Zutaten tauschen:** Für die Streusel können Sie auch anstatt Weizenvollkornmehl normales Weizenmehl verwenden. Der braune Zucker lässt sich problemlos durch weißen Zucker ersetzen.

Bild oben: Streuselkuchen
Bild unten: Bienenstich

Mandeln

Man unterscheidet süße Mandeln und Bittermandeln.

Süße Mandeln werden mit oder ohne Schale, gehackt, in Stiften, als Mandelblättchen oder gemahlen angeboten. Sie sollten kühl und trocken und vor allem nicht zu lange aufbewahrt werden, denn sie werden schnell ranzig.

Bittermandeln werden in sehr kleinen Mengen zum Würzen verwendet. Sie enthalten giftige Blausäure, die sich aber beim Kochen und Backen verflüchtigt. Natürliches oder synthetisch hergestelltes Bittermandelöl enthält keine Blausäure.

Zucker-Butterkuchen

Schnell ●●	Zubereitungszeit: 40 Min.
Vorbereiten ●●●	Ruhezeit: 1 Std. 10 Min.
Preiswert ●●●	Backzeit: 25 Min.

Bei 20 Stück pro Stück ca. 225 kcal
3 g Eiweiß /13 g Fett /25 g Kohlenhydrate

ZUTATEN FÜR 1 BACKBLECH:
400 g Mehl
1/8 l warme Milch
1 Würfel Hefe (42 g)
250 g Zucker
Salz
abgeriebene Schale von 1 unbehandelten Zitrone
300 g Butter
1 TL Zimt
Mehl für die Arbeitsfläche
Backpapier

1 Das Mehl in eine Schüssel sieben, in die Mitte eine Vertiefung drücken. Von der Milch einige Eßlöffel abnehmen, die Hefe hineinkrümeln und mit 1 TL Zucker verrühren. Diese Mischung in die Mehlmulde gießen, von der Mitte aus mit etwas Mehl verarbeiten und 20 Min. gehen lassen.

2 100 g Zucker, 2 Prisen Salz, die Zitronenschale, die Hälfte der Butter in kleinen Stücken und die restliche Milch zu dem Vorteig geben und alles gründlich mit den Händen kneten. Der Teig sollte straff, aber nicht zu fest sein.

3 Den Teig zu einem Kloß formen, mit Mehl bestäuben und abgedeckt 40 Min. gehen lassen.

4 Das Blech mit Backpapier auslegen. Den Teig auf einer bemehlten Arbeitsfläche nochmals durchkneten, ausrollen und auf das Blech legen. Mit einer Gabel mehrmals einstechen und nochmals 10 Min. ruhen lassen.

5 Mit dem Zeigefinger etwa alle 2 cm kleine Vertiefungen in den Teig drücken. Die restliche Butter leicht schmelzen lassen und mit einem Backpinsel den Kuchen damit bestreichen.

6 Den restlichen Zucker mit dem Zimt mischen und gleichmäßig über den Kuchen streuen. Im Backofen bei 200° (Mitte, Umluft 180°) in 25 Min. goldgelb backen.

Buttermilch-Kokos-Kuchen

Schnell ●●●	Zubereitungszeit: 20 Min.
Vorbereiten ●●●	Backzeit: 30 Min.
Preiswert ●●●	

Bei 16 Stück pro Stück ca. 290 kcal
5 g Eiweiß /13 g Fett /39 g Kohlenhydrate

ZUTATEN FÜR 1 BACKBLECH:
3 Eier
300 g Zucker
400 g Buttermilch
150 g Kokosflocken
400 g Mehl
1 Päckchen Backpulver
50 g Butter
150 g Sahne
Fett für die Form

1 Den Backofen auf 200° vorheizen. Das Backblech einfetten.

2 Eier mit 250 g Zucker cremig schlagen. Buttermilch und 100 g Kokosflocken dazugeben und gut unterrühren. Das Mehl mit Backpulver mischen und unter den Teig heben.

3 Den Teig auf das Backblech geben und glatt streichen. Die restlichen Kokosflocken darüber streuen. Im Ofen (Mitte, Umluft 180°) 20 Min. backen.

4 Inzwischen Butter, den Rest Zucker und Sahne in einem Topf aufkochen, 2 Min. bei mittlerer Hitze köcheln lassen.

5 Den Kuchen aus dem Ofen nehmen, die Sahnemischung mit einem Löffel auf der Oberfläche des Kuchens verteilen. Den Kuchen wieder in den Ofen schieben und noch etwa 10 Min. weiterbacken, bis die Oberfläche goldbraun ist.

➡ **Zutaten tauschen:** Den Teig auf das Backblech geben und ohne die Kokosflocken backen. Für den Belag wie oben beschrieben Butter mit Zucker und Sahne aufkochen. Jetzt die restlichen 50 g Kokosflocken dazugeben. Nach 20 Min. Backzeit die Kokosmasse gleichmäßig verstreichen und den Kuchen in 15- 20 Min. fertig backen.

Bild oben: Zucker-Butterkuchen
Bild unten: Buttermilch-Kokos-Kuchen

Buttermilch

Buttermilch entstand früher beim Verbuttern der Milch. Heute wird sie durch Zusatz von Milchsäurekulturen zur Milch produziert. »Reine Buttermilch« darf keine Zusätze enthalten. »Buttermilch« dürfen bis zu 10% Wasser oder Magermilch zugesetzt werden. Sie ist eiweißreich und enthält fast kein Fett. Sie ist wie fast alle gesäuerten Milchprodukte, die nicht wärmebehaltet sind, im Kühlschrank in verschlossener Packung 2 Wochen haltbar. Bei zu langer Lagerung werden Sauermilchprodukte bitter und schimmeln. Sie dürfen dann nicht mehr verzehrt werden.

Kaffeekuchen

Schnell ●●	Zubereitungszeit: 45 Min.
Vorbereiten ●●●	Backzeit: 1 Std.
Preiswert ●●	

Bei 12 Stück pro Stück ca. 410 kcal
9 g Eiweiß / 21 g Fett / 46 g Kohlenhydrate

ZUTATEN FÜR 1 NAPFKUCHENFORM:
125 g weiche Butter
250 g Zucker · 6 Eier
125 g gemahlene Mandeln
1 TL Zimt · 1/4 TL Nelkenpulver
1/8 l gekochter Mokka oder Espresso
4 cl Kaffeelikör nach Belieben
300 g Mehl · 1 Päckchen Backpulver
Salz · 125 g Vollmilch-Kuvertüre
Fett und Semmelbrösel für die Form

1 Den Backofen auf 180° vorheizen. Die Form ausfetten und mit Bröseln ausstreuen.

2 Die Butter mit dem Zucker cremig rühren. Die Eier trennen. Eigelbe, Mandeln, Zimt, Nelkenpulver, Mokka und Likör hinzufügen. Das Mehl und Backpulver dazusieben, den Teig gut verrühren. Die Eiweiße mit 1 Prise Salz steif schlagen und unterheben.

3 Den Teig in die Form füllen und im Ofen (Mitte, Umluft 160°) 1 Std. backen (Stäbchenprobe machen!). In der Form auskühlen lassen und dann auf ein Kuchengitter stürzen.

4 Die Kuvertüre zerbröckeln und im heißen Wasserbad schmelzen lasssen. Mit einem Löffel über den Kuchen träufeln. Nach Belieben mit Puderzucker bestäuben und Schokoraspeln bestreuen.

Zutaten tauschen: Um Abwechslung in einen Rührkuchen zu bringen, kann man den Teig in drei Teile teilen. Unter einen Teil kommen gehackte Nüsse, unter den zweiten Teil Rosinen und 1 EL Rum, unter den dritten Teil kleine Schokoladentröpfchen. Die einzelnen Teige werden senkrecht, durch doppelt gefaltetes Backpapier getrennt, in die Form gefüllt und gebacken. So kriegt jeder sein Lieblingsstück.

Brauner Streuselkuchen

Schnell ●	Zubereitungszeit: 1 Std.
Vorbereiten ●●●	Backzeit: 30–35 Min.
Preiswert ●●●	

Bei 20 Stück pro Stück ca. 360 kcal
5 g Eiweiß / 21 g Fett / 38 g Kohlenhydrate

ZUTATEN FÜR 1 BACKBLECH:
Für die Streusel:
150 g Mehl
3 EL Kakao
150 g Zucker
je 75 g Butter und Margarine
Für den Teig:
300 g weiche Butter oder Margarine
275 g Zucker
1 Päckchen Vanillezucker
Salz
6 Eier
300 g Mehl
3/4 Päckchen Backpulver
Fett und Semmelbrösel für das Blech oder Backpapier

1 Für die Streusel Mehl, Kakao und Zucker vermischen. Butter und Margarine hinzufügen und mit den Händen die Masse zu Streuseln verarbeiten. Die Streusel kalt stellen.

2 Den Backofen auf 180° vorheizen. Das Blech einfetten und mit Bröseln ausstreuen oder mit Backpapier auslegen.

3 Für den Teig die Butter mit dem Zucker, Vanillezucker, 2 Prisen Salz und nach und nach mit den Eiern schaumig rühren.

4 Das Mehl mit dem Backpulver dazusieben und den Teig zu einer cremigen Masse verarbeiten.

5 Den Teig auf dem Blech verstreichen, die Streusel gleichmäßig darauf verteilen. Den Kuchen im Ofen (Mitte, Umluft 160°) zuerst 10 Min. backen, dann die Temperatur auf 160° zurückschalten und in 20-25 Min. fertig backen.

Bild oben: Kaffeekuchen
Bild unten: Brauner Streuselkuchen

Weißer Zucker – brauner Zucker

Es sind verschiedene Sorten von Zucker im Handel:

WEISSZUCKER ist der übliche Haushaltszucker. Es gibt ihn als Grundsorte und als Raffinade, die reiner und feiner ist.

BRAUNER ZUCKER oder **ROHZUCKER** ist durch geringe Melasse-Rückstände aus der Produktion braun gefärbt und meist klebrig.

VOLLROHZUCKER (auch Ursüße) ist auch braun, besteht aber aus getrocknetem Zuckerrohrsaft oder Zuckerrübensaft.

Kleckselkuchen

Schnell	●●	Zubereitungszeit: 45 Min.
Vorbereiten	●●●	Backzeit: 1 Std.
Preiswert	●●	

Bei 20 Stück pro Stück ca. 360 kcal
10 g Eiweiß /18 g Fett /40 g Kohlenhydrate

ZUTATEN FÜR 1 BACKBLECH:
Für den Teig:
400 g Mehl · 1 Würfel Hefe (42 g) · 1/8 l warme Milch
100 g Zucker · 150 g Margarine · 2 Prisen Salz
Für die Mohnmasse:
1/4 l Milch · 3 EL Butter · 5 EL Grieß
250 g gemahlener Mohn · 150 g Zucker
2 EL Rum nach Belieben
Für die Quarkmasse:
3 Eigelbe · 50 g Butter · 100 g Zucker
2 Päckchen Vanillezucker · 4 EL Milch
500 g Magerquark · 1 EL Speisestärke
Saft und abgeriebene Schale von 1 unbehandelten Zitrone
4 EL Rosinen
Für den Apfelbelag:
3–4 Äpfel (z.B. Boskop) · 50 g Butter · Backpapier

1 Für den Teig das Mehl in eine Schüssel sieben, in die Mitte eine Mulde drücken. Die Hefe hineinbröckeln und mit 4 EL Milch, 1 TL Zucker und etwas Mehl vom Rand zu einem Vorteig verrühren. Zugedeckt an einem warmen Ort 20 Min. gehen lassen. Margarine, restliche Milch, restlichen Zucker und Salz dazugeben. Alles gut durchkneten und zugedeckt 40 Min. gehen lassen.

2 Für die Mohnmasse Milch, Butter und Grieß unter Rühren aufkochen und 5 Min. quellen lassen. Mohn, Zucker und Rum unterrühren.

3 Für die Quarkmasse Eigelbe mit Butter, Zucker und Vanillezucker schaumig rühren. Milch, Quark, Speisestärke, Zitronenschale, 3 EL Zitronensaft und die Rosinen unterrühren.

4 Den Teig ausrollen. Das Blech mit Backpapier belegen und den Teig darauf legen. Den Backofen auf 180° vorheizen.

5 Die Äpfel schälen, in Spalten schneiden und mit dem restlichen Zitronensaft vermengen. Nacheinander Quark- und Mohnmasse auf dem Teig verteilen, die Apfelspalten dazwischen legen. Im Ofen (Mitte, Umluft 160°) 45 Min. backen. Die Butter schmelzen lassen und den fertigen Kuchen damit bestreichen.

American Browny Cake

Schnell	●●	Zubereitungszeit: 35 Min.
Vorbereiten	●●●	Backzeit: 45–50 Min.
Preiswert	●●●	

Bei 12 Stück pro Stück ca. 440 kcal
6 g Eiweiß/21 g Fett/56 g Kohlenhydrate

ZUTATEN FÜR 1 SPRINGFORM (28 cm Ø):
200 g Butter
7 EL Kakao
220 g Mehl
1 TL Backpulver
280 g Zucker
Salz
1 Vanilleschote
2 Eier
150 g saure Sahne
Für die Glasur:
200 g Puderzucker
50 g Butter
7 TL Kakao

1 Die Butter in einem Topf schmelzen lassen, den Kakao und 1/8 l Wasser unterrühren. Den Backofen auf 175° vorheizen.

2 Mehl und Backpulver in eine Schüssel sieben, mit dem Zucker und 1/2 TL Salz vermischen. Die Vanilleschote längs aufschlitzen, das Mark herauskratzen und dazugeben.

3 Die Kakaobutter, Eier und Sahne gründlich mit dem Mehl verrühren. Den Teig in die Form füllen und im Ofen (Mitte, Umluft 160°) 45-50 Min. backen (Stäbchenprobe machen!). Anschließend abkühlen lassen.

4 Für die Glasur Puderzucker mit 5 EL Wasser verrühren. Die Butter schmelzen lassen, den Kakao und den Puderzucker dazugeben und alles gründlich verrühren. Den Kuchen mit der Glasur bestreichen.

!! Mit Pep: Für Erwachsene wird jedes Stück Kuchen mit etwas Eierlikör übergossen.

Bild oben: Kleckselkuchen
Bild unten: American Browny Cake

Kakao

Er entsteht aus Kakaobohnen, die geröstet, geschält, gemahlen und zu einer Kakaomasse verarbeitet werden. Entweder entsteht jetzt Schokolade, oder die Kakaobutter wird herausgepresst und Kakaopulver bleibt übrig. Dieses gibt es schwach (mit 20 % Kakaobutter) oder stark (10 % Kakaobutter) entölt. Kakaopulver löst sich in der relativ fettarmen Milch schlecht, aber umso besser in Sahne. Im Kuchenteig verteilt sich Kakao problemlos, wenn man ihn siebt und mit dem Mehl vermischt.

Königskuchen

Schnell	●●●	Zubereitungszeit: 30 Min.
Vorbereiten	●●●	Backzeit: 55–60 Min.
Preiswert	●●	

Bei 12 Stück pro Stück ca. 325 kcal
6 g Eiweiß/16 g Fett/39 g Kohlenhydrate

ZUTATEN FÜR 1 KASTENFORM (25 CM LÄNGE):
50 g Zitronat
100 g Rosinen
2 EL Rum (ersatzweise Orangensaft)
150 g weiche Butter
150 g Zucker
Salz
abgeriebene Schale von 1 unbehandelten Zitrone
6 Eier
50 g gehackte Mandeln
180 g Mehl
100 g Speisestärke
1/2 Päckchen Backpulver
Puderzucker

1 Das Zitronat hacken und mit den Rosinen in Rum einweichen. Die Form fetten und mit Bröseln ausstreuen. Den Backofen auf 180° vorheizen.

2 Die Butter mit dem Zucker, 2 Prisen Salz und der Zitronenschale schaumig rühren. Die Eier trennen. Eiweiße beiseite stellen. Die Eigelbe und die Mandeln unter die Buttermasse rühren.

3 Mehl, Speisestärke und Backpulver dazusieben. Zitronat und Rosinen im Mehl wenden (so verteilen sie sich besser im Teig) und alles vermengen. Die Eiweiße steif schlagen und unterheben.

4 Den Teig in die Form füllen, glatt streichen und im Ofen (Mitte, Umluft 160°) 55-60 Min. backen (Stäbchenprobe machen!). Kuchen 15 Min. in der Form ruhen lassen, dann stürzen und mit Puderzucker bestreuen.

!! **Mit Pep:** Noch feiner schmeckt der Kuchen, wenn er nach dem Backen mit einer dünnen Aprikosenglasur und weißer Kuvertüre überzogen wird. Dafür 3 EL Aprikosenmarmelade erwärmen, durch ein Sieb streichen und den Kuchen damit bepinseln. Die zerbröckelte Kuvertüre im heißen Wasserbad schmelzen lassen und auftragen.

Marmorkuchen

Schnell	●●●	Zubereitungszeit: 30 Min.
Vorbereiten	●●	Backzeit: 1 Std.
Preiswert	●●●	

Bei 12 Stück pro Stück ca. 430 kcal
7 g Eiweiß/20 g Fett/55 g Kohlenhydrate

ZUTATEN FÜR 1 NAPFKUCHENFORM:
250 g weiche Butter
200 g Zucker
Salz
1 Päckchen Vanillezucker
abgeriebene Schale von 1 unbehandelten Zitrone
4 Eier
400 g Mehl
100 g Speisestärke
1 Päckchen Backpulver
1/8 l Milch
2-3 EL Rum (nach Belieben)
3 EL Kakaopulver
Puderzucker zum Bestäuben
Fett und Semmelbrösel für die Form

1 Die Butter mit dem Zucker gut verrühren. 2 Prisen Salz, Vanillezucker, Zitronenschale und die Eier dazugeben und alles solange schaumig rühren, bis sich der Zucker aufgelöst hat. Den Backofen auf 175° vorheizen.

2 Mehl, Speisestärke und Backpulver dazusieben. Milch (4 EL aufheben) und Rum hinzufügen. Den Teig vorsichtig verrühren und dann teilen. Unter eine Hälfte Teig die restliche Milch und den Kakao rühren.

3 Die Form fetten und mit Semmelbröseln ausstreuen. Die beiden Teigmassen abwechselnd in die Form füllen (siehe Tipp). Im Ofen (Mitte, Umluft 160°) 1 Std. backen. Den Kuchen etwas abkühlen lassen, aus der Form stürzen und mit Puderzucker bestreuen.

Deko-Tipp: Um eine schöne Marmorstruktur zu bekommen, lassen Sie die beiden Teige so in die Form einlaufen, dass sie teilweise nebeneinander herlaufen und sich dann wieder kreuzen. Oder den hellen und dunklen Teig abwechselnd einfüllen und mit einer Gabel oder einem Löffelstiel Spiralen durchziehen.

Bild oben: Königskuchen
Bild unten: Marmorkuchen

Rührteig-Varianten

Sie können den Teig problemlos nach Ihren Vorstellungen variieren. Ersetzen Sie einen Teil des Mehls durch gemahlene Mandeln oder Nüsse oder würzen Sie den Teig mit Zimt, Vanille, Lebkuchengewürz oder geriebener Orangen- oder Zitronenschale. Rosinen können durch Schokostückchen und Milch z.B. durch Orangensaft ersetzt werden. Allerdings müssen die im Grundrezept angegeben Gesamtmengen immer beachtet werden.

Möhrenkuchen

Schnell	●●	Zubereitungszeit: 40 Min.
Vorbereiten	●●●	Backzeit: 40 Min.
Preiswert	●●	

Bei 12 Stück pro Stück ca. 320 kcal
3 g Eiweiß/14 g Fett/45 g Kohlenhydrate

ZUTATEN FÜR 1 SPRINGFORM (26 cm Ø):
150 g brauner Zucker
2 Eier
250 ml Sonnenblumenöl
200 g Vollkornmehl
1 TL Backpulver
2 TL Zimt
Salz
350 g Möhren
50 g Honig
1 Hand voll grob gehackte Walnüsse
Für den Guss:
200 g Puderzucker
2 EL Butter
4 EL Zitronensaft
Fett und Semmelbrösel für die Form

1 Zucker und Eier mit den Quirlen des Handrührgerätes schaumig rühren. Das Öl im dünnen Strahl unterschlagen. Das Mehl mit dem Backpulver dazusieben, Zimt und 1/2 TL Salz unterrühren. Den Backofen auf 175° vorheizen. Die Form fetten und mit Bröseln ausstreuen.

2 Die Möhren putzen, schälen und grob reiben. Zusammen mit Honig und Nüssen unter den Teig mengen. In die Form füllen und im Ofen (Mitte, Umluft 160°) 40 Min. backen.

3 Für den Guss den Puderzucker sieben. Die Butter schmelzen lassen. Alles zusammen mit dem Zitronensaft zu einer dickflüssigen Masse verrühren. Mit einem Backpinsel den fertigen Kuchen damit bestreichen.

<u>Deko-Tipp:</u> Bestreuen Sie den Kuchen mit kandierter Orangenschale.

Sandkuchen

Schnell	●●●	Zubereitungszeit: 30 Min.
Vorbereiten	●●●	Backzeit: 50 Min.
Preiswert	●●●	

Bei 18 Stück pro Stück ca. 265 kcal
3 g Eiweiß/14 g Fett/31 g Kohlenhydrate

ZUTATEN FÜR 1 KASTENFORM (LÄNGE 30 cm):
5 Eier
220 g Zucker
Salz
1 Päckchen Vanillezucker
abgeriebene Schale von 1/2 unbehandelten Zitrone
275 g weiche Butter oder Margarine
150 g Mehl
150 g Speisestärke
1 TL Backpulver
Fett und Semmelbrösel für die Form

1 Die Form einfetten und mit Bröseln ausstreuen. Den Backofen auf 175° vorheizen.

2 Die Eier mit dem Zucker, 1 Prise Salz, Vanillezucker und Zitronenschale schaumig rühren.

3 Die Butter oder Margarine unterrühren und das Mehl mit Speisestärke und Backpulver dazusieben. Den Teig gründlich 4 Min. durchrühren. In die Form füllen und im Ofen (Mitte, Umluft 140°) zuerst 15 Min. backen.

4 Hat der Kuchen eine hellbraune Farbe bekommen, den Teig mit einem nassen Messer längs leicht einschneiden (dadurch kann sich der Teig gleichmäßig ausdehnen). Nun in 35 Min. fertig backen. Den Kuchen nach Belieben mit einer Zitronen- oder Schokoladenglasur bestreichen.

<u>Mit Pep:</u> Eine Tafel Zartbitterschokolade hacken und unter den Teig heben.

Bild oben: Möhrenkuchen
Bild unten: Sandkuchen

Kuchenstücke einfrieren

Wenn Kuchen übrig bleibt, können Sie ihn natürlich einfrieren. Trennen Sie die einzelnen Kuchenstücke mit Gefrierfolie, so können sie später einzeln entnommen werden. Die Stücke bei Raumtemperatur auftauen lassen oder in Alufolie einschlagen und 5 bis 10 Min. im Backofen bei 175-200° erwärmen. Wie lange sich Kuchen in der Kälte frisch hält, finden Sie auf Seite 230.

Zucchinikuchen mit Zitronenglasur

Schnell ●●	Zubereitungszeit: 50 Min.
Vorbereiten ●●●	Backzeit: 1 Std.
Preiswert ●●	

Bei 12 Stück pro Stück ca. 345 kcal
6 g Eiweiß/13 g Fett/51 g Kohlenhydrate

ZUTATEN FÜR 1 SPRINGFORM (28 CM Ø):
125 g weiche Butter
150 g brauner Zucker
75 g weißer Zucker
3 Eier
125 g Naturjoghurt
300 g Mehl
2 TL Backpulver
3 EL Kakaopulver
1 TL Zimt
Salz
1/2 TL 5-Gewürzpulver (Asia Laden)
3 EL Schokoladenstreusel
400 g Zucchini
Für die Glasur:
4 EL Zitronensaft
200 g Puderzucker
2 EL Butter
Fett und Semmelbrösel für die Form

1 Die Butter mit dem Zucker schaumig rühren. Nach und nach die Eier und den Joghurt unterrühren.

2 In einer zweiten Schüssel das Mehl mit dem Backpulver, Kakao, Zimt, 1/2 TL Salz, Gewürzpulver und Schokoladenstreusel vermengen und unter die Eiermasse rühren. Den Backofen auf 175° vorheizen.

3 Die Zucchini schälen, raspeln und in den Teig rühren. Die Springform ausfetten und mit Bröseln ausstreuen. Den Teig einfüllen und den Kuchen im Ofen (Mitte, Umluft 160°) 1 Std. backen.

4 Für die Glasur den Zitronensaft mit dem Puderzucker verrühren. Die Butter schmelzen lassen und unterrühren. Die Glasur mit einem Backpinsel auf den fertigen Kuchen streichen.

Haselnusskuchen

Schnell ●●	Zubereitungszeit: 50 Min.
Vorbereiten ●●●	Ruhezeit: 2–3 Tage
Preiswert ●	Backzeit: 1 Std.

Bei 12 Stück pro Stück ca. 525 kcal
8 g Eiweiß/35 g Fett/43 g Kohlenhydrate

ZUTATEN FÜR 1 KASTENFORM (25 CM):
150 g Butter
200 g Zucker
4 Eier
50 g Speisestärke
100 g Mehl
3/4 Päckchen Backpulver
Salz
300 g gemahlene Haselnüsse
100 g Schokoladentröpfchen
200 g weiße Kuvertüre
Fett und Semmelbrösel für die Form

1 Den Backofen auf 175° vorheizen. Die Form ausfetten und mit Bröseln ausstreuen.

2 Die Butter mit dem Zucker und den Eiern schaumig rühren. Speisestärke, Mehl, Backpulver, 1 Prise Salz, Haselnüsse und Schokoladentröpfchen gründlich unterrühren.

3 Den Teig in die Form füllen und im Ofen (Mitte, Umluft 160°) 1 Std. backen. Sehr gut auskühlen lassen, in Folie wickeln und 2-3 Tage im Kühlschrank durchziehen lassen.

4 Vor dem Anschneiden die Kuvertüre im heißen Wasserbad schmelzen und den Kuchen damit überziehen. Lassen Sie den Haselnusskuchen unbedingt mindestens zwei Tage ruhen, nur dann schmeckt er wirklich gut.

Zutaten tauschen: Statt der Schokoladentröpfchen nehmen Sie klein gehackte Zartbitterschokolade.

Bild oben: Haselnusskuchen
Bild unten: Zucchinikuchen mit Zitronenglasur

Haselnüsse

Es gibt zwei Sorten, die runden und die länglichen, die geschmacklich besser sind. Nüsse der neuen Ernte haben helle Schalen. Haselnüsse werden in großen Mengen importiert. Die Importware wird meist geschält und nach Größe sortiert angeboten. Geschält sind sie gekühlt einige Wochen haltbar. Ungeschält halten sie deutlich länger. Im Angebot finden Sie auch gemahlene Haselnüsse, die Sie angebrochen möglichst schnell verbrauchen sollten.
Haselnüsse sind sehr fett- und eiweißreich.

Guglhupf

Schnell ●●	Zubereitungszeit: 50 Min.
Vorbereiten ●●●	Ruhezeit: 3 Std.
Preiswert ●●●	Backzeit: 45 Min.

Bei 12 Stück pro Stück ca. 400 kcal
8 g Eiweiß/19 g Fett/48 g Kohlenhydrate

ZUTATEN FÜR 1 GROßE GUGLHUPF- ODER NAPFKUCHENFORM:
500 g Mehl
100 g Zucker
1 Päckchen Vanillezucker
Salz · 1 Würfel Hefe
1/4 l lauwarme Milch
120 g Rosinen
2 cl Rum oder Kirschwasser nach Belieben
3 Eier · 2 Eigelbe
200 g weiche Butter
16-18 abgezogene Mandeln (je nach Anzahl der Rillen der Guglhupfform)
Puderzucker
1 EL Butter und Semmelbrösel für die Form

1 Das Mehl in eine Schüssel sieben, Zucker, Vanillezucker und 2 Prisen Salz dazumischen. Die Hefe in etwas Milch auflösen, zum Mehl geben und mit etwas Mehl verrühren. Den Vorteig 30 Min. zugedeckt an einem warmen Platz gehen lassen.

2 Die Rosinen nach Belieben in Rum oder Kirschwasser einweichen.

3 Nach und nach die Eier und Eigelbe unter den Teig kneten. Dann die Butter in kleinen Stückchen unterrühren. Zum Schluss die Rosinen untermengen (siehe Tipp!) und den Teig so lange schlagen, bis er geschmeidig ist. Abdecken und 30 Min. gehen lassen.

4 Die Kuchenform mit Butter fetten und mit Bröseln ausstreuen. In jede Bodenrille eine Mandel legen und den Teig in die Form füllen. Nochmals 1 Std. gehen lassen.

5 Den Backofen auf 200° vorheizen. Den Guglhupf im Ofen (Mitte, Umluft 180°) in 45 Min. goldbraun backen. Abkühlen lassen und aus der Form stürzen. Nach Belieben mit Puderzucker bestäuben, die Mandeln sollten zu sehen sein

!! **Mit Pep:** Rosinen mit etwas Mehl bestäuben, dann sinken sie im Teig nicht nach unten.

Walnusskuchen

Schnell ●●●	Zubereitungszeit: 30 Min.
Vorbereiten ●●●	Backzeit: 30 Min.
Preiswert ●●	

Bei 20 Stück pro Stück ca. 280 kcal
6 g Eiweiß/16 g Fett/28 g Kohlenhydrate

ZUTATEN FÜR 1 BACKBLECH:
200 g Butter
300 g Zucker
10 Eier
200 g Mehl
1 Päckchen Backpulver
200 g Kuvertüre
250 g gehackte Walnüsse
Backpapier

1 Die Butter mit der Hälfte Zucker schaumig rühren. Die Eier trennen. Die Eiweiße beiseite stellen. Die Eigelbe nach und nach in die Butter-Zucker-Masse rühren.

2 Das Mehl mit dem Backpulver dazusieben, den Teig gut verrühren. Das Blech mit Backpapier auslegen und den Teig darauf streichen. Den Backofen auf 180° vorheizen.

3 Die Eiweiße sehr steif schlagen, dabei nach und nach den restlichen Zucker einrieseln lassen. Die Hälfte der Kuvertüre fein hacken und mit den Nüssen unter den Eischnee heben. Diese Masse auf den Rührteig streichen.

4 Den Kuchen im Backofen (Mitte, Umluft 160°) 30 Min. backen, anschließend auskühlen lassen.

5 Restliche Kuvertüre im Wasserbad schmelzen lassen und noch flüssig in einen kleinen Gefrierbeutel füllen. Eine winzige Ecke abschneiden und die herauslaufende Schokolade über den Kuchen träufeln. Zum Servieren den Nusskuchen nach Belieben in Rauten schneiden.

Bild oben: Guglhupf
Bild unten: Walnusskuchen

Walnüsse

Walnüsse sind als ganze Nüsse im Handel, zu Beginn der Erntezeit auch als »Schälnüsse«. Das sind ungetrocknete Nüsse aus frischer Ernte, deren Kernhaut sich noch abziehen läßt. Außerdem sind die Walnusskerne als Hälften und gemahlen erhältlich. Gemahlene Nüsse können Sie zum Verfeinern von Teig, Baisers, Makronen und für Füllungen verwenden. Die Hälften sind sehr dekorativ auf Plätzchen, Kuchen und Torten.
Die Kerne enthalten 60% Fett und sollten nur wenige Wochen gelagert werden.

Rosenkuchen

Schnell ●●	Zubereitungszeit: 50 Min.
Vorbereiten ●●●	Ruhezeit: 1 Std. 20 Min.
Preiswert ●●	Backzeit: 55 Min.

Bei 14 Stück pro Stück ca. 380 kcal
8 g Eiweiß/15 g Fett/51 g Kohlenhydrate

ZUTATEN FÜR 1 SPRINGFORM (28 CM Ø):
120 g Rosinen
3-4 EL Rum (nach Belieben)
400 g Mehl
1 Würfel Hefe (42 g)
50 g Zucker · 200 ml lauwarme Milch
1 Päckchen Vanillezucker · Salz
1 TL abgeriebene Zitronenschale
100 g weiche Butter · 2 Eier
100 g Marzipan-Rohmasse
60 g brauner Zucker
100 g gemahlene Mandeln oder Haselnüsse
je 1/4 TL Nelken-und Zimtpulver
4 EL Aprikosenmarmelade
Fett und Semmelbrösel für die Form

1 Die Rosinen nach Belieben in Rum einweichen und abgedeckt zur Seite stellen. Für den Teig das Mehl in eine Schüssel sieben, in die Mitte eine Mulde drücken. Die Hefe hineinbröckeln, mit 1 TL Zucker, 5 EL Milch und etwas Mehl vom Rand verrühren, 20 Min. gehen lassen.

2 Die Eier trennen. Eiweiße beiseite stellen. Die Eigelbe, die übrige Milch, den Zucker, Vanillezucker, 2 Prisen Salz, Zitronenschale und die Butter zum Teig geben und alles gründlich verkneten. Den Teig 40 Min. zugedeckt gehen lassen.

3 Für die Füllung das Marzipan und die Eiweiße zu einer glatten Creme vermengen. Zucker, Mandeln, Gewürze und Rosinen dazugeben.

4 Den Teig 1/2 cm dick zu einem Rechteck ausrollen. Die Füllung darauf verstreichen und den Teig von der Längsseite her aufrollen. Den Backofen auf 180° vorheizen.

5 Die Form fetten und mit Bröseln ausstreuen. Aus der Teigrolle ca. 14 Scheiben (3 cm dick) schneiden. Diese mit der Schnittfläche nach oben kreisförmig in die Form setzen und 20 Min. zugedeckt gehen lassen.

6 Den Kuchen im Backofen (Mitte, Umluft 160°) 55 Min. backen. Die Aprikosenmarmelade erwärmen und den Kuchen damit bestreichen.

Kürbiskuchen

Schnell ●	Zubereitungszeit: 1 Std.
Vorbereiten ●●●	Ruhezeit: 1–2 Tage
Preiswert ●●	Backzeit: 1 Std.

Bei 12 Stück pro Stück ca. 275 kcal
9 g Eiweiß/12 g Fett/32 g Kohlenhydrate

ZUTATEN FÜR 1 SPRINGFORM (26 CM Ø):
1 Stück Kürbis (800 g–1 kg, ungeputzt)
1 Stück frischer Ingwer, etwa walnussgroß
knapp 1/2 l Orangensaft
200 g brauner Zucker
Salz
1 Msp. Nelkenpulver
Muskatnuss, frisch gerieben
5 Eier
1/2 TL Zimt
150 g Mehl
1 TL Backpulver
200 g gemahlene Mandeln
2 EL Kürbiskerne
Fett und Semmelbrösel für die Form

1 Den Kürbis schälen. Das weiche Innere und die Kerne entfernen. Fruchtfleisch schneiden. Den Ingwer schälen und fein würfeln.

2 Den Orangensaft mit 1 EL Zucker, 1/2 TL Salz, Nelkenpulver, Muskat und Ingwer in einem Topf aufkochen. Die Kürbisstücke darin in 15-20 Min. weich kochen. In einem Sieb abtropfen lassen, pürieren und etwas abkühlen lassen.

3 Die Eier trennen. Eiweiße beiseite stellen. Eigelbe mit dem restlichen Zucker und Zimt schaumig rühren. Die Springform fetten und mit Bröseln ausstreuen.

4 Den Backofen auf 180° vorheizen. Mehl, Backpulver, Mandeln und das Kürbismus mit den Eigelben verrühren. Die Eiweiße steif schlagen und unterheben. Die Masse in die Form füllen und die Kürbiskerne darüber streuen. Im Ofen (Mitte, Umluft 160°) 1 Std. backen.

‼ Mit Pep: Richtig gut schmeckt der Kuchen, wenn er 1-2 Tage durchgezogen ist. Erscheint Ihnen der Teig zu flüssig, etwas mehr Mehl unterarbeiten.

Bild oben: Rosenkuchen
Bild unten: Kürbiskuchen

Kürbis

Kürbis hat von September bis November Saison. Bei kühler und trockener Aufbewahrung hält Kürbis jedoch bis ins Frühjahr hinein.

Gartenkürbisse haben eher wenig Eigengeschmack, für diesen Kuchen ist deshalb der etwas aromatischere Moschuskürbis, wie z.B. der Muskat- oder Butternutkürbis geeignet.

Die in diesem Rezept verwendeten schalenlosen Kürbiskerne enthalten besonders viel Kalium und Vitamin E.

Karamellkuchen

Schnell ●●●	Zubereitungszeit: 25 Min.
Vorbereiten ●●●	Backzeit: 45 Min.
Preiswert ●●	

Bei 16 Stück pro Stück ca. 245 kcal
4 g Eiweiß/15 g Fett/25 g Kohlenhydrate

ZUTATEN FÜR 1 KASTENFORM (30 CM LÄNGE):
10 weiche Karamellbonbons (100 g)
100 g Sahne
4 Eier
1 Prise Salz
200 g Butter
100 g Zucker
250 g Mehl
1 TL Backpulver
2 EL Puderzucker
Fett und Semmelbrösel für die Form

1 Die Karamellbonbons mit der Sahne in einem Topf erhitzen und unter Rühren schmelzen lassen. Danach zum Abkühlen auf die Seite stellen. Den Backofen auf 180° vorheizen. Die Form einfetten und mit Semmelbröseln ausstreuen.

2 Die Eier trennen. Eiweiße mit Salz steif schlagen. Die Butter mit Zucker und Eigelben schaumig schlagen. Karamellsahne unterrühren.

3 Das Mehl mit Backpulver mischen und unter den Teig rühren. Zum Schluss den Eischnee vorsichtig unterheben.

4 Den Teig in die Form füllen und in der Mitte der Länge nach einkerben, damit er gleichmäßig aufgeht. Im Ofen (unten, Umluft 160) in 45 Min. goldbraun backen

5 Karamellkuchen aus dem Ofen nehmen und in der Form auskühlen lassen. Anschließend auf ein Kuchengitter stürzen und mit Puderzucker bestäuben.

<u>Mit Pep:</u> Zusätzlich noch 1 TL Schokoladenpulver in den Teig rühren.

<u>Deko-Tipp:</u> Den Kuchen mit dunkler Kuvertüre überziehen und über die noch flüssige Kuvertüre Zuckergußstreifen ziehen. Mit einem Holzstäbchen Linien ziehen.

Kartoffelkuchen

Schnell ●●	Zubereitungszeit: 40 Min.
Vorbereiten ●●●	Backzeit: 30 Min.
Preiswert ●●●	

Bei 12 Stück pro Stück ca. 215 kcal
4 g Eiweiß/9 g Fett/30 g Kohlenhydrate

FÜR 1 SPRINGFORM (26 cm Ø):
300 g Pellkartoffeln vom Vortag
200 g Mehl
1 Päckchen Backpulver
100 g Butter
3 Eier
130 g Zucker
Salz
abgeriebene Schale von 1 unbehandelten Zitrone
1/2 TL Zimt
4 EL Rosinen
Zucker zum Bestreuen
Fett und Semmelbrösel für die Form

1 Die Kartoffeln schälen und in eine Schüssel reiben. Das Mehl mit dem Backpulver dazusieben. Die Hälfte der Butter, Eier, Zucker, 3 Prisen Salz, Zitronenschale, Zimt und Rosinen hinzufügen und alles zu einem glatten Teig verarbeiten.

2. Den Backofen auf 180° vorheizen. Die Form ausfetten und mit Bröseln ausstreuen. Den Kartoffelteig in die Form füllen und im Ofen (Mitte, Umluft 160°) 30 Min. backen.

3 Die restliche Butter zerlassen und den fertigen, noch warmen Kuchen damit bestreichen. Mit Zucker bestreuen. Dazu schmeckt am besten ein dampfender Milchkaffee.

Bild oben: Kartoffelkuchen
Bild unten: Karamellkuchen

Weihnachtlicher Kartoffelkuchen

Sollten Sie zur Weihnachtszeit selbst Stollen backen, so backen Sie doch den Kartoffelkuchen (wie viele sächsische Hausfrauen) einmal so: 500 g fertigen Stollenteig mit 250 g geriebenen Kartoffeln verkneten. Auf einem gefettetem Kuchenblech verteilen und mit dem Finger Kuhlen in den Teig drücken. 150 g zerlassene Butter darauf streichen, Zucker und Zimt darüber streuen und in gut 1 Std. goldbraun backen.

Millirahmstrudel

Schnell ●	Zubereitungszeit: 1 Std. 30 Min.
Vorbereiten ●●	Ruhezeit: 30 Min.
Preiswert ●●●	Backzeit: 40 Min.

Bei 40 Stück pro Stück ca. 135 kcal
4 g Eiweiß/7 g Fett/15 g Kohlenhydrate

ZUTATEN FÜR 2 STRUDEL:
Für den Teig:
260 g Mehl · Salz · 1 Ei · 2 EL Öl
Für die Füllung:
50 g Rosinen · 2 cl Rum (nach Belieben)
150 g weiche Butter · 150 g Zucker
1 Päckchen Vanillezucker
abgeriebene Schale von 1/2 unbehandelten Zitrone
5 Eier · 500 g Quark (20 %) · 200 g saure Sahne
6 EL Mehl · 4 EL Zwiebackbrösel
Für die Eiermilch:
350 ml Milch · 3 Eier · 4 EL Zucker
1 Päckchen Vanillezucker
100 g zerlassene Butter zum Bestreichen
Butter für die Form

1 Aus Mehl, 1/4 TL Salz, Ei, 120 ml lauwarmem Wasser und Öl den Teig zubereiten und mit Öl bestreichen. Eine Schüssel mit heißem Wasser ausspülen, darüber stülpen und 30 Min. ruhen lassen. Die Rosinen nach Belieben in Rum einweichen.

2 Die Butter mit 50 g Zucker, Vanillezucker und Zitronenschale schaumig rühren. Die Eier trennen. Eigelbe dazurühren. Die Eiweiße mit dem restlichen Zucker steif schlagen. Quark, Sahne, Mehl und Rosinen mit der Eigelbmasse verrühren. Den Eischnee unterheben.

3 Den Teig teilen, auf zwei bemehlten Geschirrtüchern zu großen Rechtecken ausrollen. Den Ofen auf 180° vorheizen. Eine große Form fetten.

4 Beide Teige mit flüssiger Butter bestreichen und 2 EL Zwiebackbrösel bestreuen. Je die Hälfte der Quarkfüllung darauf verteilen, dabei ringsum einen Rand freilassen. Die Teigränder einschlagen und den Teig aufrollen. Mit der Naht nach unten beide Strudel nebeneinander in die Form gleiten lassen und mit Butter bestreichen. Im Ofen (Mitte, Umluft 160°) 20 Min. backen.

5 Die Milch erwärmen. Eier, Zucker und Vanillezucker mit dem Schneebesen einrühren. Über den Strudel gießen und in 20 Min. fertig backen. Zwischendurch mit Butter bestreichen. Warm mit Vanillesauce (s. S. 46) servieren.

Mohnrolle

Schnell ●●●	Zubereitungszeit: 30 Min.
Vorbereiten ●●	Ruhezeit: 1 Std.
Preiswert ●●	Backzeit: 30 Min.

Bei 16 Stück pro Stück ca. 350 kcal
8 g Eiweiß/21 g Fett/33 g Kohlenhydrate

ZUTATEN FÜR 1 ROLLE:
1 Päckchen Trockenhefe
150 g Zucker · 225 ml lauwarme Milch
1 Prise Salz
1 Päckchen geriebene Orangenschale
350 g Mehl · 150 g weiche Butter
2 Eier · 100 ml heiße Milch
250 g gemahlener Mohn
75 g Rosinen oder Rumrosinen
50 g gehackte Mandeln
5 EL warme Aprikosenkonfitüre
4 EL Mandelblättchen
Backpapier

1 Die Hefe mit 1 TL Zucker und 125 ml Milch verrühren. Salz, die Hälfte der Orangenschale und 350 g Mehl in einer Schüssel mischen. Die Hefemilch, 75 g Zucker, 75 g Butter und 1 Ei dazugeben und alles zu einem glatten Teig verkneten. 45 Min. ruhen lassen.

2 Inzwischen für die Füllung die restliche Milch erhitzen und über den Mohn gießen. Den restlichen Zucker, die Orangenschale, Butter, Ei, Rosinen und Mandeln darunter mischen.

3 Den Backofen auf 200° vorheizen. Ein Backblech mit Backpapier auslegen. Den Teig auf einer bemehlten Arbeitsfläche zu einem Quadrat (ca. 40 x 40 cm) ausrollen. Den Mohn darauf streichen, einen 2 cm breiten Rand frei lassen.

4 Teigränder einschlagen, den Teig aufrollen und mit der Naht nach unten auf das Backblech legen. 15 Min. ruhen lassen. Die Teigoberfläche mit einer Gabel 12-mal einstechen. Die Mohnrolle im Backofen (Mitte, Umluft 180°) 30 Min. backen.

5 Die Konfitüre durch ein Sieb streichen und den Kuchen damit überziehen. Mit den Mandelblättchen bestreuen.

Bild oben: Millirahmstrudel
Bild unten: Mohnrolle

Mohn

Die ölhaltigen Samen des Schlafmohns sind nur reif verwendbar. Das nussige Aroma entwickelt sich erst, wenn er vor der Verwendung leicht angeröstet oder frisch gemahlen wird. Zum Mahlen gibt es spezielle Mohnmühlen; Mohn lässt sich aber auch im Blitzhacker fein zerkleinern. Kaufen Sie Mohn immer ungemahlen, denn gemahlen wird er sehr schnell ranzig.

Torten

Was backe ich, wenn

... es superschnell gehen soll:

Amaretti-Torte 140
Eistorte 116
Erdbeer-Kokos-Torte 140
Fruchtcreme-Torte 119
Himbeertorte 118
Holländer Kirschschnitten 132
Jogurt-Pfirsich-Torte 116
Johannisbeer-Joghurt-Torte 136
Kokosbiskuitrolle mit
   Schokoladenfüllung 136
Kühle Lady 144
Makronentorte 132
Maronentorte 119
Marzipantorte 117
Mascarpone-Torte 130
Oblatentorte 118
Obstgarten Torte 117
Pessach-Torte 117
Ricotta-Mandeltorte 116
Sehneider-Torte 119
Schnelle Orangentorte 134
Tiramisu-Torte 118
Zitronen-Baiser-Torte 138

... es aus dem Vorrat sein soll:

Avon-Club-Torte 148
Eierpunschtorte 146
Himbeerrolle 126
Holländer Kirschschnitten 132
Jogurt-Pfirsich-Torte 116
Quarktorte 122
Schneewittchentorte 128
Schneider-Torte 119
Schokoladentorte 122
Wellentorte 126
Zitronen-Baiser-Torte 138

... es besonders preiswert sein soll:

Amaretti-Torte 140
Eierpunschtorte 146
Jogurt-Pfirsich-Torte 116
Kokosbiskuitrolle mit
   Schokoladenfüllung 136
Pariser Flair 142
Pessach-Torte 117
Schokoschnitten Rigó Jancsi 124
Schneewittchentorte 128
Schneider-Torte 119
Schnelle Orangentorte 134
Tiramisu-Torte 118
Wellentorte 126

... es fruchtig und saftig sein soll:

Eistorte 116
Erdbeer-Kokos-Torte 140
Fixe Apfeltorte 130
Fruchtcreme-Torte 118
Himbeerrolle 126
Himbeertorte 118
Holländer Kirschschnitten 132
Jägertorte 144
Joghurt-Pfirsich-Torte 116
Johannisbeer-Joghurt-Torte 136
Mango-Charlotte 120
Mascarpone-Torte 130
Obstgarten-Torte 117
Obstsalat-Torte 142
Plätzchen-Torte 148
Rolo-Torte 144
Schneewittchentorte 128
Traubentorte 134

... es gut vorzubereiten sein soll:

Frankfurter Kranz 138
Makronentorte 132
Maronentorte 119
Marzipantorte 117
Prinzregententorte 138
Schokoschnitten Rigó Jancsi 124
Rolo-Torte 146
Schnelle Orangentorte 134
Schokoladentorte 122
Wellentorte 126

... es etwas Besonderes sein soll:

Eistorte 116
Erdbeer-Kokos-Torte 140
Fruchtcreme-Torte 119
Joghurt-Limetten-Torte 120
Kokosbiskuitrolle mit Schokoladen-
 füllung 136
Mango-Charlotte 120
Mascarpone-Torte 130
Prinzregententorte 138
Tiramisu-Torte 118
Traubentorte 134
Wölkchen-Torte 124
Zitronen-Baiser-Torte 138

... es etwa fürs Kinderfest geben soll:

Eistorte 116
Erdbeer-Kokos-Torte 140
Fruchtcreme-Torte 119
Himbeertorte 118
Kokosbiskuitrolle mit
 Schokoladenfüllung 136
Mascarpone-Torte 130
Obstgarten-Torte 117
Schokoschnitten Rigó Jancsi 124
Schokoladentorte 122
Traubentorte 134

... es gut zu transportieren sein soll:

Erdbeer-Kokos-Torte 140
Fixe Apfeltorte 130
Himbeerrolle 126
Holländer Kirschschnitten 132
Kokosbiskuitrolle mit
 Schokoladenfüllung 136
Makronentorte 132
Maronentorte 118
Marzipantorte 117
Oblatentorte 118
Ricotta-Mandeltorte 116
Schokoschnitten Rigó Jancsi 124
Schnelle Orangentorte 134
Schokoladentorte 122
Traubentorte 134

Eistorte

Arbeitszeit: 15 Min.
Tiefkühlzeit: 5 Std.
Bei 10 Stück pro Stück ca. 300 kcal
3 g EW/22 g F/23 g KH

ZUTATEN FÜR 1 EISBOMBENFORM ODER 1 KLEINE SPRINGFORM (20 cm Ø):
2 reife Mangos
100 g Puderzucker
250 g Mascarpone
250 g Sahne
300 g Vanillejoghurt
Kokospralinen (Raffaello)

1 Die Mangos schälen und vom Stein schneiden.

2 Etwas mehr als die Hälfte des Fruchtfleisches mit 80 g Puderzucker und dem Mascarpone pürieren. Die Sahne und den Vanillejoghurt untermixen und die Masse in eine Spring- oder Kuppelform füllen und mindestens 5 Std. in die Gefriertruhe stellen.

3 Die Eistorte etwa 15 Min. vor dem Servieren aus der Gefriertruhe nehmen. Das restliche Mangofruchtfleisch mit dem restlichen Puderzucker pürieren. Torte aus der Form lösen und auf einer Platte anrichten. Das Mangopüree über die Torte gießen. Die Torte mit Kokospralinen garniert servieren.

Ricotta-Mandeltorte

Zubereitungszeit: 15 Min.
Backzeit: 40 Min.
Bei 12 Stück pro Stück ca. 285 kcal
8 g EW /22 g F /14 g KH

ZUTATEN FÜR 1 SPRINGFORM (26 cm Ø):
150 g weiche Butter
150 g Zucker
200 g Ricotta (ital. Frischkäse)
Saft und Schale von 1/2 unbehandelten Zitrone
6 Eier
150 g geschälte gemahlene Mandeln
Fett für die Form

1 Die Form fetten. Den Backofen auf 180° vorheizen.

2 Die Butter mit 130 g Zucker und Ricotta glatt rühren. Zitronensaft und -schale unterrühren.

3 Die Eier trennen. Eiweiße mit dem restlichen Zucker steif schlagen. Die Eigelbe unter die Ricottamasse rühren.

4 Den Eischnee und die Mandeln vorsichtig unter die Ricottacreme heben und in die Form füllen. Den Kuchen im Ofen (Mitte, Umluft 160°) in 40 Min. goldbraun backen. Den fertigen Kuchen mit Puderzucker bestäuben.

Joghurt-Pfirsich-Torte

Arbeitszeit: 15 Min.
Kühlzeit: 3 Std.
Bei 12 Stück pro Stück ca. 200 kcal
5 g EW/9 g F/24 g KH

ZUTATEN FÜR 1 SPRINGFORM (24 cm Ø):
8 Blatt Gelatine
1 Dose Pfirsiche (470 g Abtropfgewicht)
100 g Löffelbiskuits
300 g Sahne
100 ml Pfirsichnektar
4 EL Zitronensaft
300 g Joghurt · 100 g Zucker

1 Die Gelatine in etwas kaltem Wasser 5 Min. einweichen. Die Pfirsiche abtropfen lassen. Die Löffelbiskuits nebeneinander in die Springform legen. Die Pfirsiche darauf verteilen, eine Pfirsichhälfte beiseite stellen.

2 Die Sahne steif schlagen. Den Pfirsichnektar mit dem Zitronensaft erhitzen, nicht kochen. Die Gelatine darin auflösen.

3 Den Joghurt mit dem Zucker verquirlen, die Saft-Gelatine-Mischung unterrühren, dann die Sahne unterheben. Die Masse über die Pfirsiche gießen und den Kuchen 3 Std. in den Kühlschrank stellen. Vor dem Servieren die übrige Pfirsichhälfte in Spalten schneiden und die Kuchenmitte damit garnieren.

Pessach-Torte

Zubereitungszeit: 15 Min.
Backzeit: 45 Min.
Bei 12 Stück pro Stück ca. 205 kcal
4 g EW/13 g F/17 g KH

ZUTATEN FÜR 1 SPRINGFORM
(26 cm Ø):
3 Eier
150 g Zucker
150 g gemahlene Mandeln
150 g Sahne
1 EL Puderzucker
1 EL Instant-Kaffee
1 TL Weinbrand nach Belieben
1 Tüte Mocca-Schoko-Bohnen
Backpapier

1 Backofen auf 175° vorheizen. Springform mit Backpapier auslegen.

2 Eier und Zucker schaumig schlagen und Mandeln unterheben. Diese Mandelmasse in die Springform füllen und im Ofen (Mitte, Umluft 160°) 45 Min. backen. Abkühlen lassen.

3 Sahne mit Puderzucker, Instant-Kaffee und nach Belieben Weinbrand steif schlagen. Sahne auf der Torte glattstreichen. Torte mit Mocca-Schoko-Bohnen verzieren.

Marzipantorte

Arbeitszeit: 15 Min.
Backzeit: 45 Min.
Bei 12 Stück pro Stück ca. 580 kcal
9 g EW/29 g F/71 g KH

ZUTATEN FÜR 1 SPRINGFORM
(28 cm Ø):
200 g Marzipan-Rohmasse
6 Eier · 250 g weiche Butter
250 g Zucker
1/2 Fläschchen Bittermandel-Aroma
300 g Mehl · 2 TL Backpulver
2 EL Orangenmarmelade
1 ausgerollte Marzipan-Decke
(400 g, Fertigprodukt, Backregal)
Fett für die Form

1 Den Backofen auf 180° vorheizen. Die Springform einfetten. Die Marzipan-Rohmasse klein schneiden.

2 Die Eier mit der Butter, dem Zucker, dem Bittermandelaroma und der Marzipan-Rohmasse schaumig rühren. Das Mehl und das Backpulver nur kurz untermischen. Den Teig in die Form füllen. Im Backofen (Mitte, Umluft 160°) 45 Min. backen, dann abkühlen lassen.

3 Kuchen mit der Marmelade bestreichen und mit der Marzipandecke umhüllen. Nach Belieben mit Marzipan, Marzipanfiguren oder Pralinen dekorieren.

Obstgarten-Torte

Zubereitungszeit : 15 Min.
Bei 12 Stück pro Stück ca. 290 kcal
8 g EW/18 g F/25 g KH

ZUTATEN FÜR 1 TORTE:
1 heller Biskuitboden (aus dem Supermarkt oder vom Bäcker)
400 g Sahne
2 Päckchen Sahnesteif
1 Päckchen Vanillezucker
2 Becher Obstgarten Himbeergeschmack (Kühlregal)
500 g frische Himbeeren (ersatzweise TK)
1 Päckchen roter Tortenguss
100 g Mandelblättchen

1 Den Biskuitboden auf eine Tortenplatte legen.

2 Die Sahne mit Sahnesteif und Vanillezucker steif schlagen. Den Obstgarten unterziehen. Sahne-Obstgarten-Creme auf dem Tortenboden verteilen.

3 Auf der Sahnemasse das Obst verteilen. Den Tortenguss nach Packungsanweisung zubereiten und auf das Obst geben. Am Rand der Torte einen Ring aus Mandelblättchen streuen.

Obst tauschen: Bereiten Sie die Torte mit anderen Obstsorten zu. Obstgarten, Obst und Tortenguss dabei aufeinander abstimmen.

6 × SCHNELL

Tiramisu-Torte

Zubereitungszeit: 15 Min.
Kühlzeit : 2 Std.
Pro Stück ca. 290 kcal
8 g EW/21 g F/17 g KH

ZUTATEN FÜR 12 STÜCK:
1 Biskuitboden (Fertigprodukt)
1/8 l frisch gekochter Espresso
4 cl Mandellikör
500 g Magerquark
250 g Mascarpone
100 g Puderzucker
400 g Sahne
2 EL Schokoladenpulver

1 Den Biskuitboden mit einem Tortenring umschließen. Espresso mit 2 cl Mandellikör verrühren und den Boden damit beträufeln.

2 Quark mit Mascarpone und Puderzucker cremig rühren. Die Sahne steif schlagen.

3 Die Sahne und den restlichen Mandellikör unter die Mascarponecreme heben und auf dem Tortenboden glatt streichen. Die Oberfläche mit einer Gabel oder einem gezackten Teigspatel rillenförmig verzieren und dick mit Schokoladenpulver bestreuen.

4 Die Tiramisu-Torte im Kühlschrank 2 Std. durchkühlen lassen. Vor dem Servieren den Tortenring entfernen.

Oblatentorte

Zubereitungszeit: 15 Min.
Kühlzeit: 30 Min.
Pro Stück ca. 445 kcal
5 g EW/35 g F/28 g KH

ZUTATEN FÜR 8 STÜCK:
2 Pakete Karlsbader Oblaten
(à 5 Stück)
500 g Sahne
1 Päckchen Sahnesteif
1 Päckchen Vanillezucker
100 g Nuss-Nougatcreme
(Fertigprodukt aus dem Glas)
100 g Haselnusskrokant
(Fertigprodukt)

1 Die Oblaten voneinander lösen. Die Sahne mit Sahnesteif steif schlagen, Vanillezucker dazugeben. Die Nuss-Nougatcreme nach und nach unterrühren. 50 g Haselnusskrokant vorsichtig unterrühren.

2 Jede Oblate mit 2 EL Creme bestreichen und zusammensetzen. Die Oberfläche großzügig mit der Creme bedecken, mit Tupfen verzieren und mit dem restlichen Krokant bestreuen.

3 Die Oblatentorte im Kühlschrank 30 Min. durchziehen lassen.

Himbeertorte

Arbeitszeit: 15 Min.
Kühlzeit: 3 Std.
Bei 12 Stück pro Stück ca. 300 kcal
9 g EW/17 g F/28 g KH

ZUTATEN FÜR 1 SPRINGFROM
(28 cm Ø):
300 g Himbeeren (frisch, ersatzweise tiefgekühlt)
1 Päckchen Tortencreme Käsesahne
(Fertigprodukt, Backregal)
500 g Sahne · 500 g Quark
1 heller Wiener Boden
(Fertigprodukt, Brotregal)
Puderzucker zum Bestäuben

1 Die Himbeeren verlesen. Die Tortencreme mit der Sahne, Quark und 200 ml Wasser nach Packungsaufschrift zubereiten.

2 Einen Biskuitboden in die Springform legen. Etwa 200 g Himbeeren darauf verteilen und die Creme darüber gießen.

3 Den zweiten Biskuitboden auf die Käsesahne setzen und die Torte mindestens 3 Std. in den Kühlschrank stellen. Den dritten Biskuitboden einfrieren und für einen anderen Kuchen verwenden (z.B. statt den Löffelbiskuits für die Joghurt-Pfirsich-Torte von Seite 116).

4 Die Torte mit den restlichen Himbeeren garnieren und dick mit Puderzucker bestäuben.

Schneider-Torte

Zubereitungszeit: 15 Min.
Bei 12 Stück pro Stück ca. 240 kcal
2 g EW/18 g F/18 g KH

ZUTATEN FÜR 1 SPRINGFORM
(26 cm Ø):
1 dunkler Biskuitboden (aus dem Supermarkt oder vom Bäcker)
600 g Sahne
3 Päckchen Vanillezucker
3 Päckchen Sahnesteif
6 EL Schokoraspel
6 EL bunte Zuckerstreusel
6 EL Instant-Kakao

1 Den Biskuitboden auf eine Tortenplatte legen.

2 400 g Sahne mit 2 Päckchen Vanillezucker und 2 Päckchen Sahnesteif steif schlagen. Anschließend die Schokoraspel und die bunten Zuckerstreusel unterziehen. Die Hälfte der Streuselsahne auf dem Tortenboden verteilen.

3 Restliche Sahne mit jeweils 1 Päckchen Vanillezucker und Sahnesteif und dem Kakaopulver steif schlagen. Die Torte mit Tupfen der restlichen Streuselsahne und Kakaosahne verzieren.

!! Mit Pep: Die Torte unbedingt frisch servieren, sonst zerlaufen die Farben der bunten Streusel.

Maronentorte

Zubereitungszeit: 15 Min.
Backzeit: 30 Min.
Bei 8 Stücke pro Stück ca. 420 kcal
5 g EW/19 g F/55 g KH

ZUTATEN FÜR 1 SPRINGFORM
(24 cm Ø):
3 Eier · 1 Prise Salz
180 g Zucker · 150 g weiche Butter
600 g Maronenpüree (aus der Dose)
2 EL Kirschwasser (nach Belieben)
1 TL Kakaopulver · 1 EL Puderzucker
Fett für die Form

1 Den Backofen auf 200° vorheizen. Die Form fetten.

2 Die Eier trennen. Die Eiweiße mit etwas Salz steif schlagen, am Ende 30 g Zucker einrieseln lassen.

3 Die Butter mit dem restlichen Zucker und den Eigelben schaumig schlagen. Das Maronenpüree mit dem Kirschwasser dazugeben und zu einer cremigen Masse verrühren. Den Eischnee vorsichtig unterheben und in die Form füllen.

4 Den Kuchen im Backofen (Mitte, Umluft 180°) 30 Min. backen. In der Form etwas auskühlen lassen.

5 Kakaopulver mit dem Puderzucker mischen. Kuchen aus der Form lösen und bestäuben.

Fruchtcreme-Torte

Zubereitungszeit: 15 Min.
Kühlzeit: 3 Std.
Pro Stück ca. 265 kcal
4 g EW/20 g F/16 g KH

ZUTATEN FÜR 12 STÜCK:
1 Biskuitboden (Fertigprodukt)
500 g Erdbeeren
3 El Erdbeerkonfitüre
100 ml Milch
100 g weiße Schokolade
400 g Doppelrahm-Frischkäse
1 EL Puderzucker · 300 g Sahne

1 Den Biskuitboden mit einem Tortenring umschließen. Die Erdbeeren putzen und waschen. Mit 2 EL Erdbeerkonfitüre im Mixer pürieren.

2 Die Milch erwärmen und die Schokolade darin auflösen und leicht abkühlen lassen.

3 Den Frischkäse mit dem Puderzucker und der Schokolade cremig rühren. Die Sahne steif schlagen und unterziehen.

4 Den Biskuitboden mit der restlichen Konfitüre bestreichen. Die Hälfte der Creme mit dem Fruchtpüree vermischen. Mit einem Löffel abwechselnd die weiße Creme und die Fruchtcreme auf dem Boden verteilen und mit einem Löffel spiralenförmig ineinanderziehen. Die Torte 3 Std. kühlen.

6 x SCHNELL

Mango-Charlotte

Schnell ●	Zubereitungszeit: 2 Std.
Vorbereiten ●●	Ruhezeit: 1–2 Std.
Preiswert ●	Backzeit: 8 Min.

Bei 12 Stück pro Stück ca. 260 kcal
8 g Eiweiß /12 g Fett /29 g Kohlenhydrate

ZUTATEN FÜR 1 RUNDE FORM (2 l INHALT):
Für den Biskuitteig:
4 Eier · 100 g Zucker · 1 Päckchen Vanillezucker
Salz · 80 g Mehl · 2 EL Speisestärke
Für die Füllung:
6 EL Aprikosenkonfitüre · 2 reife Mangos
2 EL Zitronensaft · 1 Vanilleschote · 1/4 l Milch
6 Blatt weiße Gelatine · 4 Eigelbe
100 g Zucker · 250 g Sahne
Zucker zum Arbeiten · Backpapier · Frischhaltefolie

1 Die Eier trennen. Eigelbe mit 60 g Zucker, Vanillezucker, 1 Prise Salz und 2 EL Wasser schaumig rühren. Mehl und Speisestärke dazusieben. Den Backofen auf 220° vorheizen. Die Eiweiße mit dem restlichen Zucker steif schlagen. Zwei Drittel des Eischnee mit der Eigelb-Masse verrühren, den Rest unterheben.

2 Ein Backblech mit Backpapier belegen und den Teig darauf streichen. Im Ofen (Mitte, Umluft 200°) 8 Min. backen. Ein Küchentuch mit 1 EL Zucker bestreuen und den Biskuit darauf stürzen. Das Papier abziehen und 4 EL Konfitüre auf den Biskuit streichen. Längs fest aufrollen. Die Mangos schälen, Fruchtfleisch klein würfeln, mit Zitronensaft beträufeln.

3 Die Vanilleschote aufschlitzen, das Mark herauskratzen und mit der Schote in der Milch aufkochen lassen. Die Gelatine in kaltem Wasser einweichen. Die 4 Eigelbe mit dem Zucker im heißen Wasserbad schaumig rühren. Die Milch (Vanilleschote entfernen) langsam mit dem Schneebesen unter die Eigelbe rühren bis die Creme dicklich wird. Die Gelatine ausdrücken und unterrühren.

4 Die Schüssel in ein kaltes Wasserbad stellen. Die Sahne steif schlagen und zusammen mit den Mangowürfeln unter die Creme mengen. Die Charlotteform mit Klarsichtfolie auskleiden. Die Biskuitrolle in knapp 1 cm dünne Scheiben schneiden und die Form dicht damit auslegen. Über den Rand ragende Scheiben abschneiden. Die Creme einfüllen und mit Biskuitscheiben belegen. 1-2 Std. kühl stellen. Charlotte stürzen, Folie entfernen und mit erwärmter Aprikosenmarmelade bestreichen.

Joghurt-Limetten-Torte

Schnell ●	Zubereitungszeit: 1 Std.
Vorbereiten ●●	Kühlzeit: 2–3 Std.
Preiswert ●	Backzeit: 25 Min.

Bei 12 Stück pro Stück ca. 410 kcal
9 g Eiweiß /14 g Fett /47 g Kohlenhydrate

FÜR 1 SPRINGFORM (26 cm Ø):
600 g griech. Joghurt · 150 g Mehl
200 g Zucker · Salz · 5 Eier · 100 g Butter
100 g Mandelblättchen
5 Blatt weiße Gelatine
3 Limetten · 150 g Zitronengelee
1 Packung Löffelbiskuits (100 g)
100 g Zitronat
Fett und Semmelbrösel für die Form
Mehl für die Arbeitsfläche
Backpapier

1 Den Joghurt in einem feinen Sieb sehr gut abtropfen lassen. Das Mehl auf eine Arbeitsfläche sieben, in die Mitte eine Kuhle drücken. Die Hälfte Zucker, 1 Prise Salz und 1 Ei hineingeben. Mit Butter und Mandelblättchen zu einem glatten Teig verkneten. In Folie 30 Min. kühlen.

2 Den Backofen auf 200° vorheizen. Die Form ausfetten und nur den Boden mit Bröseln ausstreuen. Den Teig ausrollen, in die Form legen und mit einer Gabel einstechen. Im Ofen (Mitte, Umluft 180°) 25 Min. backen. Auskühlen lassen.

3 Die Gelatine in kaltem Wasser einweichen. Die Limettenschale abreiben, den Saft auspressen. Die restlichen 4 Eier trennen. Eigelbe mit restlichem Zucker, Limettenschale und -saft aufschlagen. Die Gelatine tropfnass bei milder Hitze auflösen. Die Gelatine und abgetropften Joghurt unter die Eicreme ziehen.

4 Das Zitronengelee auf den Tortenboden streichen. Dicht mit den Löffelbiskuits belegen. Aus Backpapier einen hohen Papierrand schneiden und zwischen Teig- und Formrand schieben (damit sich Creme und Metall nicht berühren). Die Eiweiße steif schlagen und unter die leicht stockende Joghurtcreme heben. Auf den Biskuits verstreichen und die Torte 2-3 Std. durchkühlen lassen.

5 Papier entfernen, Zitronat in feine Streifen schneiden und den Tortenrand damit garnieren.

Bild oben: Joghurt-Limetten-Torte
Bild unten: Mango-Charlotte

Limetten

Limetten oder Limonen sollten eine gleichmäßig grüne bis gelbe, glänzende Schale haben. Die Schale ist sehr dünn, das Fruchtfleisch saftig, kernlos und aromatischer als das der Zitrone. Schale und Saft werden verwendet.
Achtung, Limetten lassen sich nicht sehr lange lagern, da sie durch die dünne Schale sehr leicht austrocknen.

Schokoladentorte

Schnell ●	Zubereitungszeit: 1 Std. 30 Min.
Vorbereiten ●●●	Backzeit: 35 Min.
Preiswert ●●	

Bei 12 Stück pro Stück ca. 490 kcal
7 g Eiweiß /35 g Fett /36 g Kohlenhydrate

ZUTATEN FÜR 1 SPRINGFORM (24 cm Ø):
400 g Zartbitter-Kuvertüre
6 Eier
100 g Zucker
3 EL Speisestärke
1/2 Päckchen Backpulver
100 g gemahlene Mandeln
2 EL Rum (nach Belieben)
250 g weiche Butter
Salz
100 g Puderzucker
Butter und Biskuit- oder Zwiebackbrösel für die Form

1. 250 g Kuvertüre in kleine Stücke schneiden und mit 2 EL Wasser im heißen Wasserbad schmelzen lassen. Die Kuchenform mit Butter ausfetten und mit Bröseln ausstreuen. Den Backofen auf 175° vorheizen.

2. Die Eier trennen. Eiweiße beiseite stellen. Eigelbe und Zucker schaumig rühren. Nach und nach die geschmolze Kuvertüre unterrühren!.

3. Speisestärke und Backpulver dazusieben, Mandeln und Rum unterrühren. Nun die Butter in kleinen Stückchen (1 EL davon für die Glasur aufheben) gut unterarbeiten.

4. 4 Eiweiße mit 2 Prisen Salz steif schlagen (restliche 2 Eiweiße anderweitig verwenden) und unter den Teig heben. Den Teig in die Form füllen und mit Alufolie abdecken. Im Ofen (Mitte, Umluft 160°) 35 Min. backen, die Mitte soll weich, aber die Ränder fest sein.

5. Den noch warmen Kuchen aus der Form auf eine Platte schieben. Restliche Kuvertüre im Wasserbad schmelzen lassen. Puderzucker mit wenig Wasser zu einem dicken Brei rühren, zusammen mit der restlichen Butter zur Kuvertüre geben und geschmeidig rühren. Die Torte gleichmäßig damit überziehen. Nach Belieben mit Puderzucker bestäuben

Quarktorte

Schnell ●	Zubereitungszeit: 1 Std.
Vorbereiten ●●●	Kühlzeit: 30 Min.
Preiswert ●●	Backzeit: 1 Std.

Pro Stück ca. 325 kcal
10 g Eiweiß /14 g Fett /39 g Kohlenhydrate

ZUTATEN FÜR 1 SPRINGFORM (26 cm Ø):
Für den Mürbeteigboden:
230 g Mehl
2 EL Speisestärke
125 g kalte Butter
75 g Zucker
Für die Quarkfüllung:
3 Eier
500 g Magerquark
125 g Zucker
2 Päckchen Vanillezucker
1 Päckchen Vanillepuddingpulver
Schale und Saft 1/2 unbehandelten Zitrone
65 ml Öl
3/8 l Milch

1. Für den Mürbeteig die Zutaten rasch verkneten und ausrollen. Den Boden der Springform belegen und einen Rand hochdrücken. Die Springform 30 Min. kühl stellen.

2. Den Backofen auf 180° vorheizen. Die Eier trennen. Eiweiße kühl stellen. Eigelbe, Quark, Zucker (2 EL davon aufheben), Vanillezucker, Puddingpulver, Zitronenschale und -saft glatt rühren. Nach und nach das Öl und zum Schluss die Milch unterrühren.

3. Die Quarkmasse auf dem Teig verteilen und im Ofen (Mitte, Umluft 160°) 1 Std. backen. Stäbchenprobe machen.

4. Die Eiweiße mit 2 EL Zucker steif schlagen und 10 Min. vor Backzeitende auf dem Kuchen verteilen. Fertig backen, bis die Oberfläche goldgelb gebräunt ist.

Bild oben: Quarktorte
Bild unten: Schokoladentorte

Baiser-Tipps

Die Basis eines jeden Baisers ist der perfekte Eischnee. Das Eiweiß darf keine Spur Eigelb enthalten und Arbeitsgeräte wie Schneebesen und Schüssel müssen vollkommen fettfrei sein. Wählen Sie die Schüssel groß genug, denn Eischnee braucht Platz. Schlagen Sie auf mittlerer Stufe das Eiweiß erst steif und lassen Sie dann nach und nach feinsten Zucker oder Puderzucker einrieseln. Glänzt er matt und bildet sanfte Spitzen, ist er fertig.

Wölkchen-Torte

Schnell ●	Zubereitungszeit: 1 Std.
Vorbereiten ●●●	Kühlzeit: 2–3 Std.
Preiswert ●●	Backzeit: 25–30 Min.

Bei 12 Stück pro Stück ca. 395 kcal
6 g Eiweiß /28 g Fett /29 g Kohlenhydrate

ZUTATEN FÜR 1 SPRINGFORM (26 cm Ø):
Für den Teig:
4 Eier
100 g Zucker · Salz
1 TL abgeriebene Schale 1 unbehandelten Zitrone
100 g Mehl
2 EL Speisestärke
1/2 TL Backpulver
Für die Füllung:
600 Sahne
200 g weiße Schokolade
2 Päckchen Sahnesteif
100 g Kokosraspel
2 cl Cointreau oder Padita de Coco

1 Die Eier trennen. Eigelbe mit 80 g Zucker, 1 Prise Salz, Zitronenschale und 1 EL lauwarmem Wasser zu einer dicklichen Creme aufschlagen. Den Backofen auf 175° vorheizen.

2 Die Eiweiße mit dem restlichen Zucker steif schlagen. Ein Drittel Eischnee unter das Eigelb rühren, den anderen Teil unterheben. Mehl, Speisestärke und Backpulver dazusieben und alles gut vermengen. Den Boden der Springform einfetten und mit Mehl bestäuben. Den Teig einfüllen, glatt streichen und im Ofen (Mitte, Umluft 160°) 25-30 Min. backen. Gut auskühlen lassen.

3 200 g Sahne in einem kleinen Topf erwärmen, die Schokolade hineinbröckeln, schmelzen und wieder abkühlen lassen.

4 Den ausgekühlten Biskuitteig so durchschneiden, das ein dünner Boden (etwa ein Drittel des gesamten Bodens) verbleibt. Diesen Boden auf eine Platte legen. Die restlichen zwei Drittel des Bodens klein zupfen und in eine große Schüssel geben.

5 Die restliche Sahne mit Sahnesteif steif schlagen. Die kalte Schokoladensahne ebenfalls steif schlagen. Sahne, Kokosraspel (davon jeweils einige Löffel aufheben), Schokolade und Likör mit den Biskuitflocken vermischen. Die Masse kuppelartig auf den Teigboden häufeln, mit der restlichen Sahne bestreichen und mit den Kokosraspeln bestreuen. 2-3 Std. kühl stellen.

Schokoschnitten Rigó Jancsi

Schnell ●	Zubereitungszeit: 2 Std. 30 Min.
Vorbereiten ●●●	Kühlzeit: 1–2 Std.
Preiswert ●●●	Backzeit: 25 Min.

Bei 20 Stück pro Stück ca. 245 kcal
4 g Eiweiß /14 g Fett /24 g Kohlenhydrate

ZUTATEN FÜR 1 BACKBLECH:
Für den Teig:
60 g Butter · 50 g bittere Schokolade · 3 EL Kakao
8 Eier · 150 g Puderzucker · Salz
2 EL gemahlene Haselnüsse · 80 g Mehl
Für die Füllung:
1 Vanilleschote · 3/8 l Sahne
200 g halbbittere Schokolade · 4 EL Rum nach Belieben
Für die Glasur:
100 g Halbbitter-Kuvertüre · 80 g Puderzucker
1 EL Butter · Backpapier

1 Den Backofen auf 180° vorheizen. Das Backblech mit Backpapier belegen. Butter schmelzen lassen, die Schokolade hineinbröckeln und den Kakao unterrühren.

2 Die Eier trennen. Eiweiße beiseite stellen. Eigelbe mit 50 g Puderzucker cremig rühren und die Schokoladenmasse unterziehen. Eiweiße mit restlichem Puderzucker und 1 Prise Salz steif schlagen. Die Haselnüsse trocken anrösten. Zur Schokomasse geben, das Mehl darüber sieben und den Eischnee unterheben. Die Masse auf das Blech streichen und im Ofen (Mitte, Umluft 160°) 25 Min. backen. Auskühlen lassen.

3 Vanilleschote längs aufschlitzen, Mark herauskratzen. Sahne erwärmen, Schokolade darin cremig schmelzen. Vanillemark dazugeben und 1 bis 2 Std. kühl stellen. Mit dem Schneebesen locker aufschlagen und den Rum unterziehen.

4 Die Teigplatte längs teilen und die Creme auf eine Hälfte streichen. Die andere Hälfte darauf setzen und wieder kühl stellen.

5 Für die Glasur die Kuvertüre mit 2 EL Wasser schmelzen lassen. Puderzucker und Butter dazugeben und unter Rühren auflösen. Abkühlen lassen und die Torte damit überziehen. In 4–5 cm große Quadrate schneiden, dabei das Messer immer wieder in heißes Wasser tauchen.

Bild oben: Wölkchen-Torte
Bild unten: Schokoschnitten Rigó Jancsi

Wer ist Rigó Jancsi?

Dieses Rezept hat die Herausgeberin Gudrun Ruschitzka aus Wien mitgebracht. Benannt ist es nach einem ungarischen Zigeunerprimas, der angeblich mit seiner Geige die Herzen der Frauen betörte und sie so zum Schmelzen brachte. Uns bleibt zumindest der zarte Schmelz der Schokoschnitten.

Himbeerrolle

Schnell ●	Zubereitungszeit: 1 Std. 45 Min.
Vorbereiten ●	Ruhezeit: 1–2 Std.
Preiswert ●	Backzeit: 8 Min.

Bei 12 Stück pro Stück ca. 315 kcal
8 g Eiweiß /14 g Fett /38 g Kohlenhydrate

ZUTATEN FÜR 1 ROLLE:
6 Eier · 280 g Zucker
1 Päckchen Vanillezucker
Salz · 1 EL abgeriebene Zitronenschale von einer
unbehandelten Frucht
80 g Mehl · 80 g Speisestärke
6 Blatt weiße Gelatine
500 g Himbeeren · 400 g Schlagsahne
1 Schnapsglas Himbeergeist (2 cl, nach Belieben)
Puderzucker zum Bestäuben · Backpapier

1 Die Eier trennen. Eiweiße beiseite stellen. Eigelbe mit 60 g Zucker, dem Vanillezucker, 1 Prise Salz, der Zitronenschale und 2 EL Wasser schaumig rühren. Den Backofen auf 220° (Umluft 200°) vorheizen. Das Blech mit Backpapier belegen.

2 Die Eiweiße mit 50 g Zucker steif schlagen. Zuerst die Hälfte Eischnee unter die Eimasse rühren, dann das Mehl und Stärke dazusieben und den restlichen Eischnee unterheben. Teig gleichmäßig auf das Papier streichen. Im Ofen (Mitte) in 8 Min. hellgelb backen.

3 Ein Geschirrtuch mit 2 EL Zucker bestreuen. Die Biskuitplatte auf das Tuch stürzen und das Backpapier abziehen. Den noch warmen Teig sofort mit Hilfe des Tuches von der Längsseite her aufrollen, das Tuch mit einrollen. Auskühlen lassen.

4 Jeweils 3 Blatt Gelatine einweichen. 100 g Zucker schmelzen lassen und 200 g Himbeeren einrühren. Kochen lassen, bis sich der Karamell ganz aufgelöst hat. Himbeeren durch ein Sieb streichen, 3 Blatt Gelatine ausdrücken und unterrühren. Auskühlen lassen.

5 Die Sahne mit dem restlichen Zucker steif schlagen. Den Himbeergeist erwärmen, restliche Gelatine ausdrücken und bei milder Hitze darin auflösen. Unter die Sahne heben und das Himbeerpüree locker einrühren. Die Biskuitrolle auseinanderrollen. Die Sahne darauf streichen und die restlichen Himbeeren darauf verteilen. Die Rolle wieder aufrollen und mit der Naht nach unten auf eine Platte legen. 1 bis 2 Std. kühl stellen und vor dem Servieren mit Puderzucker bestäuben.

Wellentorte

Schnell ●	Zubereitungszeit: 1 Std.
Vorbereiten ●●●	Kühlzeit: 2–3 Std.
Preiswert ●●●	Backzeit: 50 Min.

Bei 12 Stück pro Stück ca. 515 kcal
5 g Eiweiß /45 g Fett /23 g Kohlenhydrate

ZUTATEN FÜR 1 SPRINGFORM (28 CM Ø):
Für den Teig:
125 g weiche Butter
325 g Zucker · 4 Eier · 150 g Mehl
2 gestr. TL Backpulver
20 g Mandelblättchen
Für die Füllung:
120 g Zucker · 3 Zitronen
3 TL Vanillepuddingpulver · 400 g Sahne
2 Päckchen Sahnesteif · Backpapier

1 Butter und 125 g Zucker cremig rühren. Die Eier trennen. Eiweiße beiseite stellen. Eigelbe mit 3 EL Wasser zur Butter geben. Mehl und Backpulver dazusieben und alles zu einem glatten Teig verrühren. Den Backofen auf 175° vorheizen.

2 Die Eiweiße mit 200 g Zucker steif schlagen, die Mandelblättchen unterheben. Backform leicht ausfetten und mit Backpapier auskleiden (so verrutscht das Papier nicht).

3 Die Hälfte des Teigs in die Form füllen. Die Hälfte Eischnee verstreichen. Im Ofen (Mitte, Umluft 160°) 25 Min. backen, vorsichtig vom Formboden lösen und auf einem Backgitter abkühlen lassen. Den zweiten Boden ebenso backen und abkühlen lassen.

4 1/8 l Wasser mit 100 g Zucker aufkochen. Die Zitronen auspressen und den Saft mit dem Puddingpulver anrühren. In das kochende Wasser rühren, aufkochen lassen und den Pudding ganz auskühlen lassen.

5 Die Sahne mit dem restlichen Zucker und dem Sahnesteif steif schlagen. Sahne mit dem kalten Pudding vermengen. Die Creme auf dem (weniger schönen) Teigboden verstreichen und mit dem zweiten Boden bedecken. Die Torte bis zum Servieren für mindestens 2-3 Std. in den Kühlschrank stellen.

Bild oben: Himbeerrolle
Bild unten: Wellentorte

Himbeeren

Die kleinen, besonders aromatischen Waldhimbeeren und die größeren Gartenhimbeeren sind von Juni bis September auf dem Markt.
Alle Himbeeren sind sehr druckempfindlich. Sie eignen sich zum roh Essen, als Kuchenbelag, für Rote Grütze und ergeben eine köstliche Konfitüre. Sie lassen sich aber auch gut einfrieren (auf einem Blech vorfrieren, damit sie nicht zusammenkleben, dann in Gefrierbeutel füllen).

Schneewittchentorte

Schnell ●	Zubereitungszeit: 1 Std. 30 Min.
Vorbereiten ●●●	Kühlzeit: 2 Std.
Preiswert ●●●	Backzeit: 45 Min.

Bei 12 Stück pro Stück ca. 435 kcal
11 g Eiweiß / 25 g Fett / 42 g Kohlenhydrate

ZUTATEN FÜR 1 SPRINGFORM (28 cm Ø):
Für den Teig:
150 g weiche Butter · 150 g Zucker
1 Päckchen Vanillezucker · 3 Eier
200 g Mehl · 1/2 Päckchen Backpulver
1 Glas Schattenmorellen (Abtropfgewicht 350 g)
3 EL Nuss-Nougatcreme (aus dem Glas)
Für die Creme:
375 g Quark · 400 g Sahne
2 Päckchen Sahnesteif · 3 EL Zucker
1 Päckchen Vanillezucker
Für den Guss:
20 g Vollmilchschokolade
2 Päckchen roter Tortenguss
Fett für die Form

1 Butter mit Zucker und Vanillezucker cremig rühren. Mit den Eiern schaumig rühren. Das Mehl mit dem Backpulver dazusieben und gut unterrühren.

2 Backofen auf 180° vorheizen und Form ausfetten. Die Kirschen gut abtropfen lassen, den Saft aufheben.

3 Eine Hälfte des Teiges in die Form füllen. Die andere Hälfte mit der Nuss-Nougatcreme verrühren und darauf verstreichen. Die Kirschen auf dem Teig verteilen. Den Boden im Ofen (Mitte, Umluft 160°) 45 Min. backen. Abkühlen lassen und den Ring der Springform abnehmen.

4 Den Quark abtropfen lassen. Die Sahne mit Sahnesteif, Zucker und Vanillezucker steif schlagen. Die Sahne unter den Quark heben.

5 Boden auf eine Tortenplatte legen, den Ring der Springform schließen. Den Quark auf dem Kuchen verstreichen. Mit Folie abgedeckt 1 Std. kühl stellen.

6 Schokolade schmelzen. Den Tortenguss mit dem Sauerkirschsaft nach Packungsanweisung kochen. Den Guss noch heiß auf der Torte verteilen, Schokolade in den Guss tropfen und sofort mit einem Holzstäbchen zu Linien auseinander ziehen. 1 Std. kühl stellen, erst dann den Ring entfernen.

Frankfurter Kranz

Schnell ●	Zubereitungszeit: 1 Std. 35 Min.
Vorbereiten ●●●	Ruhezeit/Kühlzeit: 10 Std 30 Min.
Preiswert ●	Backzeit: 50 Min.

Bei 16 Stück pro Stück ca 530 kcal
8 g Eiweiß / 34 g Fett / 48 g Kohlenhydrate

ZUTATEN FÜR 1 FRANKFURTER-KRANZ-FORM:
Für den Teig:
180 g weiche Butter · 200 g Zucker · 4 Eier
300 g Mehl · 100 g Speisestärke
1 Päckchen Backpulver · 60-100 ml Milch
Schale und Saft von 1 unbehandelten Zitrone
Für die Füllung:
1/2 l Milch · je 1 Päckchen Vanillepuddingpulver
und Vanillezucker · 75 g Zucker · 250 g Butter
Für den Krokant:
125g gehackte Mandeln · 60 g Zucker
Außerdem:
8 EL Johannisbeergelee · 16 rote Belegkirschen
Butter und Grieß für die Form · Öl · Alufolie

1 Aus den angegebenen Zutaten einen Rührteig herstellen. So viel Milch dazugeben, bis der Teig schwer reißend vom Löffel fällt. Den Ofen auf 190° vorheizen. Die Form einfetten, mit Grieß ausstreuen, Teig einfüllen. Den Kranz im Ofen (Mitte, Umluft 170°) 55-60 Min. backen. Auskühlen lassen.

2 Das Puddingpulver in etwas kalter Milch glatt rühren. Die restliche Milch mit Vanillezucker und Zucker zum Kochen bringen. Das Puddingpulver einrühren, aufkochen, abkühlen lassen.

3 Mandeln in einer trockenen Pfanne rösten, den Zucker hellbraun mitschmelzen lassen. Auf geölter Alufolie abkühlen lassen. Die Butter schaumig schlagen, abgekühlten Pudding unterrühren.

4 Den Kranz dreimal durchschneiden. Untersten Boden mit Gelee und Creme bestreichen. Den gesamten Kranz mit Buttercreme und Gelee zusammensetzen. 3 EL Creme in einen Spritzbeutel füllen und kühl stellen. Mit restlicher Creme den Kranz rundherum bestreichen.

5 Den abgekühlten Mandelkrokant zerstoßen und den Kranz damit rundherum bestreuen. 16 Cremetupfen darauf spritzen, mit den Belegkirschen verzieren. Den Frankfurter Kranz am besten über Nacht durchziehen lassen.

Bild oben: Schneewittchentorte
Bild unten: Frankfurter Kranz

Frankfurter Kranz einfrieren

Sie können den gebackenen Kranz einfrieren und einen Tag vor dem Servieren auftauen. Dann wie beschrieben Creme zubereiten und den Kranz füllen und verzieren. Aber auch der fertige Kranz lässt sich einfrieren. Frieren Sie Stücke ein, so trennen Sie diese durch Gefrierfolie voneinander.

Fixe Apfeltorte

Schnell ●	Zubereitungszeit: 1 Std.
Vorbereiten ●●●	Backzeit: 45 Min.
Preiswert ●	

Bei 12 Stück pro Stück ca. 320 kcal
6 g Eiweiß / 16 g Fett / 41 g Kohlenhydrate

ZUTATEN FÜR 1 SPRINGFORM (28 cm Ø):
1 kg Äpfel
1 unbehandelte Zitrone
2 Msp. Zimt
100 g Zucker
2 Päckchen Vanillezucker · Salz
100 g Marzipan-Rohmasse
120 g weiche Butter
4 Eier · 4 EL Sahne · 250 g Mehl
1/2 Päckchen Backpulver
100 g Walnusskerne
2 EL Puderzucker
Fett und Semmelbrösel für die Form

1 Die Äpfel vierteln, schälen und das Kerngehäuse entfernen. Apfelviertel an der Oberseite mehrmals leicht einschneiden. Die Zitrone waschen, die Schale abreiben. Den Saft auspressen und über die Äpfel träufeln. Mit dem Zimt bestäuben, mischen und abgedeckt zur Seite stellen.

2 Den Backofen auf 200° vorheizen. Die Springform ausfetten und mit Bröseln ausstreuen.

3 Zucker, Vanillezucker, 2 Prisen Salz, Marzipan und Zitronenschale verkneten. Butter, Eier und Sahne hinzufügen und alles mit den Quirlen des Handrührgerätes schaumig rühren. Mehl und Backpulver dazusieben, alles gut verrühren.

4 Den Teig in die Form geben und die Apfelviertel mit der eingeschnittenen Seite nach oben eng und leicht überlappend im Kreis auflegen. Die Walnussviertel darauf verteilen und den Kuchen im Ofen (Mitte, Umluft 180°) 45 Min. backen. Zum Schluss die Oberhitze auf höchste Stufe stellen, den Puderzucker über den fertigen Kuchen sieben und in 3–4 Min. leicht karamellisieren lassen. Schlagsahne dazu servieren. Falls keine Kinder mitessen, können Sie die Sahne mit Calavados aromatisieren.

Zutaten tauschen: Anstelle von Nüssen den Kuchen mit in Rum eingeweichten Rosinen oder Korinthen bestreuen. Oder/und den fertigen, noch heißen Kuchen mit erwärmten Apfelgelee bestreichen.

Mascarpone-Torte

Schnell ●●●	Zubereitungszeit: 20 Min.
Vorbereiten ●●●	Kühlzeit: 3 Std.
Preiswert ●●	

Bei 12 Stück pro Stück ca. 318 kcal
4 g Eiweiß / 21 g Fett / 29 g Kohlenhydrate

ZUTATEN FÜR 1 SPRINGFORM (26 cm Ø):
2 Dosen Mandarinen (à 175 g Abtropfgewicht)
500 g Mascarpone
7 EL Puderzucker
Saft und etwas abgeriebene Schale von
1 unbehandelten Zitrone
250 g Löffelbiskuits
Fett für die Form

1 Die Springform einfetten. Die Mandarinen abtropfen lassen, dabei den Saft auffangen.

2 Den Mascarpone mit dem Puderzucker, dem Zitronensaft und der abgeriebenen Zitronenschale verquirlen. Etwa ein Viertel der Mandarinen zum Garnieren aufheben, den Rest zur Mascarponemasse geben und so lange rühren, bis die Mandarinen zerfallen sind und die Masse cremig ist.

3 Die Hälfte der Löffelbiskuits in die Springform legen. Mit etwas Mandarinensaft beträufeln. Die Hälfte der Mascarponecreme darüber streichen. Restliche Löffelbiskuits auf die Creme legen, wieder mit Mandarinensaft beträufeln und die restliche Mascarponecreme darauf verteilen.

4 Die Mascarpone-Torte mit den übrigen Mandarinenspalten garnieren und mindestens 3 Std. in den Kühlschrank stellen. Mit einem Messer am Rand entlang fahren und den Ring abnehmen.

Mit Pep: Wenn keine Kinder mitessen, beträufeln Sie die Löffelbiskuits statt mit Mandarinensaft mit Mandarinen- oder Orangenlikör und rühren Sie auch ein Gläschen davon unter die Mascarponecreme.

Deko-Tipp: Setzen Sie zusätzlich am Rand der Torte Löffelbiskuits entlang

Bild oben: Fixe Apfeltorte
Bild unten: Mascarpone-Torte

Mascarpone

Mascarpone ist ein Doppelrahmfrischkäse aus frischer Sahne von Kuhmilch. Er enthält 45-55% Fett i.d.Tr. und seine Konsistenz ist sahnig und geschmeidig. Verwendet wird Mascarpone gerne in Gebäck und Cremes, aber auch als Füllung für Teigwaren. Mascarpone ist nicht zu verwechseln mit manchen Ricottasorten, die Namen wie Mascerpa, Mascherpa oder Mascherpina tragen.

Holländer Kirschschnitten

Schnell ●●●	Zubereitungszeit: 25 Min.
Vorbereiten ●●	Auftauzeit: 10–15 Min.
Preiswert ●●	Backzeit: 15 Min.

Pro Stück ca. 390 kcal
4 g Eiweiß / 24 g Fett / 40 g Kohlenhydrate

ZUTATEN FÜR 8 STÜCK:
6 rechteckige Scheiben TK-Blätterteig (450 g)
1 kleines Glas Schattenmorellen (240 g Abtropfgewicht)
100 g Puderzucker · 1 EL Speisestärke
1 EL Zucker · 200 g Sahne
1 Päckchen Vanillezucker · Backpapier

1 Die Blätterteigscheiben nebeneinander legen und auftauen lassen. Das dauert 10-15 Min.

2 Den Backofen auf 200° vorheizen. Ein Backblech mit Backpapier auslegen.

3 Jede Blätterteigplatte in 2 Quadrate schneiden und aufs Blech legen. Im Ofen (Mitte, Umluft 180°) 15 Min. backen.

4 Inzwischen die Schattenmorellen mit Saft in einen Topf schütten. 2-3 EL Kirschsaft davon wegnehmen und mit dem Puderzucker glatt rühren. Den Guss beiseite stellen. Vom Kirschsaft nochmals 3 EL wegnehmen und mit der Speisestärke anrühren. Die Kirschen mit 1 EL Zucker zum Kochen bringen und die angerührte Speisestärke unterrühren. Einmal aufkochen, vom Herd nehmen und abkühlen lassen. Die Sahne mit dem Vanillezucker steif schlagen.

5 Alle Blätterteigstücke quer halbieren und 8 gewölbte Stücke mit dem Zuckerguss bestreichen, antrocknen lassen. Die Kirschmasse auf 8 weitere Scheiben Blätterteig verteilen und jeweils etwas Sahne darauf geben. Die übrigen 8 Blätterteigscheiben darauf setzen und mit der restlichen Sahne bestreichen. Zuletzt die glasierten Blätterteigscheiben obenauf setzen.

Obst tauschen: Die Blätterteigschnitten schmecken auch mit Zwetschgen, Heidelbeeren, Erdbeeren oder Himbeeren.

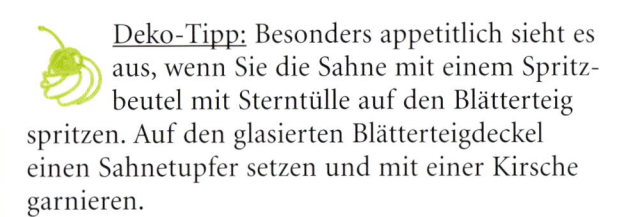

Deko-Tipp: Besonders appetitlich sieht es aus, wenn Sie die Sahne mit einem Spritzbeutel mit Sterntülle auf den Blätterteig spritzen. Auf den glasierten Blätterteigdeckel einen Sahnetupfer setzen und mit einer Kirsche garnieren.

Makronentorte

Schnell ●●●	Zubereitungszeit: 20 Min.
Vorbereiten ●●	Backzeit: 45 Min.
Preiswert ●●	

Pro Stück ca. 480 kcal
8 g Eiweiß / 30 g Fett / 44 g Kohlenhydrate

ZUTATEN FÜR 1 SPRINGFORM (24 cm Ø):
6 Eier · 250 g Butter
280 g Zucker · 50 g Sahne
250 g Mehl · 2 TL Backpulver
120 g gemahlene Mandeln
1/2 Fläschchen Bittermandel-Aroma
75 g Zartbitterkuvertüre
10 Haselnussgebäckpralinen (Giotto, ersatzweise Amaretti) · Fett für die Form

1 Den Backofen auf 180° vorheizen. Die Springform einfetten.

2 Die Eier trennen. Die Eiweiße steif schlagen. Die Eigelbe mit der Butter, 250 g Zucker und der Sahne dickschaumig rühren. Etwas weniger als die Hälfte des Eischnees mit dem Mehl und dem Backpulver unter die Eiercreme ziehen. In die Springform füllen.

3 Den restlichen Eischnee mit dem restlichen Zucker, den Mandeln und dem Bittermandelaroma verrühren, auf den Teig geben und mit einer Gabel etwas mit dem Teig vermischen. Im Ofen (Mitte, Umluft 160°) 45 Min. backen.

4 Die Kuvertüre im Wasserbad schmelzen und mit Hilfe eines Teelöffels in feinen Linien über den abgekühlten Kuchen laufen lassen. Die Pralinen mit etwas Kuvertüre auf die Torte setzen.

Zutaten tauschen: Statt Mandeln Haselnüsse verwenden. Besonders aromatisch sind auch Walnüsse. Statt Bittermandel-Aroma können Sie die Makronenfüllung auch mit etwas Zimt aromatisieren.

Mit Pep: Wer die Torte cremiger mag, bestreicht sie rundherum mit Sahne und garniert sie erst dann mit Schokolade.

Bild oben: Holländer Kirschschnitten
Bild unten: Makronentorte

Der Spritzbeutel

Der Beutel sollte aus stabilem, aber geschmeidigem Material sein. Zwei unterschiedlich große Sterntüllen und eine Lochtülle für Tupfen, Stränge und zum Füllen reichen als Ausrüstung. Damit das Befüllen des Beutels leichter geht und Sie nicht zu oft nachfüllen müssen, sollte der Beutel groß genug sein. So stellen Sie die ausreichende Größe fest: Stülpen Sie den Spritzbeutel über die Hand, sollte er bis zur Mitte des Unterarms reichen. Gesäubert wird der Spritzbeutel, indem man ihn mit warmem Wasser volllaufen lässt, ihn ausdrückt und zum Trocknen aufhängt oder über eine Flasche stülpt.

Traubentorte

Schnell ●●		Zubereitungszeit: 40 Min.
Vorbereiten ●●●		Kühlzeit: 2 Std.
Preiswert ●●		Backzeit: 15 Min.

Bei 12 Stück pro Stück ca. 245 kcal
3 g Eiweiß /11 g Fett /33 g Kohlenhydrate

ZUTATEN FÜR 1 SPRINGFORM (26 cm Ø):
3 Eier
90 g Zucker
50 g gemahlene Walnüsse
50 g Mehl
500 g grüne Trauben
400 ml Traubensaft
1 EL Zucker
1 Päckchen Vanillepudding
200 g Sahne
200 g Schmand
50 g Puderzucker
Fett für die Form

1 Den Backofen auf 200° vorheizen. Die Form einfetten. Die Eier trennen. Eiweiße steif schlagen, den Zucker und die Eigelbe nach und nach dazugeben. Die Walnüsse mit dem Mehl mischen und vorsichtig unterheben. Im Ofen (Mitte, Umluft 180°) 15 Min. backen. Herausnehmen und abkühlen lassen.

2 Die Trauben waschen, halbieren, Kerne, wenn nötig, entfernen. Traubensaft mit Zucker und Vanillepuddingpulver mischen, unter Rühren erhitzen, aufkochen lassen und noch 1 Min. weiterrühren. Pudding etwas abkühlen lassen.

3 Den Biskuitboden auf eine Platte setzen und mit einem Tortenring umschließen. Die Hälfte des Puddings auf dem Boden verstreichen und mit der Hälfte der Trauben belegen.

4 Die Sahne steif schlagen. Schmand mit Puderzucker verrühren, restliche Puddingmasse nach und nach einrühren.

5 Zum Schluss die Sahne unterheben. Die Masse über den Trauben verteilen und glatt streichen. Den Kuchen 1 Std. in den Kühlschrank stellen. Danach mit den übrigen Trauben belegen. Kühl stellen. Vor dem Servieren den Tortenring vorsichtig lösen.

Schnelle Orangentorte

Schnell ●●●		Zubereitungszeit: 20 Min.
Vorbereiten ●●●		Kühlzeit: 1 Std.
Preiswert ●●●		

Bei 8 Stück pro Stück ca. 320 kcal
7 g Eiweiß /11 g Fett /49 g Kohlenhydrate

ZUTATEN FÜR 1 TORTE (26 CM):
1 heller Biskuitboden (Fertigprodukt 26 cm Ø)
2 EL Orangenkonfitüre
450 ml Orangensaft · 2 EL Zucker
1 Päckchen Vanillepuddingpulver
5 Orangen · 1 EL Puderzucker
200 g Sahne
1 Päckchen klarer Tortenguss
1 EL gehackte Pistazien

1 Den Biskuitboden mit Orangenkonfitüre bestreichen.

2 200 ml Orangensaft mit dem Zucker erhitzen. Das Puddingpulver mit 2 EL Wasser verrühren, in die heiße Flüssigkeit geben, unter Rühren aufkochen. Danach abkühlen lassen.

3 Die Orangen schälen, dabei die weiße Haut entfernen. Früchte quer in dünne Scheiben schneiden, auf eine Platte legen und mit Puderzucker bestäuben.

4 Die Sahne steif schlagen und den abgekühlten Orangenpudding esslöffelweise unterrühren. Die Creme auf Biskuitboden und Rand geben und gleichmäßig verstreichen.

5 Den Kuchen mit den Orangenscheiben leicht überlappend belegen.

6 Für den Tortenguss den Orangensaft mit dem Tortengusspulver verrühren und nach Packungsanweisung den Guss zubereiten.

7 Den Tortenguss gleichmäßig über die Orangenscheiben gießen. Den Tortenrand mit Pistazien bestreuen. Die Orangentorte im Kühlschrank mindestens 1 Std. durchziehen lassen.

Bild oben: Schnelle Orangentorte
Bild unten: Traubentorte

Tortenguss verfeinern

Er besteht aus Stärke, Geliermittel, Säure, Zucker und Wasser. So ist Tortenguss geschmacksneutral und auch gut zum Binden von Fruchtfüllungen in Torten geeignet. Um ihn geschmackvoller zu machen, gibt es ein paar einfache Möglichkeiten. Ersetzen Sie das Wasser durch Fruchtsaft oder durch mit Fruchtsaft verlängertes Fruchtpüree.

Johannisbeer-Joghurt-Torte

Schnell ●●●	Zubereitungszeit: 30 Min.
Vorbereiten ●●●	Kühlzeit: 2 Std. 15 Min.
Preiswert ●	

Bei 10 Stück pro Stück ca. 380 kcal
7 g Eiweiß/19 g Fett/34 g Kohlenhydrate

ZUTATEN FÜR 1 SPRINGFORM (24 cm Ø):
250 g Mürbeteig-Kekse oder Löffelbiskuits
100 g weiche Butter
500 g Johannisbeeren
100 g Puderzucker
4 Blatt Gelatine
1 Zitrone
300 g Sahne
300 g Sahnejoghurt
12 Kapstachelbeeren

1 Die Kekse in einen Gefrierbeutel füllen, mit dem Teigroller fein zerbröseln. Die Brösel mit der Butter verkneten. Den Boden der Springform damit auskleiden und kühl stellen

2 Für die Füllung die Johannisbeeren waschen, abtropfen lassen und mit einer Gabel von den Rispen streifen. Ein Drittel davon mit 30 g Puderzucker im Mixer pürieren und durch ein Sieb streichen. Restliche Johannisbeeren beiseite stellen und mit 20 g Puderzucker bestäuben.

3 Die Gelatine einweichen. Die Zitrone halbieren und auspressen. Zitronensaft und Johannisbeerpüree in einen Topf geben und erwärmen. Die Gelatine darin auflösen und 15 Min. in den Kühlschrank stellen.

4 Die Sahne steif schlagen, Sahnejoghurt mit dem restlichen Puderzucker und dem Johannisbeerpüree unterrühren. Die Creme auf den Boden geben. Die Torte 1 Std. kühl stellen. Danach die Johannisbeeren und Kapstachelbeeren darauf verteilen und nochmals 1 Std. kühl stellen. Vor dem Servieren den Tortenrand vorsichtig entfernen.

!! Mit Pep: Anstatt der Kekse 100 g Cornflakes in einem Gefrierbeutel fein zerbröseln. 100 g Schokolade mit 10 g Kokosfett im Wasserbad schmelzen lassen und die Cornflakes darunter rühren. Den Boden einer Springform dünn mit Öl bestreichen, den Boden darauf geben und im Kühlschrank fest werden lassen.

Kokosbiskuitrolle mit Schokoladenfüllung

Schnell ●●●	Zubereitungszeit: 20 Min.
Vorbereiten ●●●	Kühlzeit: 1 Std.
Preiswert ●●●	Backzeit: 15 Min.

Bei 12 Stück pro Stück ca. 330 kcal
4 g Eiweiß/16 g Fett/42 g Kohlenhydrate

ZUTATEN FÜR 1 ROLLE:
6 Eier · 100 g Zucker
100 g Kokosflocken
100 g weiße Schokolade
400 g Sahne · 1 Päckchen Sahnesteif
200 g Magerquark · 50 g Puderzucker
1 EL Kokosflocken zum Bestreuen
Backpapier

1 Das Backblech mit Backpapier belegen. Den Backofen auf 200° vorheizen.

2 Für den Biskuit die Eier trennen. Die Eiweiße steif schlagen, dabei 50 g Zucker einrieseln lassen. Restlichen Zucker mit den Eigelben cremig rühren. Die Kokosflocken und den Eischnee hinzufügen und vorsichtig vermischen. Den Teig auf das Blech streichen, im Ofen (Mitte, Umluft 180°) 12–15 Min. backen.

3 Ein Küchentuch mit etwas Zucker bestreuen. Den Biskuit darauf stürzen, das Backpapier abziehen. Die Rolle mit Hilfe des Tuches aufrollen und abkühlen lassen.

4 Für die Füllung die weiße Schokolade in Stücke brechen. 100 g Sahne erwärmen, die Schokolade darin auflösen. Restliche Sahne mit Sahnesteif steif schlagen.

5 Quark mit Puderzucker und aufgelöster Schokolade verrühren und esslöffelweise in die geschlagene Sahne einrühren.

6 Die Biskuitplatte aufrollen, zwei Drittel der Creme darauf verstreichen und wieder einrollen. Die Roulade mit der restlichen Creme bestreichen und mit Kokosflocken bestreuen. Dann die Rolle im Kühlschrank mindestens 1 Std. durchkühlen lassen.

Bild oben: Johannisbeer-Joghurt-Torte
Bild unten: Kokosbiskuitrolle mit Schokoladenfüllung

Biskuitroulade mit Preiselbeerfüllung

Dafür 6 Eier trennen, Eiweiße steif schlagen. Eigelbe mit 100 g Zucker cremig rühren, 100 g Buchweizenmehl und Eischnee vorsichtig unterheben. Den Teig auf ein mit Backpapier ausgelegtes Backblech geben und glatt streichen. Im Ofen bei 200° (Mitte, Umluft 180°) 12-15 Minuten backen. 400 g Sahne mit Sahnesteif steif schlagen. 3 EL Preiselbeerkonfitüre und 1 EL Puderzucker unterrühren. Die Sahne auf die abgekühlte Biskuitplatte geben und aufrollen. Die Roulade mindestens 1 Std. kühl stellen.

Prinzregententorte

Schnell	●	Zubereitungszeit: 2 Std. 30 Min.
Vorbereiten	●●●	Backzeit: 25 Min.
Preiswert	●●	

Bei 12 Stück pro Stück ca. 625 kcal
10 g Eiweiß /40 g Fett /56 g Kohlenhydrate

ZUTATEN FÜR 1 SPRINGFORM (28 cm Ø):
Für den Teig:
8 große Eier · 125 g Zucker
150 g Mehl
2 EL Speisestärke · 1 1/2 TL Backpulver
Für die Füllung:
1 Päckchen Vanillepuddingpulver
1/2 l Milch · 8 EL Zucker
300 g weiche Butter
3 EL Kakao · 100 g Nuss-Nougatcreme (aus dem Glas)
3-4 EL Rum nach Belieben
Zum Verzieren:
1 EL Puderzucker · 4 EL Kakaopulver
16 Krokantecken · 200 g Marzipan-Rohmasse

1 Den Backofen auf 200° vorheizen. Die Eier mit Zucker und 6 EL lauwarmem Wasser schaumig rühren. Mehl, Speisestärke und Backpulver dazusieben und einen glatten Teig rühren. Die Hälfte der Teigmenge in eine gefettete Form füllen, glatt streichen und im Ofen (Mitte, Umluft 180°) 25 Min. backen. Ebenso den zweiten Boden backen.

2 4 EL von der Milch abnehmen. Damit das Puddingpulver zusammen mit dem Zucker anrühren. Die restliche Milch zum Kochen bringen, Pudding kochen, dann abkühlen lassen. Die Butter mit dem Kakao cremig schlagen und mit der Nuss-Nougatcreme gut unterarbeiten. Jeden Tortenboden mit einem langen Messer sorgfältig 3-4 mal waagerecht durchschneiden.

3 1/4 l Wasser mit den restlichen 2 EL Zucker kurz durchkochen, nach Belieben den Rum dazugeben und damit die einzelnen Böden tränken. Die Tortenböden mit der Buttercreme bestreichen und zusammensetzen. Den obersten Boden und die Ränder ebenfalls bestreichen.

4 Das Marzipan mit 1 EL Puderzucker verkneten, auf Tortengröße ausrollen und auf die Torte legen. Überstehendes Marzipan abschneiden.

5 Die Torte mit Kakao bestäuben und 16 Stücke markieren. Auf jedes Stück eine Krokantecke legen.

Zitronen-Baiser-Torte

Schnell	●●●	Zubereitungszeit: 30 Min.
Vorbereiten	●●●	Kühlzeit: 6 Std.
Preiswert	●●	Backzeit: 40 Min.

Bei 10 Stück pro Stück ca. 550 kcal
7 g Eiweiß/32 g Fett/57 g Kohlenhydrate

ZUTATEN FÜR EINE SPRINGFORM (26 cm Ø):
250 g Zucker · 4 Eier · 125 g weiche Butter
Salz · 3 unbehandelte Zitronen
1 Päckchen Vanillezucker
150 g Mehl · 1 TL Backpulver
250 g Puderzucker · 60 g Mandelblättchen
150 ml Weißwein (ersatzweise Wasser)
100 g Zucker · 2 1/2 TL Speisestärke
3 Blatt weiße Gelatine · 500 g Sahne
Butter für die Form

1 125 g Zucker mit 4 Eigelben und der Butter schaumig rühren. Schale einer halben Zitrone zum Teig reiben. Etwas Salz, 2 EL Zitronensaft und Vanillezucker einrühren. Mehl mit Backpulver über den Teig sieben und unterrühren. Form fetten und die Hälfte des Teiges einfüllen. Den Backofen auf 180° (Umluft 170°) vorheizen. Eiweiße mit etwas Salz, 1 TL Zitronensaft und Puderzucker zu Schnee schlagen.

2 Die Hälfte der Baisermasse auf den Tortenboden streichen, mit der Hälfte der Mandelblättchen bestreuen und 12–15 Min. backen. Abkühlen lassen. Zweiten Boden ebenso mit restlichem Teig, Baisermasse und Mandelblättchen backen.

3 Für die Füllung Weißwein mit dem restlichen Zucker zum Kochen bringen. Die Speisestärke mit etwas Wasser glatt rühren und in den Wein einrühren. Kurz aufkochen lassen. Die Gelatine in kaltem Wasser einweichen, ausdrücken und in der heißen Creme auflösen. Die Schale von einer halben Zitrone zur Creme reiben, die restliche Schale mit einem Zestenreißer abziehen. 6–8 EL Zitronensaft mit der Creme mischen und kühl stellen.

4 Sahne steif schlagen und unter die leicht abgekühlte Creme heben. Gut die Hälfte der Creme auf einen Tortenboden streichen, den zweiten Boden darüber setzen. Die Torte mit den Zitronenschalenstreifen garnieren. Die Torte 6 Std. kühl stellen.

Bild oben: Zitronen-Baiser-Torte
Bild unten: Prinzregententorte

Kuvertüre

Kuvertüre ist eine Schokolade mit einem extra hohen Kakaobutteranteil. Sie schmilzt dadurch klümpchenfrei und eignet sich darum besonders für Glasuren und zum Verzieren von Gebäck und Torten. Kuvertüre lässt sich leichter verarbeiten, wenn Sie beim Schmelzen Kokosfett hinzufügen (pro 100 g Kuvertüre 25 g Kokosfett).

Amaretti-Torte

Schnell	●●●	Zubereitungszeit: 30 Min.
Vorbereiten	●●●	Backzeit: 30 Min.
Preiswert	●●●	

Bei 12 Stück pro Stück ca. 245 kcal
4 g Eiweiß /15 g Fett /23 g Kohlenhydrate

ZUTATEN FÜR 1 SPRINGFORM (26 cm Ø):
3 Eier
100 g Zucker
65 g Mehl
1 TL Backpulver
1 Päckchen Schokoladenpuddingpulver
400 g Sahne
1 Päckchen Vanillezucker
2 Päckchen Sahnesteif
200 g Amaretti (italienische Mandelplätzchen)
4 EL Schokostreusel
Backpapier

1 Den Backofen auf 200° vorheizen. Die Eier mit Zucker schaumig rühren. Mehl, Backpulver und Schokoladenpuddingpulver mischen und unter den Eierschaum rühren.

2 Springform mit Backpapier auslegen. Teig in die Form füllen und 30 Min. im Ofen (Mitte, Umluft 180°) backen. Auskühlen lassen. Den Tortenboden einmal quer durchschneiden.

3 Die Sahne mit Vanillezucker und Sahnesteif steif schlagen. Drei Viertel der Amaretti in einen Gefrierbeutel geben und nur grob zerkleinern. Die Amaretti und die Sahne verrühren und auf den unteren Kuchenboden streichen.

4 Den Kuchendeckel aufsetzen, mit Puderzucker bestäuben und Amarettiplätzchen verzieren.

Erdbeer-Kokos-Torte

Schnell	●●●	Zubereitungszeit: 30 Min.
Vorbereiten	●●	Backzeit: ?.
Preiswert	●	

Bei 12 Stück pro Stück ca. 280 kcal
4 g Eiweiß/19 g Fett/22 g Kohlenhydrate

ZUTATEN FÜR 1 SPRINGFORM (26 cm Ø):
250 g Kokos-Zwieback
100 g Marzipan-Rohmasse
100 g Butter
300 g Crème fraîche
500 g Erdbeeren
50 g Kokosflocken
Fett oder Backpapier für die Form

1 Springform fetten oder mit Backpapier auslegen. Den Zwieback in eine Plastiktüte geben und mit dem Teigroller zerbröseln. Die Marzipan-Rohmasse mit der Butter schaumig schlagen und anschließend die Zwiebackbrösel unterrühren.

2 Diese Teigmasse in die Springform drücken.

3 Den Teig mit Crème fraîche bestreichen. Die Erdbeeren waschen, putzen und darauf verteilen. Die Torte mit Kokosflocken bestreuen und 1 Std. kühl stellen.

Obst tauschen: Heidelbeeren oder Brombeeren schmecken auch sehr gut dazu.

Deko-Tipp: Crème fraîche mit einem Spritzbeutel auf den Rand des Bodens spritzen. Erdbeeren in die Mitte setzen und alles mit Kokosflocken bestreuen.

Bild oben: Erdbeer-Kokos-Torte
Bild unten: Amaretti-Torte

Marzipan-Rohmasse selber machen

Marzipan besteht immer zu gleichen Teilen aus Mandeln und Puderzucker. Zusätzliches Aroma erhält es durch einige Tropfen Rosenwasser und Bittermandelöl. Und so wird es gemacht: Mandeln überbrühen, etwas weichen lassen, die Haut entfernen. Portionsweise mit dem Puderzucker im elektrischen Zerhacker mahlen, zu einem festen Teig mixen. Unter den gesamten Teig mit den Händen das Rosenwasser und das Bittermandelöl kneten. In Folie gewickelt ist die Rohmasse einige Wochen haltbar.

Obstsalat-Torte

Schnell	●●	Zubereitungszeit: 45 Min.
Vorbereiten	●●●	Backzeit: 30 Min.
Preiswert	●●	

Bei 12 Stück pro Stück ca. 385 kcal
6 g Eiweiß/24 g Fett/36 g Kohlenhydrate

ZUTATEN FÜR 1 SPRINGFORM (26 cm Ø):
4 Eier · 150 g Zucker
125 g Mehl
1 TL Backpulver
25 g Kakao
1 TL Zimt
1 Prise Salz
800 g Sahne
4 Päckchen Sahnesteif
2 Päckchen Vanillezucker
1 Dose Obstsalat (ca. 460 g Abtropfgewicht)
2 Bananen
3 EL Zitronensaft
Eierlikör nach Belieben
Schokostreusel
Fett für die Form

1 Backofen auf 180° vorheizen. Eier trennen. Eiweiße mit 6 EL Wasser und einer Prise Salz steif schlagen. Eigelbe, Zucker, Mehl, Backpulver, Zimt und Kakao vorsichtig mit einem Schneebesen unterheben. Springform ausfetten.

2 Teig in die Form geben und im Ofen (Mitte, Umluft 160°) 30 Min. backen. Auskühlen lassen.

3 Das Obst abtropfen lassen. Den Kuchen einmal durchschneiden. 600 g Sahne mit 3 Päckchen Sahnesteif und 1 Päckchen Vanillezucker steif schlagen. Obst unter die Sahne heben. Obst-Sahnemasse auf einen Boden geben. Den zweiten Boden darauf legen.

4 200 g Sahne mit 1 Päckchen Sahnesteif und 1 Päckchen Vanillezucker steif schlagen. Damit den ganzen Kuchen bestreichen.

5 Die Bananen schälen, quer in Scheiben schneiden und mit Zitronensaft beträufeln. Die Torte damit verzieren. Nach Belieben in der Mitte der Torte mit dem Esslöffelrücken ein paar Vertiefungen eindrücken und diese mit etwas Eierlikör füllen. Die Torte mit Schokostreusel bestreuen.

Pariser Flair

Schnell	●	Zubereitungszeit: 1 Std.
Vorbereiten	●●●	Kühlzeit: 3 Std.
Preiswert	●●	

Bei 12 Stück pro Stück ca. 255 kcal
3 g Eiweiß /18 g Fett /20 g Kohlenhydrate

ZUTATEN FÜR 1 TORTE:
150 g Löffelbiskuits
600 g Sahne
2 Päckchen Sahnesteif
2 EL Rum nach Belieben
1 Schokoladenbiskuitboden (Fertigprodukt, 26 cm Ø)
3 EL Raspelschokolade
1 Päckchen Aranca-Pudding

1 Löffelbiskuits in einen Plastikbeutel geben und grob zerdrücken. 200 g Sahne mit 1 Päckchen Sahnesteif und nach Belieben mit Rum steif schlagen und die Löffelbiskuitbrösel unterheben.

2 Den Biskuitboden auf eine Tortenplatte legen und die Sahne mit den Bröseln darauf verteilen.

3 200 g Sahne mit dem Sahnesteif steif schlagen, die Raspelschokolade unterheben. Die Schokostückchensahne als zweite Schicht auf der Bröselsahne verteilen.

4 Den Aranca-Pudding nach Packungsanleitung zubereiten (ohne Ei). Restliche Sahne steif schlagen und den Pudding unterheben. Als dritte Schicht auf dem Kuchen verteilen.

5 Mit einer Gabel Wellenlinien als Verzierung auf dem Kuchen ziehen. Die Torte mindestens 3 Std. kühl stellen. Nach Belieben mit Schokoraspeln verzieren.

Bild oben: Obstsalat-Torte
Bild unten: Pariser Flair

Frischer Obstsalat

Bereiten Sie den Obstsalat aus 500 g Früchten der Saison zu, z.B. 2 Nektarinen, 200 g Johannisbeeren und 1 Banane. Alle Früchte vorbereiten, Nektarinen und Banane würfeln und mit den Johannisbeeren und 2 EL Zitronensaft mischen. Wenn keine Kinder mitessen, können Sie die Früchte auch mit Mandellikör und 1 EL Zucker aromatisieren.

Jägertorte

Schnell ●●	Zubereitungszeit: 45 Min.
Vorbereiten ●●●	Backzeit: 45 Min.
Preiswert ●●	

Bei 16 Stück pro Stück ca. 275 kcal
6 g Eiweiß/18 g Fett/21 g Kohlenhydrate

ZUTATEN FÜR 1 SPRINGFORM (26 cm Ø):
6 Eier
180 g Zucker
200 g gemahlene Mandeln
1 EL Mehl
1/2 Päckchen Backpulver
1 Dose Pfirsiche (ca. 460 g Abtropfgewicht)
1 Päckchen gelber Tortenguss
400 g Sahne
2 Päckchen Vanillezucker
2 Päckchen Sahnesteif
100 g Nuss-Krokant
Backpapier

1 Springform mit Backpapier auslegen. Backofen auf 180° vorheizen.

2 Die Eier trennen. Eiweiße beiseite stellen. Eigelbe mit Zucker schaumig schlagen. Mandeln, Mehl und Backpulver unterrühren. Eiweiße steif schlagen und unter den Teig heben.

3 Den Teig in die Springform füllen und im Ofen (Mitte, Umluft 160°) 45 Min. backen. Auskühlen lassen.

4 Boden einmal quer durchschneiden und mit den Pfirsichen belegen. Eine Pfirsichhälfte für die Dekoration beiseite stellen.

5 Den Tortenguss mit dem Pfirsichsaft nach Packungsanleitung zubereiten und auf dem Obst verteilen.

6 Die Sahne mit Vanillezucker und Sahnesteif steif schlagen. Zwei Drittel der Sahne auf dem Obst verstreichen, zweiten Boden aufsetzen und restliche Sahne darauf glatt streichen. Pfirsichhälfte in die Mitte der Torte legen und die Torte dick mit Nuss-Krokant bestreuen.

Kühle Lady

Schnell ●●●	Zubereitungszeit: 25 Min.
Vorbereiten ●●●	Kühlzeit: 35 Min.
Preiswert ●●	

Bei 12 Stück pro Stück ca. 350 kcal
7 g Eiweiß /23 g Fett /30 g Kohlenhydrate

ZUTATEN FÜR 1 TORTE:
3 EL Milch
125 g Noisette-Schokolade
125 g Butter
4 Eigelb
50 g Zucker
1 Schokoladenbiskuitboden (Fertigprodukt, 26 cm Ø)
600 g Sahne
2 EL Kakao

1 Milch erwärmen und die Schokolade darin auflösen. Zur Seite stellen.

2 Butter, Eigelb und Zucker schaumig rühren und die erkaltete Schokomilch unterrühren.

3 Sahne steif schlagen und unter die Schokocreme ziehen. Den Boden damit bestreichen.

4 Torte 1 Std. in den Kühlschrank stellen und vor dem Servieren mit Kakao bestäuben.

‼ Mit Pep: Bevor man die Torte mit Kakao bestäubt eine Schablone (z. B. ein Herz) auf die Torte legen, dann mit dem Kakao bestäuben und die Schablone wieder entfernen. Geht schnell, gelingt leicht und sieht super aus.

Bild oben: Kühle Lady
Bild unten: Jägertorte

Sahne-Tipps

Achten Sie beim Sahneschlagen immer darauf, dass die Sahne und das Gefäß, in dem Sie schlagen, gut gekühlt sind. Fügen Sie den Zucker erst gegen Ende hinzu, er verzögert sonst das Steifwerden. Am besten verwenden Sie Puderzucker, weil er sich besonders gut auflöst.

Rolo-Torte

Schnell	●●	Zubereitungszeit: 45 Min.
Vorbereiten	●●●	Ruhezeit: 12 Std.
Preiswert	●●	Backzeit: 45 Min.

Bei 12 Stück pro Stück ca. 415 kcal
4 g Eiweiß /29 g Fett /36 g Kohlenhydrate

ZUTATEN FÜR 1 SPRINGFORM (26 cm Ø):
1 große Dose Birnen (420 g Abtropfgewicht)
60 g Butter
125 g Zucker
3 Eier
1 Fläschchen Rumaroma
3 EL gemahlene Mandeln
100 g Mehl
1 TL Backpulver
600 g Sahne
4 Rollen Rolo (Süßigkeit, Supermarkt)
3 Päckchen Sahnesteif
50 g Schokostreusel
Backpapier

1 Die Springform mit Backpapier auslegen. Backofen auf 175° vorheizen.

2 Birnen abtropfen lassen. Butter mit Zucker und Eiern schaumig rühren. Das Rumaroma und die Mandeln dazugeben und unterrühren. Das Mehl und das Backpulver sieben und unter die Masse rühren. Teig in die Springform füllen.

3 Birnen auf dem Teig verteilen und den Kuchen im Ofen (Mitte, Umluft 160°) 45 Min. backen. Auskühlen lassen.

4 Die Sahne mit 3 Rollen Rolos kurz aufkochen, bis sich die Rolos aufgelöst haben. Abkühlen lassen und Masse über Nacht in den Kühlschrank stellen.

5 Am nächsten Tag die Rolo-Sahne mit dem Sahnesteif steif schlagen. Die Rolo-Sahne auf der Torte verteilen und glatt streichen. Die Torte mit den Schokostreuseln und den restlichen Rolos garnieren.

Eierpunschtorte

Schnell	●●	Zubereitungszeit: 35 Min.
Vorbereiten	●●●	Kühlzeit: 1 Std.
Preiswert	●●●	

Bei 12 Stück pro Stück ca. 420 kcal
4 g Eiweiß/35 g Fett/19 g Kohlenhydrate

ZUTATEN FÜR 1 TORTE:
1 Biskuitboden (Fertigprodukt, 26 cm Ø)
250 g weiche Butter
5 Eigelb
4 EL Rum
7 EL Schokoladenpulver
25 g Kokosfett
24 Löffelbiskuit
6 EL Orangensaft
400 g Sahne
2 Päckchen Vanillezucker
4 EL Schokostreusel
Tortenring

1 Den Tortenboden auf eine Kuchenplatte legen und einen Tortenring drum herum stellen.

2 Butter, Eigelb, Rum und 5 EL Schokoladenpulver verrühren. Kokosfett schmelzen lassen und unter die Butter-Eimasse rühren. Die Hälfte der Creme auf dem Boden verteilen.

3 Die Löffelbiskuits in der Mitte des Kuchens verteilen, dabei den Rand frei lassen. Biskuits mit dem Orangensaft beträufeln. Die restliche Creme darüber streichen. Die Torte 1 Std. in den Kühlschrank stellen.

4 Die Sahne mit Vanillezucker steif schlagen. Den Tortenring entfernen. Die Sahne in einen Spritzbeutel mit großer Lochtülle füllen und Torte nach Belieben verzieren. Anschließend mit Schokoladenpulver bestäuben und mit Schokostreuseln bestreuen.

Bild oben: Eierpunschtorte
Bild unten: Rolo-Torte

Tortenboden aromatisieren

Um Torten noch saftiger zu machen, können Sie die Böden tränken. Für Erwachsene bieten sich Kirschwasser, Mandellikör, Kaffeelikör u.ä. je nach Geschmack und Rezept an. Essen Kinder mit, so können Sie Fruchtsäfte verwenden. Geben Sie in 1/2 l Fruchtsaft 2 EL Zucker, kochen Sie ihn auf und reduzieren Sie ihn auf die Hälfte. Gut geeignet sind aromatische Säfte wie Orangen-, Kirsch- und Johannisbeersaft.

Plätzchen-Torte

Schnell ●●
Vorbereiten ●●●
Preiswert ●

Zubereitungszeit: 45 Min.
Kühlzeit: 2 Std.

Bei 12 Stück pro Stück ca. 410 kcal
4 g Eiweiß/31 g Fett/30 g Kohlenhydrate

ZUTATEN FÜR 1 TORTE:
250 g Löffelbiskuit
160 g Butter
160 g Zucker
6 Blatt weiße Gelatine
600 g Schmand
1 Dose Ananas in Stücken (ca. 460 g Abtropfgewicht)
400 g Sahne
75 g Pistazien

1 Tortenring auf eine Tortenplatte setzen und mit der Hälfte der Löffelbiskuits auslegen.

2 Butter und Zucker schaumig schlagen. Gelatine in kaltem Wasser einweichen, ausdrücken und in einem Topf erwärmen.

3 Aufgelöste Gelatine mit dem Schmand unter die Butter-Zuckermischung rühren.

4 Ananas abtropfen lassen, ein paar Stückchen für die Dekoration zurücklegen und das restliche Obst unter die Creme heben. Die Sahne steif schlagen und ebenfalls unter die Creme ziehen. Die Hälfte der Creme auf die Löffelbiskuits streichen. Darüber den Rest Löffelbiskuits verteilen und darauf die restliche Creme geben.

5 Torte mit den restlichen Ananasstückchen und den Pistazien verzieren. Die Torte mindestens 2 Std. in den Kühlschrank stellen.

Avon-Club-Torte

Schnell ●●
Vorbereiten ●●●
Preiswert ●

Zubereitungszeit: 45 Min.
Kühlzeit: 30 Min.

Bei 16 Stück pro Stück ca. 310 kcal
6 g Eiweiß/19 g Fett/22 g Kohlenhydrate

ZUTATEN FÜR 1 TORTE:
1 Biskuitboden (Fertigprodukt, 26 cm Ø)
5 Blatt weiße Gelatine
450 g Sahne
130 ml Eierlikör
150 g Doppelrahm-Frischkäse
5 EL Zitronensaft
16 kleine Schokoladenplätzchen
4 EL Kakao

1 Den Tortenboden auf eine Kuchenplatte legen. Gelatine in kaltem Wasser einweichen. Sahne steif schlagen.

2 Den Eierlikör etwas erwärmen, die Gelatine ausdrücken und in dem Eierlikör auflösen. Frischkäse mit Zitronensaft und Eierlikör verrühren, unter die Sahne heben. Eierlikörsahne kuppelartig auf den Tortenboden streichen und 30 Min. kühl stellen.

3 Die Schokoladenplätzchen darauf setzen. Die Torte in der Mitte mit Kakao bestäuben.

Bild oben: Plätzchen-Torte
Bild unten: Avon-Club-Torte

Pistazien

Pistazien haben eine harte Schale und einen hellgrünen, ölhaltigen Samenkern. Sie werden geröstet und gesalzen mit Schale oder ungeröstet ohne Schale angeboten. Pistazien schmecken angenehm nussig. Sie sollten kühl und trocken gelagert werden, am besten in einem luftdurchlässigen Gefäß.

Zum Backen werden in der Regel die ungesalzenen, grünen Kerne verwendet, als Dekoration oder zum Verfeinern des Teigs.

Brot und herzhaft backen

Was backe ich, wenn

... es superschnell gehen soll:

Blätterteigecken mit Tomate und Avocado 154
Broccoli-Schinken-Käse-Törtchen 156
Chiliquiche mit Kidneybohnen 166
Erdnuss-Schnecken 160
Fingerhäppchen 153
Frischkäse-Burger 152
Gemüsesäckchen 160
Gemüsetörtchen 152
Herzhafte Muffins 153
Käse-Pizza 172
Käsetaschen mit Aprikosen 156
Kräuterwaffeln 158
Lachspastete mit Spinat 152
Lauch-Käse-Muffins 158
Linsenquiche 166
Mangold-Quiche 153
Mini-Pizzen 174
Pikanter Karoffelkuchen 170
Putenquiche 162
Räucherfischquiche 164
Schinken-Rucola-Croissants 154
Bauernbrot 182
Ciabatta 177
Dreikornzopf mit Käse 180
Einfaches Kastenweißbrot 184
Fladenbrot 186
Kartoffelbrot 182
Kürbishörnchen 180
Milchbrötchen 177
Müslibrötchen 176
Quark-Brötchen 176
Schoko-Criossants 176
Sesambrötchen 178
Toskanisches Brot 178
Walnussbrot 177
Zwiebelbrot 184

... es aus dem Vorrat sein soll:

Erdnuss-Schnecken 160
Kräuterwaffeln 158
Pikanter Kartoffelkuchen 170
Einfaches Kastenweißbrot 184
Milchbrötchen 177
Quark-Brötchen 176

... es besonders preiswert sein soll:

Erdnuss-Schnecken 160
Flammkuchen 168
Frischkäseburger 152
Gemüsettörtchen 152
Kräuterwaffeln 158
Linsenquiche 166
Mini-Pizzen 174
Pikanter Kartoffelkuchen 170
Bauernbrot 182
Ciabatta 177
Einfaches Kastenweißbrot 184
Kartoffelbrot 182
Milchbrötchen 177
Quark-Brötchchen 176
Sesambrötchen 178
Weizenvollkornbrot 186
Zwiebelbrot 184

... es gut vorzubereiten sein soll:

Erdnuss-Schnecken 160
Käsetaschen mit Aprikosen 156
Räucherfischquiche 164
Schinken-Rucola-Croissants 154
Bauernbrot 182
Ciabatta 177
Einfaches Kastenweißbrot 180
Kartoffelbrot 182
Kürbishörnchen 180
Milchbrötchen 177
Müslibrötchen 176
Quark-Brötchen 176
Sesambrötchen 178
Toskanisches Brot 178
Walnussbrot 177
Weizenvollkornbrot 186
Zwiebelbrot 184

... es etwas Besonderes sein soll:

Calzone 174
Ciabatta 177
Dreikornzopf mit Käse 180
Käsetaschen mit Aprikosen 156
Lachspastete mit Spinat 152
Räucherfischquiche 164
Schinken-Rucola-Croissants 154
Schoko-Croissants 176
Spargelquiche 162
Spinat-Schafskäsekuchen 168

... es gut zu transportieren sein soll:

Erdnuss-Schnecken 160
Herzhafte Muffins 177
Käsetaschen mit Aprikosen 156
Lauch-Käse-Muffins 158
Schinken-Rucola-Croissants 154
und sämtliche Brote und Brötchen

... es was fürs Kinderfest geben soll:

Broccoli-Schinken-Käse-Törtchen 156
Ciabatta 177
Dreikornzopf mit Käse 180
Erdnuss-Schnecken 160
Fingerhäppchen 153
Fladenbrot 186
Frischkäse-Burger 152
Frühlingsquiche 164
Gemüsesäckchen 160
Gemüsestrudel 170
Große Familienpizza 172
Käse-Pizza 172
Kräuterwaffeln 158
Kürbishörnchen 178
Lauch-Käse-Muffins 158
Milchbrötchen 177
Mini-Pizzen 174
Müslibrötchen 176
Quark-Brötchen 176
Schoko-Croissants 176
Sesambrötchen 178

Und aufs Brot gibt es:

Apfel-Marzipan-Aufstrich 188
Avocado-Orangen-Aufstrich 188
Bananen-Schoko-Aufstrich 188
Bunter Gemüsequark 189
Eiercreme 189
Himbeer-Mohn-Aufstrich 188
Kichererbsencreme 189
Lachstartar 189
Mango-Creme 188
Nusscreme 188
Schafskäsecreme 189

Lachspastete mit Spinat

Auftauzeit: 10-15 Min.
Zubereitungszeit: 15 Min.
Backzeit: 35 Min.

Bei 8 Stück pro Stück ca. 465 kcal
20 g EW/33 g F/23 g KH

**ZUTATEN FÜR 1 KASTENFORM
(25 cm Länge):**
450 g TK-Blätterteig
600 g Lachsfilet · Salz · Pfeffer
1 Zwiebel · 1 EL Butter
300 g TK-Blattspinat
100 g Crème fraîche · Muskatnuss
Fett für die Form · Eigelb

1 Die Blätterteigscheiben auftauen lassen. Den Backofen auf 200° vorheizen. Die Backform einfetten und mit Blätterteig auslegen, Blätterteig für den Deckel beiseite legen.

2 Lachs würfeln, salzen und pfeffern. Zwiebel schälen, klein würfeln und in der Butter glasig dünsten. Spinat dazugeben und auftauen lassen. Crème fraîche unterrühren und würzen. Lachs und Spinat abwechselnd in die Form schichten.

3 Restlichen Blätterteig darauf legen, Ränder gut zusammendrücken. Den Deckel mit verquirltem Eigelb bepinseln. Die Pastete im Ofen (Mitte, Umluft 180°) 35 Minuten backen. Schmeckt pur oder mit Wildreis und Sauce hollandaise.

Gemüsetörtchen

Zubereitungszeit: 15 Min.
Backzeit: 20 Min.

Pro Stück pro Stück ca. 340 kcal
7 g EW /26 g F /8 g KH

**ZUTATEN FÜR 4 KLEINE RUNDE
BACKFORM (10-12 cm Ø):**
1 Packung Knack & Back
(4 Sonntags-Brötchen, Kühlfach)
2 Bund Suppengemüse
2 EL Butter · Salz · Pfeffer
150 g Crème fraîche · 1 Ei
50 g geriebener Emmentaler
Öl für die Formen

1 Die Förmchen einfetten. Den Backofen auf 200° vorheizen. Die Teigstücke rund ausrollen und in die Förmchen geben.

2 Das Suppengemüse waschen, putzen und klein würfeln. Butter erhitzen, das Gemüse darin 5 Min. andünsten. Mit Salz und Pfeffer würzen. Das Gemüse in die Förmchen füllen.

3 Crème fraîche mit dem Ei verrühren. Emmentaler unterheben und über dem Gemüse verteilen. Im Ofen (Mitte, Umluft 180°) 15 Min. backen. Herausnehmen, etwas abkühlen lassen und aus den Backförmchen nehmen.

Aus dem Vorrat: Verwenden Sie 150 g tiefgekühltes Suppengemüse.

Frischkäse-Burger

Auftauzeit: 10-15 Min.
Zubereitungszeit: 15 Min.

Pro Stück ca. 180 kcal
2 g EW /14 g F /10 g KH

ZUTATEN FÜR 12 STÜCK:
4 TK-Blätterteigplatten (300 g)
100 g Sahne
200 g Doppelrahm-Frischkäse
1 Bund Basilikum
Salz · Pfeffer
Backpapier

1 Die Blätterteigplatten nebeneinander auftauen lassen. Den Backofen auf 200° vorheizen. Ein Backblech mit Backpapier auslegen.

2 Die Sahne steif schlagen. Frischkäse unterrühren. Basilikum waschen und trockenschleudern. Die Blättchen fein hacken und unter die Frischkäsecreme rühren. Mit Salz und Pfeffer würzen.

3 Aus den Blätterteigplatten Kreise von 6 cm Ø ausstechen und auf das Blech legen. Im Ofen (Mitte, Umluft 180°) in 10 Min. goldbraun backen. Herausnehmen, etwas abkühlen lassen und quer halbieren.

4 Die Frischkäsecreme auf die unteren Blätterteigkreise verteilen. Den Deckel locker auflegen.

Mangold-Quiche

Zubereitungszeit: 15 Min
Backzeit: 25 Min.

Bei 8 Stück pro Stück ca. 210 kcal
7 g EW/14 g F/15 g KH

ZUTATEN FÜR 1 BACKFORM
(28 cm Ø):
400 g Mangold · 1 Zwiebel
1 EL Olivenöl
250 g Croissant-Teig (Fertigprodukt, Kühltheke)
1 Gemüse-Brühwürfel · 2 Eier
100 g Sahne
4 EL geriebener Parmesan
Fett für die Form

1 Den Backofen auf 200° vorheizen. Die Form fetten.

2 Den Mangold putzen, waschen und klein schneiden. Die Zwiebel schälen und würfeln. Beides im Öl 5 Min. andünsten.

3 Den Teig auseinander rollen und die Form damit belegen, die Nahtstellen fest aneinander drücken. Die Eier mit der Sahne verquirlen.

4 Den Brühwürfel zum Gemüse geben. Das Gemüse auf den Teig geben und die Eiermasse darüber gießen. Im Ofen (Mitte, Umluft 180°) 25 Min. backen. 5 Min. vor Ende der Backzeit den Parmesan darüber streuen.

Fingerhäppchen

Auftauzeit: 10–15 Min
Zubereitungszeit: 15 Min.
Backzeit: 20 Min

Pro Stück ca. 115 kcal
3 g EW/8 g F/8 g KH

ZUTATEN FÜR 16 STÜCK:
8 quadratische Scheiben
TK-Blätterteig (ca. 360 g)
1/2 Kugel Mozzarella (ca. 60 g)
1 kleine Tomate · Salz
Pfeffer · 8 Basilikumblätter
4 Oliven ohne Kern
16 kleine in Öl eingelegte Schafskäsewürfel (aus dem Glas)
Backpapier fürs Blech

1 Backblech mit Backpapier auslegen. Blätterteig darauf legen und auftauen lassen. Den Ofen auf 200° vorheizen. Die Blätterteigscheiben halbieren.

2 Mozzarella in kleine Würfel schneiden. Tomate waschen, Stielansatz entfernen und das Fruchtfleisch fein würfeln. Mozzarella und Tomaten auf 8 Teigstücke geben. Mit Salz und Pfeffer würzen und mit je 1 Basilikumblatt belegen.

3 Oliven in Streifen schneiden. Je 1/2 Olive und 2 Schafskäsewürfel auf 1 Stück Blätterteig geben. Jedes Teigstück zusammenklappen und die Ränder festdrücken. Im Ofen (Mitte, Umluft 180°) 20 Min. backen.

Herzhafte Muffins

Zubereitungszeit: 15 Min.
Backzeit : 20 Min.

Pro Stück ca. 200 kcal
6 g EW/13 g F/14 g KH

ZUTATEN FÜR 12 STÜCK:
80 ml Öl · 1 Ei
100 g Kräuter-Crème-fraîche
100 g Joghurt
40 g geriebener Parmesan
1 / 2 TL Chilipulver
1 Msp. Salz
100 g geröstete Erdnüsse oder Cashewkerne · 220 g Mehl
1 Päckchen Backpulver

1 Die Vertiefungen des Muffinsblechs einölen. Den Backofen auf 180° vorheizen.

2 Das Öl mit Ei, Crème fraîche und Joghurt verrühren. Parmesan und Gewürze dazugeben.

3 Erdnüsse oder Cashewkerne fein hacken, mit Mehl und Backpulver mischen und unterziehen.

4 Die Blechvertiefungen mit dem Teig zu drei Viertel füllen. Im Ofen (Mitte, Umluft 160°) 20-25 Min. backen.

5 Die Muffins im Backblech etwas auskühlen lassen. Aus den Förmchen nehmen und warm servieren.

6 × SCHNELL & HERZHAFT

Blätterteigecken mit Tomate und Avocado

Schnell ●●●	Zubereitungszeit: 15 Min.
Vorbereiten ●●	Auftauzeit: 10–15 Min.
Preiswert ●●	Backzeit: 20 Min.

Pro Stück ca. 225 kcal
5 g Eiweiß /16 g Fett /19 g Kohlenhydrate

ZUTATEN FÜR 6 STÜCK:
3 quadratische Platten TK-Blätterteig (ca. 150 g)
Thymian (frisch oder getrocknet)
1 reife Avocado
2 Tomaten
Salz
Pfeffer
etwas Balsamico-Essig (am besten weißen)
Backpapier

1 Das Backblech mit Backpapier auslegen. Die Blätterteigscheiben darauf nebeneinander auftauen lassen. Den Ofen auf 200° vorheizen.

2 Die Blättereigquadrate zu Dreiecken schneiden. Mit etwas Thymian bestreuen. Im Ofen (Mitte, Umluft 180°) 20 Min. backen.

3 Die Avocado halbieren, vom Stein lösen und schälen. Das Fruchtfleisch in kleine Würfel schneiden und in eine Schüssel geben. Die Tomaten waschen, Stielansätze entfernen und das Fruchtfleisch ebenfalls fein würfeln. Zur Avocado geben. Mit Salz, Pfeffer, Balsamico und Thymian abschmecken.

4 Die Blätterteigecken quer einschneiden und mit der Avocado-Tomaten-Masse füllen.

‼ Mit Pep: Reichen Sie die Blätterteigtaschen zum Aperitif oder mit ein paar angemachten Tomatenscheiben, einem kleinen Blattsalat oder etwas Spargel als Vorspeise.

⇄ Zutaten tauschen: Raffinierte Blätterteigfüllungen sind auch die Schafskäsecreme, die Kichererbsencreme und das Lachstartar von Seite 189. Oder: Forellenfilet mit Schmand, Kapern und Petersilienblättchen pürieren!

Schinken-Rucola-Croissants

Schnell ●●●	Vorbereitungszeit: 10 Min.
Vorbereiten ●●	Backzeit: 12–15 Min.
Preiswert ●●	

Pro Stück ca. 215 kcal
9 g Eiweiß /15 g Fett /16 g Kohlenhydrate

ZUTATEN FÜR 6 STÜCK:
1 Hand voll Rucolablätter
1 Packung Croissant-Teig (6 Stück, 250 g, Kühltheke)
6 kleine Scheiben Parmaschinken
Mohn, Kümmel oder Sesam zum Bestreuen
Backpapier

1 Den Backofen auf 200° vorheizen. Das Backblech mit Backpapier auslegen. Die Rucolablätter waschen und trockentupfen.

2 Den Croissant-Teig auf dem Backblech auseinanderrollen und die einzelnen Teigstücke voneinander trennen. Je 1 Schinkenscheibe auf 1 Teigstück legen. Auf jede Schinkenscheibe ein paar Rucolablätter legen und den Teig von der breiten Seite her locker aufrollen.

3 Die Croissants nach Belieben mit Mohn, Kümmel oder Sesam bestreuen und im Ofen (Mitte, Umluft 180°) 12-15 Min. backen.

‼ Mit Pep: Besonders saftig werden die Croissants, wenn Sie eine Scheibe Mozzarella mit einrollen.

⇄ Zutaten tauschen: Wer keinen Croissant-Teig bekommt, nimmt Blätterteig. Parmaschinken gibt den Croissants ein besonders feines Aroma, man kann aber auch anderen geräucherten oder gekochten Schinken verwenden. Statt Rucola Basilikumblätter nehmen oder den Teig mit Pesto oder einer anderen Kräuterpaste bestreichen.

Bild oben: Blätterteigtaschen mit Tomate und Avocado
Bild unten: Schinken-Rucola-Croissants

Füllungs-Variationen

Probieren Sie für die Croissants auch weitere Füllungen aus:

- ▶ klein geschnittene Pilze mit Knoblauch und Petersilie
- ▶ klein gewürfelte Paprikaschoten mit Frühlingszwiebeln
- ▶ Tomatenwürfel mit Schafskäse und Kräutern
- ▶ Raclettekäse mit pikant-fruchtigen Chutneys.

Broccoli-Schinken-Käse-Törtchen

Schnell ●●●	Zubereitungszeit: 25 Min.
Vorbereiten ●	Backzeit: 25 Min.
Preiswert ●●	

Pro Stück ca. 510 kcal
16 g Eiweiß /40 g Fett /24 g Kohlenhydrate

ZUTATEN FÜR 4 TORTELETTESFÖRMCHEN (10–12 CM Ø):
100 g Mehl
1/2 TL Salz
100 g kalte Butter
100 g Magerquark
300 g Broccoli
2 EL Öl
60 g gekochter Schinken (2 Scheiben)
100 g Sahne
1 Ei
1 Prise geriebene Muskatnuss
Pfeffer
30 g geriebener Hartkäse (Provolone oder Pecorino)
Mehl zum Ausrollen
Fett für die Förmchen

1 Die Förmchen einfetten. Das Mehl mit Salz, Butter in Flöckchen und Quark auf die Arbeitsfläche geben und rasch zu einem glatten Teig verarbeiten. Den Teig auf wenig Mehl ausrollen. 4 Kreise in Förmchengröße ausradeln und in die Förmchen legen. Die Förmchen bis zum Gebrauch in den Kühlschrank stellen.

2 Den Backofen auf 200° vorheizen. Broccoli waschen, putzen, die groben Stiele entfernen, Broccoli in Röschen teilen. Broccolistiele fein würfeln. Öl in einer Pfanne erhitzen, die Stiele darin andünsten, Broccoliröschen dazugeben und kurz mitdünsten. Den Schinken in Streifen schneiden.

3 Die Sahne steif schlagen, das Ei unterrühren und alles mit Salz, Muskatnuss und Pfeffer abschmecken. Geriebenen Käse unterheben.

4 Broccoli und Schinken in die Förmchen geben. Die Eiersahne darüber verteilen. Im Ofen (Mitte, Umluft 180°) 20-25 Min. backen.

Blitzvariante: 4 Blätterteigplatten kurz antauen lassen. In Größe der Förmchen ausrollen und in die Förmchen legen. Belag darüber geben und backen.

Käsetaschen mit Aprikosen

Schnell ●●●	Auftauzeit: 10–15 Min.
Vorbereiten ●●	Zubereitungszeit: 10 Min.
Preiswert ●●	Backzeit: 20 Min.

Pro Stück ca. 305 kcal
8 g Eiweiß /23 g Fett /16 g Kohlenhydrate

ZUTATEN FÜR 8 STÜCK:
8 Scheiben tiefgekühlter Blätterteig (ca. 360 g)
Salz
Pfeffer
Kräuter der Provence, getrocknet
250 g Camembert
4 Aprikosen
Backpapier

1 Die Blätterteigquadrate auftauen lassen. Den Backofen auf 200° vorheizen. Das Backblech mit Backpapier auslegen.

2 Den Blätterteig mit Salz, Pfeffer und Kräutern bestreuen. Vom Camembert die Rinden wegschneiden und den Käse in 8 Scheiben schneiden. In die Mitte der Teigquadrate legen.

3 Die Aprikosen waschen, halbieren und vom Stein lösen. Je 1 Hälfte auf die Camembertscheiben legen. Alle Ecken der Blätterteigquadrate zur Mitte klappen und die Nahtstellen gut zusammendrücken. Die Käsetaschen mit Kräutern der Provence bestreuen und im Ofen (Mitte, Umluft 180°) 20 Min. backen.
Blätterteiggebäck schmeckt am besten frisch aus dem Ofen. Wenn einmal etwas übrig bleibt, kann man es vor dem Servieren für ein paar Minuten in den auf 200° vorgeheizten Backofen schieben.

Zutaten tauschen: Statt Camembert den Lieblingskäse verwenden, statt Aprikosen schmecken Birnen, Ananas, Mangos oder Pfirsiche.

Aus dem Vorrat: Aprikosen oder andere Früchte aus der Dose verwenden und den Käse, den man gerade im Kühlschrank hat.

Bild oben: Broccoli-Schinken-Käse-Törtchen
Bild unten: Käsetaschen mit Aprikosen

Blätterteig-Tipps

▶ Tiefgefrorenen Blätterteig unbedingt bei Zimmertemperatur auftauen lassen. Wenn man ihn in der Mikrowelle oder im Backofen auftaut, geht er beim Backen nicht mehr so gut auf.
▶ Blätterteigreste gehen besser auf, wenn man sie nicht zusammenknetet, sondern alle Teile übereinander legt und wieder ausrollt. So werden die Teigschichten nicht zerstört und das Gebäck wird schön blättrig.

Lauch-Käse-Muffins

Schnell ●●●	Zubereitungszeit: 25 Min.
Vorbereiten ●	Backzeit: 20 Min.
Preiswert ●●	

Pro Stück ca. 160 kcal
5 g Eiweiß / 8 g Fett / 16 g Kohlenhydrate

ZUTATEN FÜR 12 STÜCK:
1 dünne Stange Lauch (200 g)
125 g Mozzarella · 240 g Mehl
1 TL Natron oder 1 Päckchen Backpulver
2 EL geriebene Haselnüsse
100 ml Öl · 1 Ei
200 g Kefir
Salz · Pfeffer
Fett für die Form oder 24 Backpapierförmchen

1 Den Backofen auf 180° vorheizen. Die Vertiefungen des Muffinsblechs einfetten oder jeweils 2 Backförmchen hineinsetzen.

2 Lauch putzen, längs halbieren und waschen. Lauchhälften mit dem zarten Grün in schmale Streifen schneiden. Etwas Wasser zum Kochen bringen, Lauchstreifen darin kurz blanchieren, herausnehmen und auf einem Sieb abtropfen lassen. Den Mozzarella in kleine Würfel schneiden.

3 Das Mehl mit Natron oder Backpulver und Haselnüssen mischen. Öl mit Ei und Kefir kräftig verrühren. Lauchstreifen und Mozzarellawürfel unterheben. Mit Salz und Pfeffer würzen. Die Mehlmischung nach und nach unterrühren. Den Teig in den Förmchen verteilen.

4 Im Ofen (Mitte, Umluft 180°) in 20 Min. goldbraun backen. Etwas abkühlen lassen und aus den Formen lösen.

Zutaten tauschen: Statt Lauch und Mozzarella 50 g in Öl eingelegte, getrocknete Tomaten klein würfeln. 1 frische grüne Chilischote waschen, in Streifen schneiden und mit 1 TL getrockneten Kräutern unter die Öl-Kefir-Mischung rühren. 240 g Mehl mit Backpulver und 50 g geriebenen Pecorino unterheben und in den Formen verteilen.

Mit Pep: 50 g grüne Oliven mit Paprika in Scheiben schneiden und mit 1 TL Rosmarin zu der Öl-Kefir-Mischung geben. Das Mehl mit Backpulver und 50 g geriebenem, mittelalten Gouda dazugeben. In die Formen füllen und backen.

Kräuterwaffeln

Schnell ●●●	Zubereitungszeit: 20 Min.
Vorbereiten ●	Backzeit: 50 Min.
Preiswert ●●●	

Pro Stück ca. 400 kcal
9 g Eiweiß / 30 g Fett / 23 g Kohlenhydrate

ZUTATEN FÜR 6 WAFFELN:
1 Bund gemischte Kräuter (z. B. Petersilie, Basilikum, Dill)
4 Eier
Salz
180 g weiche Butter
150 g Joghurt
Zitronenpfeffer
180 g Mehl
1 TL Backpulver
Öl für das Waffeleisen

1 Die Kräuter waschen und fein hacken. Eier trennen. Eiweiße mit 1 Prise Salz steif schlagen. Butter mit den Eigelben und Joghurt verrühren. Mit Salz und Zitronenpfeffer abschmecken. Das Mehl mit Backpulver mischen und unterrühren. Eischnee unterheben.

2 Das Waffeleisen heiß werden lassen. Dünn mit Öl bestreichen. Jeweils 1-2 EL Teig einfüllen und die Waffeln in 3-4 Min. goldbraun backen. Die Waffeln nacheinander backen und warm stellen.

Zutaten tauschen: Gut schmecken die Waffeln auch, wenn sie mit Weizenvollkornmehl gebacken werden.
Zusätzlich noch 40 g geriebenen Hartkäse unter den Teig mischen.

Mit Pep: 150 g Crème fraîche mit 1/2 TL Senf und 1 EL gehackten Kräutern verrühren. Mit Salz und Pfeffer abschmecken. Den Dip zu den Waffeln servieren.

Bild oben: Lauch-Käse-Muffins
Bild unten: Kräuterwaffeln

Muffins einfrieren

Muffins lassen sich sehr gut einfrieren. Sind sie völlig ausgekühlt, verpacken Sie sie möglichst luftdicht in Gefrierbeutel. Um sie aufzutauen, geben Sie sie in den Backofen (10-15 Min bei 150°) oder in die Mikrowelle (2-3 Min. bei 600 Watt). Sie können auch gleich den Teig einfrieren. Dazu wie gewohnt den Teig in das Muffinsblech füllen und dann in den Gefrierschrank stellen. Die gefrorenen Rohlinge in Gefriertüten umpacken. Zum Auftauen die Rohlinge wieder ins Backblech setzen und 35–40 Min. bei 180° backen.

Gemüsesäckchen

Schnell ●●●	Auftauzeit: 10–15 Min.
Vorbereiten ●	Zubereitungszeit: 20 Min.
Preiswert ●●	Backzeit: 20 Min.

Pro Stück ca. 200 kcal
3 g Eiweiß /14 g Fett /16 g Kohlenhydrate

ZUTATEN FÜR 10 STÜCK:
1 Paket TK-Blätterteig (450 g)
500 g Spargel
2 Frühlingszwiebeln
einige Rucola- oder Basilikumblätter
1 EL Öl
Salz
Pfeffer
Backpapier

1 Das Backblech mit Backpapier auslegen und den Blätterteig darauf auftauen lassen.

2 Inzwischen den Spargel schälen, die Enden abschneiden. Den Spargel waschen und in 1 cm dicke Stücke schneiden. Die Frühlingszwiebeln putzen, waschen und in feine Ringe schneiden. Die Rucola- oder Basilikumblätter waschen und fein schneiden. Den Backofen auf 200° vorheizen.

3 Die Frühlingszwiebeln mit den Spargelstücken im Öl 7 Min. bei mittlerer Hitze braten. Rucola- oder Basilikumblätter untermischen und mit Salz und Pfeffer abschmecken.

4 Falls die Blätterteigplatten rechteckig sind, zu Quadraten schneiden. Das Gemüse auf die Teigstücke geben. Die Teigecken zur Mitte falten und dann die Enden zusammendrehen, sodass Säckchen entstehen. Die Gemüsesäckchen im Ofen (Mitte, Umluft 180°) 20 Min. backen.

Zutaten tauschen: Außerhalb der Spargelsaison können Sie die Gemüsesäckchen mit Paprikaschoten, Zucchini, Brokkoli oder Pilzen zubereiten. Statt Frühlingszwiebeln kann man auch Lauch verwenden, statt Rucola oder Basilikum feingehackte Kräuter.

Erdnuss-Schnecken

Schnell ●●●	Auftauzeit: 10–15 Min.
Vorbereiten ●	Zubereitungszeit: 10 Min.
Preiswert ●●●	Backzeit: 20 Min.

Pro Stück ca. 80 kcal
2 g Eiweiß /6 g Fett /5 g Kohlenhydrate

ZUTATEN FÜR 28 STÜCK:
4 rechteckige Scheiben tiefgekühlter Blätterteig (ca. 360 g)
8 EL gesalzene Erdnüsse
4 EL Schmand oder Crème fraîche
Curry
einige Basilikumblätter
Backpapier fürs Blech

1 Ein Backblech mit Backpapier auslegen. Die Blätterteigplatten nebeneinander darauflegen und auftauen lassen.

2 Den Backofen auf 200° vorheizen. Die Erdnüsse grob hacken. Jede Blätterteigplatte mit 1 EL Schmand oder Crème fraîche bestreichen und die Erdnüsse darauf verteilen. Mit etwas Curry bestreuen und mit Basilikumblättern belegen.

3 Die Blätterteigplatten von der kurzen Seite her aufrollen und jede Platte mit einem scharfen Messer in 7 Schnecken schneiden. Im Backofen (Mitte, Umluft 180°) 20 Min. backen.

Mit Pep: Wer's gern feurig mag, mischt etwas fein gehackte Peperoni oder Cayennepfeffer unter die Nüsse oder 1 Msp. Currypaste aus dem Asienladen. Damit sich die Schärfe gleichmäßig verteilt, verrührt man die Paste am besten mit dem Schmand oder der Crème fraîche und mischt sie dann unter die Nüsse. Egal für welches »Feuer« Sie sich entscheiden: immer sparsam dosieren!

Zutaten tauschen: Statt Erdnüsse gehackte Haselnüsse, Walnüsse oder Mandeln verwenden. Besonders lecker sind auch Cashew-, Sonnenblumen- oder Pinienkerne. Bei ungesalzenen Nüssen oder Kernen etwas Salz darüber streuen. Statt Basilikum feingehackte Petersilie mit den Nüssen mischen, statt Schmand oder Crème fraîche Schmelzkäse verwenden.

Bild oben: Erdnuss-Schnecken
Bild unten: Gemüsesäckchen

Gemüsesäckchen als feine Vorspeise

Mit einem kleinen Salatbouquet werden die Gemüsesäckchen zur Vorspeise. Besonders lecker: Etwas mehr von der Gemüsefüllung zubereiten, mit Öl, weißem Balsamico-Essig, etwas Salz und Pfeffer als Salat anmachen und noch einige grob geschnittene Rucolablätter untermischen. Den Spargelsalat zu den Gemüsesäckchen auf dem Teller anrichten.

Putenquiche

Schnell	●●●	Zubereitungszeit: 25 Min.
Vorbereiten	●●	Backzeit: 55 Min.
Preiswert	●●	

Bei 8 Stück pro Stück ca. 440 kcal
17 g Eiweiß / 25 g Fett / 40 g Kohlenhydrate

ZUTATEN FÜR 1 BACKFORM (28 CM Ø):
250 g Mehl
150 g weiche Butter
Salz · 4 EL geriebener Parmesan
200 g Schmand
250 g Putenschnitzel
Pfeffer · 1 EL Öl
3 Frühlingszwiebeln
4 Tomaten
2 EL gehackte Kräuter (z.B. Petersilie, Thymian, Rosmarin, Oregano)
Fett für die Form

1 Den Backofen auf 200° vorheizen. Die Backform einfetten.

2 Das Mehl mit der Butter, 1 TL Salz, dem Parmesan und 4 EL Schmand verkneten. Den Teig mit den Händen in die Form drücken.

3 Das Putenfleisch waschen, trocken tupfen und in feine Streifen schneiden. Mit Salz und Pfeffer würzen. Im Öl 5 Minuten anbraten.

4 Frühlingszwiebeln putzen, waschen und in Ringe schneiden. Tomaten waschen, die Stielansätze entfernen und das Fruchtfleisch würfeln.

5 Frühlingszwiebeln, Tomaten und Kräuter zum Fleisch geben, den restlichen Schmand unterrühren und alles mit Salz und Pfeffer abschmecken. Auf dem Teig verteilen und die Quiche im Ofen (Mitte, Umluft 180°) 55 Min. backen.

Blitzvariante: Bereiten Sie die Quiche statt mit Mürbteig mit fertigem Blätterteig oder Croissantteig zu! Oder nehmen Sie fertigen Pizzateig aus der Kühltheke.

Spargelquiche

Schnell	●●	Zubereitungszeit: 40 Min.
Vorbereiten	●●	Backzeit: 35 Min.
Preiswert	●	

Bei 10 Stück pro Stück ca. 295 kcal
10 g Eiweiß / 20 g Fett / 19 g Kohlenhydrate

ZUTATEN FÜR 1 QUICHEFORM (30 CM Ø):
125 g Magerquark · 3 EL Milch
4 EL Öl · Salz · 1 Ei · 220 g Mehl
1 TL Backpulver · 750 g grüner Spargel
2 EL Olivenöl · 150 g Schmand
150 g Mascarpone
2 Eier · weißer Pfeffer
40 g geriebener Hartkäse
Fett für die Form

1 Für den Teig Quark mit Milch, Öl, 1 Prise Salz und Ei cremig rühren. Das Mehl mit dem Backpulver mischen, die Hälfte unterrühren, restliches Mehl unterkneten. Die Form fetten, den Teig ausrollen und die Form damit auskleiden. Form kühl stellen.

2 Die Spargelstangen waschen, die Enden abschneiden und wenn nötig schälen. Spargelstangen dritteln. Olivenöl in einer Pfanne erhitzen, den Spargel darin kurz andünsten.

3 Schmand mit Mascarpone und Eiern verrühren. Mit Salz und Pfeffer würzen. Käse unterrühren.

4 Den Backofen auf 200° vorheizen. Die Form aus dem Kühlschrank nehmen. Den Spargel dekorativ in die Form legen. Die Schmandcreme darüber verteilen. Quiche im Ofen (Mitte, Umluft 180°) 35 Min. backen.

Deko-Tipp: Einige Spargelspitzen beiseite legen und nach 20 Min. Backzeit auf der Quiche verteilen.

Zutaten tauschen: Anstatt grünen Spargel können Sie auch weißen Spargel nehmen. Oder beides mischen.

Mit Pep: Zusätzlich in die Schmandcreme noch 1 EL Zitronensaft und 1 EL gehackte Kräuter z. B. Kerbel einrühren.

Bild oben: Spargelquiche
Bild unten: Putenquiche

Belag-Variationen

Statt Putenfleisch schmeckt Hähnchen- oder Kaninchenfilet. Wer's vegetarisch mag, ersetzt das Fleisch durch Pilze. Probieren Sie die Quiche mal mit weißem oder grünem Spargel, mit Broccoli, Paprikaschoten oder Mangold. Würzen Sie den Belag nach Ihrem eignen Geschmack und nehmen Sie Ihre Lieblingskräuter.

Räucherfischquiche

Schnell ●●●	Zubereitungszeit: 30 Min.
Vorbereiten ●●	Backzeit: 35 Min.
Preiswert ●●	

Bei 8 Stück pro Stück ca. 410 kcal
13 g Eiweiß / 27 g Fett / 24 g Kohlenhydrate

ZUTATEN FÜR 1 QUICHEFORM (30 cm Ø):
2 geräucherte Forellenfilets (250 g)
1/8 l Milch
250 g Mehl
Salz
125 g Butter
2 Eier
200 g Crème fraîche
Pfeffer
Muskatnuss
Fett für die Form

1 Forellenfilets in 3 cm breite Streifen schneiden. Die Milch erwärmen, Forellenfilets in der Milch bis zum Gebrauch ziehen lassen. Den Backofen auf 200° vorheizen. Die Form fetten.

2 Für den Teig das Mehl auf die Arbeitsfläche geben, Salz und Butter in Flöckchen untermischen, 4-5 EL kaltes Wasser hinzufügen und schnell zu einem glatten Teig verkneten. Den Teig ausrollen und die Quicheform damit auskleiden.

3 Forellenfilets auf ein Sieb schütten, dabei die Milch auffangen. Die Milch mit Eiern und Crème fraîche verrühren. Mit Salz, Pfeffer und Muskat würzen. Forellenfilets in der Form verteilen. Den Eierguss darüber gießen.

4 Quiche im Ofen (Mitte, Umluft 180°) 35 Min. backen. Herausnehmen und in der Form abkühlen lassen. Mit Dill garnieren

Zutaten tauschen: Geräucherte Makrelenfilets oder Heilbuttfilets nehmen. 1 kleines Bund Frühlingszwiebeln, waschen, klein schneiden mit 1 El Öl vermischen und mit dem Fisch auf dem Boden verteilen. Eierguss darüber gießen.

Blitzvariante: Einen rund ausgerollten Blätterteig aus dem Kühlregal nehmen.

Mit Pep: Räucherfischquiche in Stücke schneiden und als Vorspeise auf grünen Blattsalaten servieren.

Frühlingsquiche

Schnell ●●	Zubereitungszeit: 40 Min.
Vorbereiten ●●	Backzeit: 50 Min.
Preiswert ●	

Bei 12 Stück pro Stück ca. 300 kcal
11 g Eiweiß / 21 g Fett / 17 g Kohlenhydrate

ZUTATEN FÜR 1 QUICHEFORM (28–30 cm Ø):
250 g Mehl · 150 g Butter · 1 Ei · Salz
400 g Frischkäse · 150 g Kräuter-Crème fraîche
3 Eier · 2 Bund gem. Kräuter
(Basilikum, Petersilie, Dill, Rosmarin)
1 Bund Rucola · 1 Bund Frühlingszwiebeln
Pfeffer · 40 g geriebener Parmesan
Fett für die Form

1 Für den Teig das Mehl auf die Arbeitsfläche sieben. Butter in Flöckchen, das Ei und 1/4 TL Salz dazugeben. Schnell zu einem glatten Teig verarbeiten. Wenn nötig noch 1 EL kaltes Wasser hinzufügen.

2 Die Form fetten. Den Teig ausrollen und die Form damit auskleiden. Form kühl stellen. Backofen auf 180° vorheizen.

3 Frischkäse mit Crème fraîche und Eiern verrühren. Kräuter und Rucola waschen, die groben Stiele entfernen. Danach fein hacken. Frühlingszwiebeln putzen, waschen und in feine Ringe schneiden.

4 Kräuter und Frühlingszwiebeln unter die Frischkäsecreme rühren. Mit Salz und Pfeffer abschmecken. Parmesan dazugeben.

5 Die Creme auf den Teig geben. Im Ofen (Mitte, Umluft 180°) 50 Min. backen.

Zutaten tauschen: Nehmen Sie anstatt Rucola würzige Bärlauchblätter.

Dekotipp: Vor dem Servieren die Quiche mit frischer Kresse bestreuen oder Rucolablättchen in Streifen schneiden und die Quiche damit bestreuen.

Mit Pep: Zusätzlich noch geröstete Sonnenblumenkerne in die Frischkäsecreme rühren.

Bild oben: Räucherfischquiche
Bild unten: Frühlingsquiche

Eierguss-Variationen

▶ 125 g blanchierten Spinat mit 150 g Sahne-Gorgonzola pürieren. Mit Salz und Pfeffer würzen. 2 Eier unterrühren. Passt z.B. zu einem Belag mit Pilzen oder Fisch.

▶ 150 g Crème fraîche mit 250 g gehackten Tomaten und 2 Eiern verquirlen. 1 Bund Basilikum waschen, fein hacken und unterrühren. Mit Salz, Pfeffer und 1 TL rosenscharfem Paprikapulver abschmecken. Passt z.B. zu einem Belag mit Hackfleisch oder Geflügelfleisch.

Chiliquiche mit Kidneybohnen

Schnell	●●●	Zubereitungszeit: 30 Min.
Vorbereiten	●●○	Backzeit: 35 Min.
Preiswert	●●○	

Bei 8 Stück pro Stück ca. 365 kcal
20 g Eiweiß /26 g Fett /14 g Kohlenhydrate

ZUTATEN FÜR 1 QUICHEFORM (30 CM Ø):
1 rund ausgerollter Blätterteig aus dem Kühlregal
2 EL Semmelbrösel
1 Packung stückige Tomaten mit Kräutern
(Tetrapack, 340 g)
1 TL getrockneter Oregano
1 TL gemahlener Kreuzkümmel
1/4 TL Koriander
2 getrocknete Chilischoten
3 EL Öl
500 g Hackfleisch (Schweine- oder Rinderhack)
Salz
Pfeffer
1 Dose rote Kidneybohnen (225 g Abtropfgewicht)
100 g geriebener Gratinkäse
Fett für die Form

1 Die Backform fetten. Den Blätterteig in die Form legen. Er sollte etwas größer als die Form sein. Mit Semmelbröseln bestreuen und die Form kühl stellen.

2 Die Tomaten in einen Topf geben. Die Gewürze hinzufügen. Chilischoten leicht zerbröselt zu den Tomaten geben. Alles bei mittlerer Hitze 5 Min. köcheln lassen.

3 Den Backofen auf 200° vorheizen. Öl in einer Pfanne erhitzen. Hackfleisch darin braun braten. Tomatenmischung und Kidneybohnen dazugeben und alles bei schwacher Hitze 10 Min. köcheln lassen. Danach mit Salz und Pfeffer abschmecken. Die Hälfte Gratinkäse untermischen.

4 Hackfleischmischung in der vorbereiteten Form verteilen. Überstehenden Blätterteigrand nach innen rollen und leicht andrücken. Mit restlichem Käse bestreuen. Im Ofen (unten, Umluft 180°) 40 Min. backen.

Zutaten tauschen: Anstatt Gratinkäse zerbröckelten Schafskäse nehmen. Käse weglassen und 2-3 EL Kartoffelpüreeflocken aus der Tüte unter die Hackfleischmischung rühren.

Linsenquiche

Schnell	●●●	Zubereitungszeit: 20 Min.
Vorbereiten	●●○	Backzeit: 55 Min.
Preiswert	●●●	

Bei 10 Stück pro Stück ca. 380 kcal
16 g Eiweiß /14 g Fett /47 g Kohlenhydrate

ZUTATEN FÜR 1 BACKFORM (28 cm Ø):
250 g Mehl · 150 g weiche Butter
Salz · 4 EL saure Sahne
1 Dose Linsen mit Suppengrün (Abtropfgewicht 530 g)
4 Tomaten · 1 Stange Lauch
1/2 Bund Petersilie · Pfeffer
4 EL Tomatenmark · Fett für die Form

1 Den Backofen auf 190° vorheizen. Die Backform einfetten.

2 Das Mehl mit der Butter, 1 TL Salz und der sauren Sahne verkneten. Den Teig mit den Händen in die Form drücken.

3 Die Linsen abtropfen lassen. Die Tomaten waschen, die Stielansätze entfernen und das Fruchtfleisch würfeln. Den Lauch putzen, längs halbieren, waschen und in kleine Stücke schneiden. Die Petersilie waschen und fein hacken.

4 Die Linsen mit den Tomaten, dem Lauch und der Petersilie in einer Schüssel vermischen, mit Salz und Pfeffer würzen. Das Tomatenmark mit 100 ml warmem Wasser und etwas Salz verrühren, unter die Linsen rühren. Die Linsen auf dem Teig verteilen und die Quiche im Ofen (Mitte, Umluft 170°) 55 Min. backen.

Blitzvariante: Statt Mürbteig Blätterteig aus dem Kühlregal oder aus der Tiefkühltheke verwenden.

Zutaten tauschen: Exotisch wird die Quiche, wenn Sie das Tomatenmark weglassen und statt dessen 100 ml Kokosmilch und etwas Sojasauce unter die Linsen rühren. Statt Petersilie Koriandergrün verwenden!

Mit Pep: Für Erwachsene verträgt das Gericht noch eine Portion Schärfe. Am besten am Tisch noch frisch gemahlenen Pfeffer oder ein wenig gemahlene Chilischote darüber streuen.

Bild oben: Linsenquiche
Bild unten: Chiliquiche mit Kidneybohnen

Die Paprika-Familie

Die kleinen Chilischoten und die Gemüsepaprika gehören zur gleichen botanischen Familie wie Tomaten und Kartoffeln, den Nachtschattengewächsen. Den Unterschied macht die Züchtung, denn diese hat der Gemüsepaprika die Schärfe genommen. Ursprünglich enthalten alle Paprikasorten Capsaicin, das das Brennen verursacht, aber sonst keinen Eigengeschmack hat. Deshalb bei der Zubereitung von Chilies am besten Gummihandschuhe tragen und sich auf keinen Fall in die Augen oder den Mund fassen.

Flammkuchen

Schnell ●●	Zubereitungszeit: 40 Min.
Vorbereiten ●	Backzeit: 20 Min.
Preiswert ●●●	Ruhezeit: 30 Min.

Bei 16 Stück pro Stück ca. 245 kcal
4 g Eiweiß/20 g Fett/12 g Kohlenhydrate

ZUTATEN FÜR 1 BACKBLECH:
200 g Mehl + Mehl für die Arbeitsfläche
50 g Roggenmehl
Salz
80 g Butterschmalz
200 g saure Sahne
100 g Crème double
2 EL Öl
250 g durchwachsener Räucherspeck
3 Zwiebeln
Pfeffer
1 EL Schnittlauchröllchen
Fett für das Blech

1 Das Mehl mit Roggenmehl und 1/2 TL Salz mischen. Butterschmalz mit 1/8 l Wasser in einem Topf aufkochen lassen. Danach vorsichtig unter das Mehl rühren und schnell zu einem glatten Teig verarbeiten. Den Teig zugedeckt 20 Min. ruhen lassen.

2 Inzwischen saure Sahne und Crème double mit dem Öl verrühren. Den Speck in kleine Würfel oder Streifen schneiden. Die Zwiebeln schälen und klein würfeln. Zwiebeln und zwei Drittel des Specks unter die Sahnecreme rühren. Mit Salz und Pfeffer würzen.

3 Den Backofen auf 200° vorheizen. Das Blech fetten. Den Teig auf bemehlter Arbeitsfläche hauchdünn ausrollen und auf das Blech geben. Den Belag gleichmäßig auf dem Teig verteilen. Restlichen Speck darauf streuen. Im Ofen (Mitte, Umluft 180) 15-20 Min. backen.

4 Den Flammkuchen vor dem Servieren in Stücke schneiden. Mit Schnittlauch bestreuen und noch lauwarm servieren.

Aus dem Vorrat: Den Flammkuchen auf Vorrat backen. In Stücke schneiden und einfrieren. Zum Auftauen etwa 10 Min. bei 150° (Umluft 130°) backen.

Spinat-Schafskäsekuchen

Schnell ●●	Zubereitungszeit: 40 Min.
Vorbereiten ●	Backzeit: 40 Min.
Preiswert ●●	

Bei 8 Stück pro Stück ca. 350 kcal
13 g Eiweiß /28 g Fett /12 g Kohlenhydrate

ZUTATEN FÜR 1 SPRINGFORM (26 cm Ø):
1 runde Blätterteigplatte (Kühlregal)
450 g TK-Blattspinat
1 Zwiebel
2 Knoblauchzehen
3 EL Olivenöl
Salz
Pfeffer
1 Prise frisch geriebene Muskatnuss
250 g Schafskäse
2 Eier
200 g Sahne
50 g geriebener Gratinkäse
30 g Pinienkerne
Fett für die Form

1 Den Backofen auf 200° vorheizen. Die Form fetten und die Blätterteigplatte in die Form legen. Den Spinat antauen lassen.

2 Die Zwiebel und Knoblauchzehen schälen und in kleine Würfel schneiden. Olivenöl erhitzen, Zwiebel und Knoblauch darin glasig dünsten. Spinat dazugeben. Bei mittlerer Hitze unter Rühren auftauen lassen. Mit Salz, Pfeffer und Muskat würzen. Den Schafskäse fein zerbröckeln und mit dem Spinat mischen.

3 Die Eier mit Sahne und Gratinkäse verrühren. Die Spinatmischung in der Form verteilen. Die Eiersahne darüber gießen. Den überstehenden Blätterteig nach innen rollen und andrücken.

4 Den Kuchen im Ofen (Mitte, Umluft 180°) 30 Min. backen. Die Pinienkerne auf der Oberfläche verteilen. Den Kuchen in 15 Min. fertig backen.

Bild oben: Flammkuchen
Bild unten: Spinat-Schafskäsekuchen

Pinienkerne

Die Pinien sind ein hauptsächlich im Mittelmeerraum verbreiteter Nadelbaum. In seinen Zapfen reifen die 1–2 cm langen, von einer harten, dunklen Schale umgebenen Samen, die Pinienkerne. Zur Adventszeit werden die Zapfen oft auch in unseren Supermärkten angeboten. Sie können zu Hause die langsame Öffnung beobachten. Pinienkerne werden geschält angeboten. Sie schmecken mandelartig, passen zu vielen Süßspeisen, aber auch leicht geröstet zu Gemüsegerichten. Außerdem sind sie ein wesentlicher Bestandteil des beliebten italienischen Pestos.

Gemüsestrudel

Schnell ●	Zubereitungszeit: 40 Min.
Vorbereiten ●●	Backzeit: 45 Min.
Preiswert ●●●	Ruhezeit: 30 Min.

Bei 8 Stück pro Stück ca. 510 kcal
12 g Eiweiß/34 g Fett/34 g Kohlenhydrate

ZUTATEN FÜR 1 STRUDEL (4 PORTIONEN):
300 g Mehl · 4 EL Öl · Salz
300 g Broccoli · 2 Bund Suppengemüse
1 Stange Lauch · 150 g Butter
2 EL gehackte Petersilie
100 g Crème fraîche · 150 g geriebener Käse
50 g Semmelbrösel · 2 EL Sonnenblumenkerne
Fett für das Blech

1 Für den Teig Mehl mit Öl, Salz und etwa 80 ml lauwarmen Wasser rasch zu einem glatten Teig verarbeiten. In einen Gefrierbeutel geben und 30 Min. ruhen lassen.

2 Für die Füllung den Broccoli waschen, in Röschen zerteilen, die Stiele in Würfel schneiden. Das Suppengemüse waschen, putzen und klein würfeln. Die Lauchstange putzen, waschen und mit dem zarten Grün in Ringe schneiden.

3 50 g Butter erhitzen, das vorbereitete Gemüse darin 5 Min. dünsten, 1 EL Petersilie, Creme fraiche und Käse untermischen. Mit Salz und Pfeffer würzen. Semmelbrösel und restliche Petersilie in 30 g Butter kurz anrösten und beiseite stellen. Sonnenblumenkerne ohne Fett leicht anrösten.

4 Den Strudelteig auf einem bemehlten Küchentuch hauchdünn ausrollen. Semmelbrösel darauf streuen und die Gemüsemischung darauf verteilen. Dabei den Rand freilassen. Sonnenblumenkerne darüber streuen.

5 Den Strudel seitlich etwas einschlagen und mit Hilfe des Tuchs längs aufrollen und auf das Blech legen. Übrige Butter zerlassen. Den Strudel mit Butter einpinseln. Im Ofen (Mitte, Umluft 180°) 40 Min. backen. Ab und zu mit der übrigen zerlasssenen Butter einpinseln.

6 Strudel aus dem Ofen nehmen, etwas abkühlen lassen, in Scheiben schneiden und noch warm servieren.

<u>Blitzvariante:</u> Fertigen Strudelteig für den Gemüsestrudel nehmen.

Pikanter Kartoffelkuchen

Schnell ●●●	Zubereitungszeit: 30 Min.
Vorbereiten ●●	Backzeit: 40 Min.
Preiswert ●●●	

Bei 12 Stück pro Stück ca. 430 kcal
14 g Eiweiß/27 g Fett/32 g Kohlenhydrate

ZUTATEN FÜR 1 BACKBLECH:
3 Zwiebeln
200 g durchwachsener Räucherspeck
3 EL Butterschmalz
2,5 kg gekochte Pellkartoffeln vom Vortag
300 g Gouda
Salz, Pfeffer
1 TL Majoran
200 g Doppelrahm-Frischkäse
3 Eier

1 Die Zwiebeln schälen und klein würfeln. Den Speck klein würfeln und in 2 EL Butterschmalz knusprig ausbraten. Die Zwiebeln kurz mit andünsten und die Pfanne zur Seite stellen.

2 Den Backofen auf 200° vorheizen. Die Kartoffeln pellen und grob in eine Schüssel raspeln. Den Käse ebenfalls grob raspeln und locker untermischen. Mit Salz, Pfeffer und Majoran würzen. Den Frischkäse fein zerteilen und die Eier leicht verschlagen. Zusammen mit der Speck-Zwiebelmischung locker unter die Kartoffeln mengen, aber nicht fest kneten.

3 Die Saftpfanne mit dem restlichen Butterschmalz einfetten und die Kartoffelmasse locker darin verteilen. Im Ofen (Mitte, Umluft 180°) in 35–40 Min. goldbraun backen. Dazu schmeckt eine große Schüssel frischer Salat.

Bild oben: Pikanter Kartoffelkuchen
Bild unten: Gemüsestrudel

Strudel-Variationen

Füllen Sie den Strudel mit einer Spinat-Schafskäsefüllung. Bereiten Sie dazu den Belag von S. 168 Spinat-Schafskäsekuchen ohne Eierguss zu. Schnelle Füllungen sind auch Gemüsemischungen aus der Tiefkühltruhe. Diese nach Packungsanweisung zubereiten bis das Gemüse noch knackig ist und dann ebenfalls mit Kräutern, Crème fraîche und Käse vermengen.

Große Familienpizza

Schnell ●	Zubereitungszeit: 1 Std. 15 Min.
Vorbereiten ●	Ruhezeit: 1 Std.
Preiswert ●●	Backzeit: 35 Min.

Bei 12 Stück pro Stück ca. 610 kcal
28 g Eiweiß/ g Fett/ g Kohlenhydrate

ZUTATEN FÜR 1 BACKBLECH:
500 g Mehl · 1 Würfel Hefe (42 g)
1/4 l warme Milch · Salz · 100 g Margarine
Für den Belag:
300 g Champignons
250 g Jagdwurst am Stück
125 g Salami am Stück · 3 Zwiebeln
2 EL Butter · Pfeffer · 500 g Tomaten
1 gelbe Paprikaschoten
8 EL Ketchup · 1 EL Oregano
300 g Emmentaler in Streifen
Fett für das Blech

1 Das Mehl in eine Schüssel geben. Hefe in der Milch auflösen, mit 1 TL Salz und der Margarine in Stückchen zum Mehl geben. Einen glatten Teig kneten, zum Kloß formen und 1 Std. an einem warmen Platz gehen lassen.

2 Die Pilze putzen und in Scheiben schneiden. Die Wurst in Würfel schneiden. Die Zwiebeln schälen und in Ringe schneiden. Die Butter erhitzen, Pilze und Zwiebeln kurz darin andünsten. Mit Salz und Pfeffer würzen.

3 Die Tomaten waschen und in Scheiben schneiden. Paprikaschoten putzen und in Streifen schneiden. Den Backofen auf 240° vorheizen.

4 Backblech fetten. Den Teig nochmals durchkneten, auf dem Blech ausrollen und die Ränder etwas hochdrücken. Mit dem Ketchup bestreichen, die Wurst darauf verteilen und mit Oregano bestreuen. Pilze und Zwiebeln darauf verteilen, Tomaten und Paprika darüber legen. Alles nochmals würzen und die Pizza im Ofen (Mitte, Umluft 220°) 10 Min. backen. Die Hitze auf 200° (Umluft 180°) reduzieren und die Pizza weitere 20 Min. backen. Mit dem Käse bestreuen und in 5 Min. goldbraun fertig backen.

Blitzvariante: Statt selbst gemachtem Teig Pizzateig aus dem Kühlregal verwenden.

Zutaten tauschen: Lecker sind auch gekochter Schinken, Räucherspeck, Austernpilze, Fenchel oder Gemüsezwiebeln.

Käse-Pizza

Schnell ●●●	Zubereitungszeit: 20 Min.
Vorbereiten ●	Backzeit: 20 Min.
Preiswert ●●	

Bei 4 Stück pro Stück ca. 660 kcal
35 g Eiweiß/43 g Fett/34 g Kohlenhydrate

ZUTATEN FÜR 1 RUNDES PIZZABLECH (28 cm Ø):
1 Packung Pizzateig (Kühlregal)
3 EL Tomatenketchup
4 EL Olivenöl
Salz
Pfeffer
250 g Mozzarella
150 g Gorgonzola mit Mascarpone
100 g Peccorino
einige Basilikumblättchen
Fett für die Form

1 Die Form fetten. Den Pizzateig in die Form geben. Den Backofen auf 200° vorheizen.

2 Tomatenketchup mit 2 EL Olivenöl verrühren und auf dem Pizzaboden verteilen.

3 Mozzarella in Scheiben schneiden. Gorgonzola in Würfel schneiden. Peccorino reiben.

4 Mozzarella und Gorgonzola auf dem Pizzaboden verteilen. Mit restlichem Olivenöl beträufeln und mit Pfeffer würzen. Peccorino darüber streuen.

5 Die Pizza im Ofen (Mitte, Umluft 180°) 20 Min. backen. Herausnehmen, in Stücke schneiden und mit den Basilikumblättchen bestreut servieren.

Bild oben: Käse-Pizza
Bild unten: Große Familienpizza

Käsesorten zum Schmelzen

Das Schmelzverhalten von Käse ist sehr von seinem Fett- und Wassergehalt abhängig. Ein junger Gouda enthält viel Wasser und Fett. Er schmilzt gut und zieht lange Fäden. Ein alter Gouda schmilzt auch gut, bildet aber wegen seines geringeren Wassergehalts keine Fäden. Parmesan enthält sehr wenig Wasser, schmilzt deshalb nicht mehr, sondern bräunt nur noch.

Mini-Pizzen

Schnell ●●●	Zubereitungszeit: 25 Min.
Vorbereiten ●●	Ruhezeit: 30 Min.
Preiswert ●●●	Backzeit: 15 Min.

Pro Stück ca. 270 kcal
13 g Eiweiß/13 g Fett/25 g Kohlenhydrate

ZUTATEN FÜR 8 MINI-PIZZEN:
250 g Mehl
1 Päckchen Trockenhefe
5 EL Olivenöl
Salz
1 TL Oregano
1 Päckchen Tomaten in Stücken (Tetrapack, 370 g Inhalt)
100 g gekochter Schinken in Scheiben
250 g Mozzarella
1 Bund Basilikum
Mehl für die Arbeitsfläche
Backpapier

1 Das Mehl mit Trockenhefe mischen. 3 EL Olivenöl, 1 Prise Salz und 70 ml lauwarmes Wasser vermischen, zu dem Mehl geben und schnell zu einem glatten Teig verarbeiten. Den Teig zugedeckt an einem warmen Ort 30 Min. gehen lassen.

2 Inzwischen 2 EL Olivenöl erhitzen, Oregano und Tomatenstücke dazugeben. Unter Rühren köcheln lassen, bis die Flüssigkeit verdampft ist.

3 Den Schinken in Streifen schneiden. Mozzarella würfeln. Basilikum waschen und streifig schneiden. Die Zutaten mit den vorbereiteten Tomaten mischen.

4 Den Backofen auf 220° vorheizen. Das Backblech mit Backpapier belegen. Den Hefeteig auf bemehlter Arbeitsfläche nochmals durchkneten. Danach in 8 Stücke teilen. Etwas Mehl auf die Arbeitsfläche geben und die Teigstücke zu kleinen Fladen formen. Die Ränder sollten etwas dicker sein. Die Ränder mit Olivenöl einpinseln. Den Belag auf den Pizzen verteilen. Im Ofen (Mitte, Umluft 200°) 12- 15 Min. backen, bis sie schön gebräunt sind.

Zutaten tauschen: Tomatenstücke, Salami, Oliven, Gratinkäse **oder** Tomatenstücke, Champignons in Scheiben, Kräuterfrischkäse **oder** Ananas, Schinken, Crème fraîche mit Kräutern

Calzone

Schnell ●●	Zubereitungszeit: 40 Min.
Vorbereiten ●●	Backzeit: 20 Min.
Preiswert ●●	Ruhezeit: 30 Min.

Pro Stück ca. 815 kcal
31 g Eiweiß /40 g Fett /83 g Kohlenhydrate

ZUTATEN FÜR 4 STÜCK:
1/2 Würfel Hefe (20 g)
450 g Mehl · 6 EL Olivenöl · Salz
200 g Ricotta (italienischer Frischkäse)
2 Eier · 1 TL Oregano
50 g geriebener Parmesan
Pfeffer · 100 g grüne Oliven ohne Stein
100 g Salami in Scheiben
Backpapier

1 Die Hefe zerbröckeln und mit 200 ml lauwarmen Wasser verrühren. Mit den Mehl, 1/4 TL Salz und Olivenöl zu einem glatten geschmeidigen Teig verkneten. Zugedeckt an einem warmen Ort 30 Min. gehen lassen.

2 Für die Füllung Ricotta mit den Eiern, Oregano und Parmesan verrühren. Mit Salz und Pfeffer abschmecken. Oliven vierteln und Salami in Streifen schneiden.

3 Den Backofen auf 220° vorheizen. Das Backblech mit Backpapier belegen.

4 Den Hefeteig auf bemehlter Arbeitsfläche nochmals durchkneten und vierteln. Die Viertel zu Kugeln formen und zu runden Fladen ausrollen. Die Fladen mit dem restlichen Olivenöl bestreichen.

5 Ricottafüllung auf den Fladen verteilen, Salami und Oliven darüber streuen. Die Fladen zusammenklappen, die Ränder fest andrücken.

6 Die Calzone auf das Backblech legen. Im Ofen (Mitte, Umluft 200°) 20 Min. backen. Herausnehmen und warm servieren.

Zutaten tauschen: Anstatt Salami gekochten Schinken in Streifen nehmen. Kapern und 1 EL gehackte Petersilie unter die Ricottafüllung rühren.

Bild oben: Calzone
Bild unten: Mini-Pizzen

Hefe aufbewahren

Wenn nicht der ganze Hefewürfel für ein Gebäck gebraucht wird, können Sie den Rest in Klarsichtfolie wickeln und weiterhin im Kühlschrank bis zum Verfallsdatum aufbewahren. Datum also am besten auf die Folie schreiben. Besser nicht die Hefemenge im Teig erhöhen, um Reste zu vermeiden, denn zuviel Hefe kann das Aufgehen des Teiges verhindern.

Schoko-Croissants

Arbeitszeit: 10 Min.
Backzeit 12 Min.

Pro Stück ca. 230 kcal
3 g EW/15 g F/22 g KH

ZUTATEN FÜR 6 STÜCK:
1 Packung Croissant-Teig
(6 Stück, 250 g, Kühltheke)
6 EL Nuss-Nougat-Creme
Backpapier
Schokoröllchen zum Bestreuen

1 Den Backofen auf 200° vorheizen. Das Backblech mit Backpapier auslegen.

2 Den Croissant-Teig auseinanderrollen und aufs Blech legen. Je 1 EL Nuss-Nougat-Creme auf 1 Teigstück streichen und von der breiten Seite her aufrollen.

3 Die Croissants im Backofen (Mitte, Umluft 180°) 12 Min. backen. 5 Min. vor Ende der Backzeit mit Schokoröllchen bestreuen.

Zutaten tauschen:
Statt Nuss-Nougat-Creme je 1/2 EL Aprikosenkonfitüre auf die Teigstücke streichen oder 50 g gemahlene Haselnüsse mit etwas Zimt, 2 1/2 TL Zucker und 50 g Sahne verrühren, Masse auf die Teigstücke streichen.

Quark-Brötchen

Zubereitungszeit: 15 Min.
Backzeit: 20 Min.

Pro Stück ca. 160 kcal
5 g EW /7 g F /19 g KH

ZUTATEN FÜR 12 STÜCK
150 g Magerquark
8 EL Milch · 6 EL Öl
1 / 2 TL Salz
1 EL geschälte Sesamsamen
1 EL Leinsamen
1 EL Sonnenblumenkerne
300 g Mehl
1 Päckchen Backpulver
Sesam und Leinsamen zum Bestreuen · Backpapier

1 Den Backofen auf 200° vorheizen. Das Backblech mit Backpapier belegen.

2 Quark mit 7 EL Milch, Öl und Salz cremig schlagen. Sesamsamen, Leinsamen und Sonnenblumenkerne unterrühren. Mehl mit Backpulver mischen und unter den Quark kneten.

3 Den Teig zur Rolle formen und in 12 Stücke teilen. Die Stücke zu Kugeln rollen und auf das Blech legen. Die Brötchen mit einem Messer kreuzweise einritzen. Mit Milch bestreichen. Sesam- und Leinsamen darüber streuen. Brötchen im Ofen (Mitte, Umluft 180°) 15 bis 20 Min. backen.

Müslibrötchen

Zubereitungszeit: 15 Min.
Ruhezeit: 1 Std.
Backzeit: 25-30 Min.

Pro Stück ca. 185 kcal
6 g EW/2 g F/35 g KH

ZUTATEN FÜR 15 STÜCK:
500 g Weizenmehl Type 1050
200 g ungesüßtes Müsli
5 EL kernige Haferflocken
2 Päckchen Trockenhefe
1 TL Zucker
1 TL Salz
1 EL Sonnenblumenöl
Backpapier

1 Alle Zutaten, bis auf 2 EL Haferflocken, mit 3/8 l lauwarmen Wasser mischen und 10 Min. kneten. Bei Bedarf noch etwas Wasser hinzufügen. Den Teig in einer abgedeckten Schüssel 45 Min. gehen lassen.

2 Den Backofen auf 200° vorheizen. Ein Backblech mit Backpapier auslegen. Teig nochmals kneten und 15 gleich große Brötchen formen. Die Brötchen auf dem Backblech abgedeckt 15 Min. gehen lassen.

3 Die Oberfläche der Brötchen kreuzweise einschneiden, mit lauwarmem Wasser bestreichen und mit den restlichen Haferflocken bestreuen. Die Brötchen im Ofen (Mitte, Umluft 180°) 25-30 Min. backen.

Milchbrötchen

Zubereitungszeit: 15 Min.
Ruhezeit: 1 Std.
Backzeit: 25-30 Min.

Pro Stück ca. 195 kcal
6 g EW/5 g F/31 g KH

ZUTATEN FÜR 12 STÜCK:
1/2 Würfel Hefe
1 TL Zucker
1/4 l lauwarme Milch
1 TL Salz · 500 g Mehl
50 g weiche Butter
1 Ei · Backpapier

1 Hefe und Zucker in der Milch auflösen. Alle Zutaten zu einem glatten Teig verkneten. Den Teig abgedeckt in einer Schüssel 45 Min. gehen lassen.

2 Den Backofen auf 200° vorheizen. Ein Backblech mit Backpapier auslegen. Den Teig noch einmal durchkneten, 12 Brötchen formen und auf dem Backblech abgedeckt 15 Min. gehen lassen.

3 Die Teigoberfläche mit lauwarmem Wasser bestreichen und die Brötchen in den Ofen schieben. Eine Tasse Wasser auf den Herdboden gießen. Die Brötchen im Ofen (Mitte, Umluft 180°) 25-30 Min. backen.

Aus dem Vorrat:
Mischen Sie 50 g Rosinen unter den Teig.

Ciabatta

Zubereitungszeit: 15 Min.
Ruhezeit: 4-5 Std.
Backzeit: 30-35 Min.

Pro Brot ca. 875 kcal
27 g EW/9 g F/169 g KH

ZUTATEN FÜR 3 BROTE:
30 g Hefe
1 TL Zucker
1 EL Salz
600 g Mehl
100 g + 2 EL Weizen-Vollkornschrot
2 EL Olivenöl
1 TL getrocknetes Oregano

1 Die Hefe in 1/2 l lauwarmem Wasser mit dem Zucker auflösen. Alle Zutaten, bis auf 2 EL Weizenschrot, miteinander verkneten.

2 Ein Backblech mit Backpapier auslegen. Den Teig dritteln und jeweils zu einer Kugel formen. Die Teigkugeln auf dem Backblech abgedeckt 4-5 Std. gehen lassen.

3 Den Backofen auf 230° vorheizen. Die Teigkugeln zu länglichen Broten auseinanderziehen, anfeuchten und mit Weizenschrot bestreuen. Die Brote im Backofen (Mitte, Umluft 210°) 10 Min. backen. Bei 210° (Umluft 190°) weitere 20–25 Min. backen.

Walnussbrot

Zubereitungszeit: 15 Min.
Ruhezeit: 1 1/4 Std.
Backzeit: 40-45 Min.

Pro Scheibe ca. 195 kcal
6 g EW/5 g F/31 g KH

ZUTATEN FÜR 1 BROT
(12 SCHEIBEN):
1 1/2 Würfel Hefe
1 TL Zucker
250 g Mehl
250 g + 1 EL Roggenmehl
1 EL Salz · 3 EL Olivenöl
200 g gehackte Walnüsse
Backpapier

1 Die Hefe mit dem Zucker in 1/4 l lauwarmem Wasser auflösen. Alle Zutaten, bis auf 1 EL Roggenmehl und die Walnüsse, mit der Hefemilch verkneten. Den Teig abgedeckt 45 Min. gehen lassen.

2 Den Backofen auf 200° vorheizen. Ein Backblech mit Backpapier auslegen. Den Teig mit den Walnüssen verkneten.

3 Ein längliches Brot formen und auf dem Backblech 30 Min. gehen lassen. Die Oberfläche dreimal quer einschneiden, mit Wasser bestreichen und mit dem Roggenmehl bestreuen. Das Brot im Ofen (Mitte, Umluft 180°) 40-45 Min. backen.

6 x SCHNELLE BROTE

Sesambrötchen

Schnell ●●	Zubereitungszeit: 15 Min.
Vorbereiten ●●●	Ruhezeit: 45 Min.
Preiswert ●●●	Backzeit: 30–35 Min.

Pro Stück ca. 195 kcal
5 g Eiweiß/6 g Fett/31 g Kohlenhydrate

ZUTATEN FÜR 12 STÜCK:
1 Würfel Hefe (42 g)
1/4 l lauwarmer Kefir
1 TL Zucker
1 EL Salz
250 g Mehl
250 g Roggenmehl
4 EL Öl
4 EL Sesam
Backpapier

1 Die Hefe in dem Kefir mit dem Zucker auflösen. Das Salz mit den beiden Mehlsorten in einer Schüssel mischen. Den Kefir mit der aufgelösten Hefe einrühren.

2 Das Öl zum Mehl geben und alle Zutaten 10 Min. kneten. Den Teig in einer abgedeckten Schüssel 30 Min. gehen lassen.

3 Den Backofen auf 190° vorheizen. Ein Backblech mit Backpapier auslegen. Den gegangenen Teig noch einmal kneten, 12 runde Brötchen formen und auf dem Backblech abgedeckt 15 Min. gehen lassen.

4 Die Teigoberfläche sternförmig mit einem Messer einschneiden. Mit lauwarmem Wasser bestreichen und mit Sesam bestreuen. Im Ofen (Mitte, Umluft 170°) 30-35 Min. backen.

Zutaten tauschen: Diese würzigen Brötchen schmecken auch sehr gut, wenn sie mit Mohnsamen bestreut werden.

Mit Pep: Aus diesem Teig können Sie auch 16–20 kleine Brötchen formen, auf dem Backblech zu einem Brötchenkranz zusammensetzen und z.B. mit Kümmel-, Anis-, Koriander- und Fenchelsamen bestreuen.

Toskanisches Brot

Schnell ●●●	Zubereitungszeit: 30 Min.
Vorbereiten ●●●●	Ruhezeit: 12 Std.
Preiswert ●●	Backzeit: 35 Min.

Pro Scheibe ca. 120 kcal
4 g Eiweiß/1 g Fett/22 g Kohlenhydrate

ZUTATEN FÜR 3 BROTE (à 36 SCHEIBEN):
1 kg + 3 EL Mehl
2 Würfel Hefe (84 g)
1 TL Zucker · 3 TL Salz
75 g getrocknete Tomaten in Öl
4 EL Pinienkerne
12 schwarze Oliven ohne Stein
1 EL Olivenöl
1 EL frische Rosmarinnadeln
6 schwarze Pfefferkörner
Backpapier

1 Das Mehl, bis auf 3 EL, in eine Schüssel sieben, eine Mulde hineindrücken und die Hefe hineinbröckeln. Den Zucker darüber streuen und die Hefe mit etwas Wasser glatt rühren. Den Ansatz abgedeckt in einer Schüssel 10 Min. gehen lassen.

2 Den Hefeansatz mit etwas Mehl bestäuben. 3/4 l lauwarmes Wasser und Salz dazugeben und den Teig 10 Min. kneten. In einer abgedeckten Schüssel im Kühlschrank über Nacht gehen lassen.

3 Am folgenden Tag den Backofen auf 250° vorheizen. Ein Backblech mit Backpapier auslegen. Den Teig noch einmal gut 5 Min. kneten. Tomaten abtropfen lassen, mit Pinienkernen, Oliven und Rosmarinnadeln mittelfein hacken und mit dem Öl mischen, Pfefferkörner mörsern.

4 Oliven-Tomaten-Zubereitung und Pfeffer kurz unter den Teig kneten und zu drei backblechlangen Brotstangen formen. Die Brote abgedeckt 1 Std. gehen lassen. Mit Wasser bestreichen, mehrmals schräg einschneiden und mit Mehl bestäuben. Im Ofen (Mitte, Umluft 230°) 5 Min. backen und bei 180° (Umluft 160°) in 25–30 Min. fertig backen.

Bild oben: Toskanisches Brot
Bild unten: Sesambrötchen

Brotback-Tipps

➤ Stellen Sie in den Ofen eine Tasse heißes Wasser, während das Brot backt, dann geht der Teig schön auf.
➤ Um festzustellen, ob ein Brot gar ist, das Brot mit einem Handschuh oder Topflappen hoch nehmen und am Boden klopfen. Klingt es hohl, ist das Brot gut.
➤ Hefebrötchen und -brote schmecken frisch am besten. Mit Sauerteig oder grobem Mehl zubereitete Brote sollten dagegen im ausgeschalteten Backofen abkühlen.

Dreikornzopf mit Käse

Schnell	●●●	Zubereitungszeit: 30 Min.
Vorbereiten	●●○	Ruhezeit: 1 Std. 15 Min.
Preiswert	●●●	Backzeit: 50 Min.

Pro Scheibe ca. 290 kcal
11 g Eiweiß/10 g Fett/38 g Kohlenhydrate

FÜR 1 ZOPF (14 SCHEIBEN):
1 Würfel Hefe (42g)
1 TL Zucker
3 TL Salz
375 g Mehl
250 g Roggenmehl (Type 1150)
125 g Grünkernschrot
5 EL Olivenöl
250 g Gruyère
1 Eiweiß
1 EL Kümmel
Backpapier

1 Die Hefe in 350 ml lauwarmen Wasser mit dem Zucker auflösen. Die Mehlsorten und den Schrot mit dem Salz mischen. Hefewasser und das Öl dazugießen und alles 10 Min. kneten.

2 Den Teig in einer Schüssel abgedeckt 30 Min. gehen lassen. Den Käse grob reiben. Den gegangenen Teig mit etwa 200 g geriebenem Käse verkneten und noch einmal abgedeckt 30 Min. gehen lassen.

3 Den Backofen auf 190° vorheizen. Ein Backblech mit Backpapier auslegen. Den Teig in drei gleich große Stücke teilen, zu etwa 30 cm langen Rollen formen und auf dem Backblech zu einem Zopf flechten.

4 Den Käsezopf ein weiteres Mal abgedeckt 15 Min. gehen lassen. Dann im Ofen (Mitte, Umluft 170°) 30 Min. backen. Das Eiweiß mit einigen Tropfen Wasser verrühren. Den Zopf damit bestreichen, mit dem restlichen Käse und dem Kümmel bestreuen. Den Zopf weitere 15–20 Min. backen.

!! Mit Pep: Sie können den Käsezopf auch so herstellen: Rollen Sie die drei Teigstränge 1/2 cm dick aus, bestreuen Sie sie mit geriebenem Käse, rollen Sie die Stränge von der Längsseite her auf und flechten Sie aus den gefüllten Rollen einen Zopf.

Kürbishörnchen

Schnell	●●	Zubereitungszeit: 30 Min.
Vorbereiten	●●●	Backzeit: 30 Min.
Preiswert	●●	

Pro Stück ca. 225 kcal
9 g Eiweiß /10 g Fett /26 g Kohlenhydrate

ZUTATEN FÜR 15 STÜCK:
125 g Kürbiskerne
1 EL Kürbiskernöl
250 g Magerquark
125 ml Öl · 1/8 l Milch
1 EL Salz · 500 g Mehl
1 Päckchen Backpulver
1 Ei + 1 Eigelb · Backpapier

1 Die Hälfte der Kürbiskerne in einer fettfreien Pfanne rösten und mit dem Kürbiskernöl mischen. Den Quark durch ein Sieb streichen, mit Öl, Milch und Salz glatt rühren.

2 Das Mehl mit dem Backpulver über die Quarkmischung sieben und alles zu einem glatten Teig verarbeiten. Den Backofen auf 190° vorheizen. Ein Backblech mit Backpapier auslegen.

3 Die gerösteten Kürbiskerne mittelfein hacken. Das Ei mit Eigelb und einigen Tropfen Wasser verrühren. Den Teig zwischen Frischhaltefolie etwa 4 mm dick ausrollen und 15 gleich große Dreiecke ausschneiden.

4 Die Teigdreiecke dünn mit Ei bestreichen und die gehackten Kürbiskerne hineindrücken. Den Teig von der breiten Seite her aufrollen und zu Hörnchen formen.

5 Die Hörnchen aufs Backblech setzen, mit dem restlichen Ei bestreichen und mit den ganzen Kürbiskernen bestreuen. Im Ofen (Mitte, Umluft 170°) 25-30 Min. backen.

Zutaten tauschen: Statt der Kürbiskerne können Sie für diese kernigen Hörnchen auch Sonnenblumenkerne oder Erdnüsse verwenden. In diesem Fall das Kürbiskernöl durch ein neutrales Öl ersetzen.

Bild oben: Dreikörnzopf mit Käse
Bild unten: Kürbishörnchen

Kürbiskernöl

Gewonnen wird Kürbiskernöl aus den Samen der Riesen- und Speisekürbisse. Durch das Pressen der Kerne erhält man das grüne Speiseöl. Es enthält sehr viel Chlorophyll, den gleichen Farbstoff, der auch Pflanzen grün färbt. Ursprünglich stammen Kürbisse aus Mittelamerika, jedoch ist der Schwerpunkt der Kürbiskernölgewinnung heute in Ungarn.

Kartoffelbrot

Schnell	●●●	Zubereitungszeit: 30 Min.
Vorbereiten	●●●	Ruhezeit: 2 Std.
Preiswert	●●●	Backzeit: 1 Std. 20 Min.

Pro Scheibe ca. 225 kcal
7 g Eiweiß/3 g Fett/43 g Kohlenhydrate

ZUTATEN FÜR 1 BROT (20 SCHEIBEN):
1 kg Mehl
1 Würfel Hefe (42 g)
1 TL Zucker
150 g Natursauerteig (Reformhaus)
3/8 l lauwarme Milch
2 EL Salz · 1 Ei
300 g gekochte Pellkartoffeln
frisch geriebene Muskatnuss
1/4 Tasse kalter Kaffee
1 TL Fenchelsaat
Backpapier

1 Das Mehl in eine Schüssel geben und in die Mitte eine Mulde drücken. Die Hefe hineinbröckeln, den Zucker darüber streuen und mit etwas Milch glatt rühren. Den Ansatz abgedeckt 10 Min. gehen lassen.

2 Den Beutel mit dem Sauerteig 10 Min. in warmes Wasser legen. Den gegangenen Hefeansatz mit etwas Mehl bestäuben. Den Sauerteig, einen Großteil der Milch, das Salz und das Ei dazugeben. Die Kartoffeln pellen und darüber reiben. Teig mit Muskatnuss würzen. Alle Zutaten 10 Min. kneten.

3 Den Teig abgedeckt in einer Schüssel 50 Min. gehen lassen. Ein Backblech mit Backpapier auslegen. Den Teig noch einmal kneten und zu einem runden Laib formen. Auf das Backblech legen und zugedeckt 1 Std. gehen lassen.

4 Den Backofen auf 250° vorheizen. In der Mitte des gegangenen Brots einen etwa 6 cm großen Kreis einschneiden. Von dort das Brot strahlenförmig einschneiden. Die Oberfläche mit Kaffee bestreichen, die Fenchelsaat in die Mitte des Kreises streuen und gut andrücken.

5 Das Brot in den Ofen schieben (Mitte, Umluft 230°) und sofort eine Tasse Wasser auf den Herdboden gießen. Nach 10 Min. die Temperatur auf 200° (Umluft 180°) reduzieren und das Brot in 50-60 Min. fertig backen. Noch einmal mit Kaffee bestreichen.

Bauernbrot

Schnell	●●●	Zubereitungszeit: 20 Min.
Vorbereiten	●●●	Ruhezeit: 1 Std. 30 Min.
Preiswert	●●●	Backzeit: 1 Std. 10 Min.

Pro Scheibe ca. 180 kcal
6 g Eiweiß/2 g Fett/34 g Kohlenhydrate

ZUTATEN FÜR 1 BROT (16 SCHEIBEN):
400 g + 1 EL Roggenvollkornmehl
325 g Weizenvollkornmehl
1 Würfel Hefe (42g) · 1 TL Zucker
150 g Natursauerteig (Reformhaus)
4 EL Rübensirup
3 TL Salz · Backpapier

1 Die Mehlsorten, bis auf 1 EL Roggenvollkornmehl, in einer Schüssel mischen. Mit einem Löffel eine Mulde drücken und die Hefe hineinbröckeln. Den Zucker und etwas lauwarmes Wasser dazugeben und die Hefe mit etwas Mehl glatt rühren. Den Ansatz abgedeckt 10 Min. gehen lassen.

2 Den Beutel mit dem Sauerteig 10 Min. in warmes Wasser legen. Den gegangenen Hefeansatz mit etwas Mehl bestreuen. Den Sauerteig, 3/8 l lauwarmes Wasser, den Sirup und das Salz hinzufügen. Alle Zutaten 10 Min. kneten. Den Teig abgedeckt in einer Schüssel 45 Min. gehen lassen.

3 Ein Backblech mit Backpapier auslegen. Den Teig ein weiteres Mal kneten und ein längliches Brot formen. Auf das Backblech legen und zugedeckt 35 Min. gehen lassen.

4 Inzwischen den Backofen auf 230° vorheizen. Die Oberfläche des gegangenen Brots mehrmals kreuzweise einritzen, mit Wasser bestreichen und mit dem restlichen Mehl bestreuen. Das Brot in den Ofen schieben und sofort eine Tasse Wasser auf den Herdboden gießen. Das Brot im Ofen (Mitte, Umluft 210°) 10 Min. backen und bei 200° (Umluft 180°) in 50-60 Min. fertig backen.

> Zutaten tauschen: Lieben Sie ein besonders kerniges Brot, dann nehmen Sie statt des Weizenvollkornmehls ein mittelfeines Weizen-Vollkornschrot.

Bild oben: Kartoffelbrot
Bild unten: Bauernbrot

Sauerteig selber machen

200 g Roggenmehl (Type 1150) mit 1 EL Honig und 1/2 TL Kümmelkörnern mischen und soviel Wasser zugießen, bis ein glatter Brei entstanden ist. Diesen mit Weizenmehl bestäuben und an einem warmen Ort (20–26°) 3 Tage abgedeckt stehen lassen. Während dieser Zeit einmal am Tag mit einem Holzlöffel (auf keinen Fall Metall!) durchrühren. Am dritten Tag ist der Sauerteig fertig (ca. 300 g) und kann verwendet werden. In einem Schraubglas hält sich der Sauerteig im Kühlschrank bis zu 8 Wochen frisch.

Einfaches Kastenweißbrot

Schnell ●●●	Zubereitungszeit: 20 Min.
Vorbereiten ●●●	Ruhezeit: 1 Std.
Preiswert ●●●	Backzeit: 60–70 Min.

Pro Scheibe ca. 300 kcal
9 g Eiweiß /6 g Fett /53 g Kohlenhydrate

ZUTATEN FÜR 1 KASTENFORM (25 cm LÄNGE, 14 SCHEIBEN):
1/2 l lauwarme Milch
1 Würfel Hefe (42g)
1 TL Zucker
1 EL Salz
1 kg Mehl
6 EL flüssige Butter
Butter für die Form

1 Die Milch mit der Hefe und dem Zucker verrühren. Das Salz und das gesiebte Mehl mischen. Die Hefemilch darüber gießen, mit etwas Mehl bestreuen und die Butter einrühren.

2 Den Teig 10 Min. kneten und in einer abgedeckten Schüssel 30 Min. gehen lassen. Kastenform einfetten. Den Teig noch einmal durchkneten, in die Form legen und ein weiteres Mal abgedeckt 30 Min. gehen lassen.

3 Den Backofen auf 190° vorheizen. Die Teigoberfläche einmal längs einschneiden und mit lauwarmem Wasser bestreichen. Das Brot im Ofen (Mitte, Umluft 170°) 60-70 Min. backen.

‼ Mit Pep: Aus diesem Teig können Sie auch einen Zopf flechten, mit etwas Milch bestreichen und backen.

‼ Mit Pep: Das Weißbrot schmeckt besonders saftig und würzig, wenn Sie einen festen Apfel zum Teig raspeln und zusätzlich 50 g gehackte Erdnüsse einarbeiten.

Zwiebelbrot

Schnell ●●●	Zubereitungszeit: 20 Min.
Vorbereiten ●●●	Ruhezeit: 3 Std.
Preiswert ●●●	Backzeit: 35 Min.

Pro Scheibe ca. 155 kcal
5 g Eiweiß /1 g Fett/32 g Kohlenhydrate

FÜR 1 BROT (12 SCHEIBEN):
1 Würfel Hefe (42 g)
1 TL Zucker
1 EL Salz
500 g Mehl
1/8 l lauwarme Buttermilch
50 g Röstzwiebeln (Fertigprodukt)
Backpapier

1 Die Hefe im 200 ml warmem Wasser mit dem Zucker auflösen. Das Salz mit dem Mehl und der Buttermilch mischen. Das Hefewasser dazugießen. Alle Zutaten 10 Min. kneten und in einer abgedeckten Schüssel 1 Std. gehen lassen.

2 Den gegangenen Teig noch einmal kräftig durchkneten und ein weiteres Mal in einer abgedeckten Schüssel 1 Std. gehen lassen.

3 Ein Backblech mit Backpapier auslegen. Den Teig noch einmal kneten, mit den Röstzwiebeln mischen und zu einem ovalen, flachen Brot formen. Den Teig auf dem Backblech abgedeckt noch einmal 1 Std. gehen lassen.

4 Den Backofen auf 250° vorheizen. Das Brot mit warmem Wasser bestreichen und im Ofen (Mitte, Unluft 230°) 5 Min. backen. Die Temperatur auf 200° (Umluft 180°) reduzieren und das Brot in 25-30 Min. fertig backen.

‼ Mit Pep: Das Brot wird gehaltvoller, wenn Sie 100 g Zwiebeln schälen, fein würfeln und in 40 g Schweineschmalz goldbraun braten. Die abgekühlten Zwiebeln mit dem Fett unter den gegangenen Teig kneten. In diesem Fall brauchen Sie etwas weniger Flüssigkeit.

Bild oben: Einfaches Kastenweißbrot
Bild unten: Zwiebelbrot

Brot frisch halten

Brot sollte möglichst trocken und luftig aufbewahrt werden. Ein Steinguttopf mit Deckel ist z.B. ideal. Der Kühlschrank ist nicht geeignet, darin wird es schnell hart und altbacken. Generell gilt: Je höher der Roggenanteil, desto länger hält sich ein Brot. Sauerteigbrote schmecken oft am 2. Tag am besten. Ist ein Brot schimmelig geworden, werfen Sie es im Ganzen weg, denn auch wenn es nicht zu sehen ist, kann schon das ganze Brot befallen sein.

Weizenvollkornbrot

Schnell	●●	Zubereitungszeit: 45 Min.
Vorbereiten	●●●	Ruhezeit: 1 Std. 30 Min.
Preiswert	●●●	Backzeit: 60–70 Min.

Pro Scheibe ca. 175 kcal
6 g Eiweiß / 4 g Fett / 28 g Kohlenhydrate

ZUTATEN FÜR 1 BROT (12 SCHEIBEN):
1 Würfel Hefe (42g)
300 ml lauwarme Buttermilch
1 TL Zucker
1 EL Salz
400 g Weizenvollkornmehl
100 g + 2 EL Weizen-Vollkornschrot
2 EL Rübensirup
4 EL Öl
Backpapier

1 Die Hefe in der lauwarmem Buttermilch mit dem Zucker auflösen. Salz, Weizenvollkornmehl und 100 g Weizen-Vollkornschrot in einer Schüssel mischen. Die Hefemilch, den Rübensirup und das Öl dazu geben.

2 Alle Zutaten 10 Min. kneten. Den Teig in einer Schüssel abgedeckt 30 Min. gehen lassen. Anschließend wieder zusammenschlagen und noch einmal durchkneten. Den Teig ein weiteres Mal abgedeckt 30 Min. gehen lassen.

3 Den Backofen auf 220° vorheizen. Ein Backblech mit Backpapier auslegen. Den Teig noch einmal kneten, zu einem runden Laib formen und auf dem Backblech abgedeckt 30 Min. gehen lassen.

4 Den Teig einmal kreuzweise einschneiden, mit lauwarmem Wasser bestreichen und mit dem restlichen Vollkornschrot bestreuen. Das Brot im Ofen (Mitte, Umluft 200°) 10 Min. vorbacken, dann bei 200° (Umluft 180°) in 50–60 Min. fertig backen.

!! Mit Pep: Mischen Sie für einen kernigen Genuss 100 g Haselnüsse unter den Teig und verwenden Sie statt des neutralen Öls Haselnussöl. Die Teigoberfläche kann vor dem Backen auch mit groben Haferflocken bestreut werden.

Fladenbrot

Schnell	●●●	Zubereitungszeit: 20 Min.
Vorbereiten	●●	Ruhezeit: 1 Std. 40 Min.
Preiswert	●●	Backzeit: 40 Min.

Pro Scheibe ca. 140 kcal
4 g Eiweiß / 2 g Fett / 25 g Kohlenhydrate

ZUTATEN FÜR 2 BROTE (à 24 SCHEIBEN):
400 g Roggenmehl (Type 1150)
1 Würfel Hefe (42 g)
1 TL Zucker
150 g Natursauerteig (Reformhaus)
300 g Roggen-Backschrot (Type 1800)
100 g + 2 EL grobes Roggen-Vollkornschrot
3 TL Salz · 2 EL Sonnenblumenöl
1 TL Kümmel · 1 TL Fenchelsamen
1 EL Anissamen · Backpapier

1 Das Roggenmehl in eine Schüssel geben und in die Mitte eine Mulde drücken. Die Hefe hineinbröckeln. Den Zucker darüber streuen und die Hefe mit etwas Wasser und Mehl glatt rühren. Den Ansatz abgedeckt 10 Min. ruhen lassen.

2 Den Beutel Sauerteig 10 Min. in warmes Wasser legen. Den Backschrot mit dem Vollkornschrot, bis auf 2 EL, 3/8 l lauwarmem Wasser, Salz, Öl, Kümmel, Fenchel, 1 TL Anissamen und Sauerteig mischen. Roggenmehl mit Hefeansatz hinzufügen und alle Zutaten 10 Min. kneten.

3 Den Teig abgedeckt in einer Schüssel 1 Std. gehen lassen. Den Backofen auf 220° vorheizen. Zwei Backbleche mit Backpapier auslegen. Den Teig noch einmal durchkneten, halbieren und auf jedem Blech einen Brotfladen formen. Abgedeckt 30 Min. gehen lassen. Mit Wasser bestreichen, mit Vollkornschrot und den restlichen Anissamen bestreuen. Im Ofen (Mitte, Umluft 200°) 35-40 Min. backen.

Zutaten tauschen: Sie können den Brotteig auch mit 75 g kross gebratenen Speckwürfeln und 100 g gut ausgedrücktem Sauerkraut würzen anstatt der Gewürze. Diese Krautfladen dann mit Kümmel bestreuen.

Bild oben: Weizenvollkornbrot
Bild unten: Fladenbrot

Roggenmehl

In Deutschland wird Roggen nach Weizen am zweithäufigsten angebaut. Hauptsächlich wird er zum Brotbacken verwendet. Im Vergleich zu Dinkel und Weizen enthält Roggen einen sehr geringen Anteil an Kleber, der für die feinporige Krume verantwortlich ist. Deshalb wird Roggenmehl entweder mit Sauerteig zubereitet oder mit Weizenmehl gemischt, damit das Brot gut aufgeht.

Mango-Creme

Das Fruchtfleisch von 1/4 Mango mit 100 g Doppelrahm-Frischkäse pürieren und 1 TL gemahlene Mandeln unterrühren. Bis zum Servieren im Kühlschrank aufbewahren. Reicht für 4 Scheiben Brot und passt besonders gut zu Nussbroten.

Apfel-Marzipan-Aufstrich

1 Apfel schälen, entkernen und in Stücke schneiden. Mit 50 g Marzipanrohmasse pürieren. Wenn die Masse noch zu trocken ist, nach Belieben 2 TL Joghurt oder Apfelsaft mit untermixen. Der Aufstrich reicht für 4-6 Brotscheiben oder Brötchenhälften.

Bananen-Schoko-Aufstrich

2 reife Bananen schälen und zu einem glattem Mus zerdrücken, dann mit 8 TL Schokoröllchen und nach Belieben etwas Zimt vermischen. Reicht für 4 Scheiben Brot und schmeckt auf Weißbrot und auf Vollkornbrot.

Himbeer-Mohn-Aufstrich

100 g Marzipanrohmasse nach und nach mit 200 ml Milch verrühren. 250 g Quark (Magerstufe) unterrühren und mit 50 g Honig süßen. 50 g Mohnbackmischung und 200 g frische Himbeeren unterziehen. Schmeckt prima zu frisch gebackenem Weißbrot.

Avocado-Orangen-Aufstrich

Das Fleisch von 2 reifen Avocados mit 1 EL Weißweinessig pürieren. Mit dem Saft 1 Orange und 100 g Frischkäse verrühren. Mit Salz und Pfeffer würzen. Reicht für 4 Brötchen oder 8 Scheiben Brot.

Nusscreme

50 g Walnüsse fein hacken. 50 g Mandeln fein mahlen. 150 g Erdnusscreme (aus dem Glas) mit 100 g Quark und 2 EL Ahornsirup cremig rühren. Mandeln und Walnüsse unter die Nusscreme rühren. Die Creme schmeckt auf herzhaftem Bauernbrot oder Pumpernickel ganz ausgezeichnet.

Kichererbsencreme

1 Dose Kichererbsen (240 g Abtropfgewicht) mit 4 EL Zitronensaft, 2 EL Öl, Petersilienblättchen von 2-3 Stängeln, 5 Oliven ohne Kern, 1 Knoblauchzehe und 2-3 EL Wasser pürieren. 1 klein gewürfelte Tomate untermischen, salzen und pfeffern. Ein schneller Aufstrich für 8 Portionen.

Schafskäsecreme

Blitzschnelle 6 Portionen: 100 g in Öl eingelegten Schafskäse (aus dem Glas) mit 1 Tomate pürieren. Man kann den Aufstrich auch mit Feta aus der Salzlake zubereiten, der Schafskäse aus dem Öl ist aber durch die Kräuter und Gewürze, die mit im Glas sind, aromatischer.

Bunter Gemüsequark

2 EL Kürbiskerne trocken rösten. 1 Tomate blanchieren, häuten, entkernen. 1/4 gelbe Paprikaschote putzen. Beides mit je 1/2 Apfel und Mini-Gurke, 1 kleinen Salzgurke fein würfeln. 1/2 Bund Schnittlauch in Röllchen schneiden. Alles mit 250 g Quark mit 2 EL flüssiger Butter, Salz und Cayennepfeffer verrühren.

Eiercreme

3 Eier hart kochen, pellen und mit 3 EL Mayonnaise, etwas Curry, Salz und fein gehackten Kräutern pürieren. Diese Creme reicht für 4 bis 6 Portionen und schmeckt besonders köstlich auf ofenfrischem Baguette, frischem Nussbrot und auf knusprigen Vollkornbrötchen.

Lachstartar

150 g geräucherten Lachs fein würfeln. Mit 5 EL Zitronensaft und 1 EL gehacktem Dill vermischen. Ergibt 4 Portionen und schmeckt am besten auf Pumpernickel oder Baguette. Erst kurz vor dem Servieren zubereiten, der Zitronensaft macht das Lachsfleisch fest.

Räucherfischcreme

Die Blätter von 1 Bund Basilikum grob hacken. Mit 150 g Crème fraîche im Mixer pürieren. 250 g Forellenfilets fein zerpflücken, mit 1 TL Senf und 2 EL Sahne pürieren oder ganz fein hacken. Forellen mit der Basilikumcreme gut vermischen und mit Salz und Pfeffer würzen. Die Creme reicht für 12 Scheiben Baguette.

BROTAUFSTRICHE

Feste rund ums Jahr

Was backe ich ...

... wenn es superschnell gehen soll:

Blitz-Kekse 194
Brownies 210
Clowntorte 200
Halloween-Käsegebäck 210
Harry's Zauberschnitten 192
Herztorte 202
Honigkuchen 214
Konfettitorte 195
Kürbis-Muffins 194
Lolli-Kuchen 198
Marzipan-Engel 218
Mohrenköpfe 196
Mohrenkopftorte 192
Möhrentorte 206
Mürbeteigkugeln 216
Muttertagsherzen 192
Nikolaus-Taler 220
Nougat-Schweinsöhrchen 196
Osterhäschen 193
Osterkranz 193
Osterlamm 193
Ostertorte 206
Schneeflocken 195
Schnelle Lebkuchen 195
Schneller Apfel-Lebkuchen-Strudel 222
Schokokipferl 194
Spinnennetz-Torte 212
Spritzgebäck 218
Süßes Faschingsgebäck 226
Teigtaschen mit Geflügelfüllung 208
Weckmänner 214
Wünsch-Dir-Was-Kuchen 200
Zimtspiralen 220

... zu Fasching, Karneval und Silvester?

Biskuitschmetterlinge 198
Clowntorte 200
Gefülltes Glücksschwein 224
Harry's Zauberschnitten 192
Konfettitorte 195
Lolli-Kuchen 198
Minikrapfen 226
Mini-Muffins 224
Mohrenköpfe 196
Mohrenkopftorte 192
Nougat-Schweinsöhrchen 196
Popcorn-Kuchen 212
Süßes Faschingsgebäck 226
Wünsch-Dir-Was-Kuchen 200

... zum Muttertag und Valentinstag?

Biskuitschmetterlinge 198
Herztorte 202
Himbeerherz 202
Muttertagsherzen 192
Wünsch-Dir-Was-Kuchen 200

... zu Ostern?

Brandteigkränze
    mit Erdbeersahne 204
Brötchenhasen 204
Ligurische Spinattorte 208
Mörentorte 206
Osterhäschen 193
Osterkranz 193
Osterlamm 193
Ostertorte 206
Teigtaschen mit
    Geflügelfüllung 208

... zu Halloween?

Brownies 210
Fingerhäppchen 224
Halloween-Käsegebäck 210
Konfettitorte 195
Kürbis-Muffins 194
Lolli-Kuchen 198
Mini-Krapfen 226
Mohrenköpfe 196
Nougat-Schweinsöhrchen 196
Popcorn-Kuchen 212
Spinnennetz-Torte 212

... im Advent und zu Weihnachten?

Adventskalender 216
Blitz-Kekse 194
Honigkuchen 214
Marzipan-Engel 218
Mürbeteigkugeln 216
Nikolaus-Taler 220
Schneeflocken 195
Schnelle Lebkuchen 195
Schneller Apfel-Lebkuchen-Strudel 222
Schokokipferl 194
Spritzgebäck 218
Weckmänner 214
Weihnachtsstollen 222
Zimtspiralen 220

.. wenn es was fürs Kinderfest geben soll:

Biskuitschmetterlinge 198
Brandteigkränze
    mit Erdbeersahne 204
Clowntorte 200
Gefülltes Glücksschwein 224
Harry's Zauberschnitten 192
Himbeerherz 202
Konfettitorte 195
Kürbis-Muffins 194
Lolli-Kuchen 198
Minikrapen 226
Mini-Muffins 224
Nougat-Schweinsöhrchen 196
Popcorn-Kuchen 212
Schokoköpfe 196
Schokokopftorte 192
Teigtaschen mit Geflügelfüllung 208
Wünsch-Dir-Was-Kuchen 200
Zimtspiralen 220

Harry's Zauberschnitten

Zubereitungszeit: 15 Min.
Backzeit: 25 Min.

Pro Stück ca. 310 kcal
5 g EW /21 g F /24 g KH

ZUTATEN FÜR 12 SCHNITTEN:
250 g Butter
200 g Honig oder brauner Zucker
4 Eier · 100 g Knusper-Müsli
150 g gemahlene Haselnüsse
2 EL Sonnenblumenkerne
1 EL gehackte Kürbiskerne
150 g Weizenvollkornmehl
1 TL Backpulver
Zuckerschrift (aus der Tube)
Fett für das Blech

1 Den Backofen auf 180° vorheizen. Das Backblech fetten.

2 Die Butter mit Honig oder braunem Zucker verrühren. Die Eier dazugeben.

3 Müsli mit Nüssen und Kernen mischen und unter die Eiercreme rühren. Das Mehl mit Backpulver mischen und unterheben. Teig auf das Blech streichen und im Backofen (Mitte, Umluft 160 °C) 20–25 Min. backen.

4 Noch heiß die Schnitten mit einem scharfen Messer schneiden. Für die Dekoration mit Zuckerschrift Blitze auf die Zauberschnitten malen.

Mohrenkopftorte

Zubereitungszeit : 15 Min.

Pro Stück ca. 330 kcal
9 g EW /10 g F /23 g KH

ZUTATEN FÜR 12 STÜCK:
9 große Mohrenköpfe
500 g Magerquark
1 Zitrone · 300 g Sahne
1 Päckchen Sahnesteif
1 fertiger Biskuitboden (28 cm Ø)
12 kleine Mohrenköpfe

1 Die Waffelböden von den großen Mohrenköpfen abschneiden und klein würfeln. Den Schaum und Schokoüberzug zerdrücken.

2 Die Zitrone auspressen. Den Quark mit Zitronensaft verrühren. Zerdrückte Mohrenköpfe und die klein gewürfelten Waffelböden unterheben.

3 Die Sahne mit Sahnesteif steif schlagen und mit der Quarkmasse vermischen.

4 Die Quarkmasse gleichmäßig auf dem Tortenboden verteilen und mit den kleinen Mohrenköpfen oder anderen Süßigkeiten verzieren.

5 Mohrenkopftorte bis zum Gebrauch in den Kühlschrank stellen.

Muttertagsherzen

Auftauzeit: 10-15 Min.
Zubereitungszeit: 15 Min.
Backzeit: 15-20 Min.

Pro Stück ca. 565 kcal
7 g EW/41 g F/42 g KH

ZUTATEN FÜR 2 HERZEN
(4 PORTIONEN):
4 rechteckige Scheiben
TK-Blätterteig (ca. 360 g)
200 g Erdbeeren · 200 g Sahne
2 Päckchen Vanillezucker
Mandelblättchen · Zucker
Backpapier

1 Den Blätterteig auftauen lassen. Das Backblech mit Backpapier belegen. Den Ofen auf 200° vorheizen.

2 Je 2 Teigplatten übereinander legen und daraus je 1 Quadrat von ca. 20x20 cm ausrollen. Aus den Quadraten 2 Herzen ausschneiden, mit Wasser bepinseln und Mandeln bestreuen. Etwas Zucker darüber streuen. Im Ofen (Mitte, Umluft 180°) 15-20 Min. backen.

3 Die Erdbeeren waschen, putzen und längs in Scheiben schneiden. Die Sahne mit dem Vanillezucker steif schlagen. Die abgekühlten Herzen quer durchschneiden, den Boden mit Sahne bestreichen, mit Erdbeeren belegen und dann den Deckel aufsetzen.

Osterhäschen

Auftauzeit: 10-15 Min.
Zubereitungszeit: 15 Min.
Backzeit: 10 Min.

Pro Stück ca. 85 kcal
1 g EW/5 g F/8 g KH

FÜR 18 STÜCK:
3 rechteckige Scheiben tiefgekühlter Blätterteig (ca. 350 g)
18 Rosinen
Zucker zum Bestreuen
Backpapier

1 Den Blätterteig auftauen lassen. Das Backblech mit Backpapier belegen und den Ofen auf 200° vorheizen.

2 Den Blätterteig mit einer Gabel mehrmals einstechen, mit einer Häschenform Hasen ausstechen. Die Teigreste nicht zusammenkneten, sondern übereinanderlegen und ausrollen.

3 Die Häschen aufs Blech legen, je eine Rosine als Auge einsetzen, mit etwas Zucker bestreuen und im Ofen (Mitte, Umluft 180°) 10 Min. backen.

<u>Deko-Tipp:</u> Verzieren Sie die Häschen mit Zuckerschrift.

Osterkranz

Zubereitungszeit: 15 Min.
Backzeit : 20 Min.

Bei 12 Stück pro Stück ca. 215 kcal
7 g EW /7 g F /32 g KH

ZUTATEN FÜR 1 KRANZ:
200 g Magerquark
7 EL Milch · 6 EL Öl
1 Ei + 1 Eigelb · 80 g Zucker
1 Päckchen Vanillezucker
400 g Mehl
1 Päckchen Backpulver
Fett für das Blech
3 EL Sesamsamen

1 Den Quark mit 6 EL Milch, Öl, Ei, Zucker und Vanillezucker verrühren. Das Mehl mit dem Backpulver mischen. Die Hälfte des Mehls unterrühren, dann das restliche Mehl unterkneten. Den Backofen auf 180° vorheizen. Das Backblech fetten.

2 Den Teig dritteln. Die Teigstücke auf bemehlter Arbeitsfläche zu 50 cm langen Rollen formen. Die Rollen zu einem Zopf flechten, anschließend zu einem Kranz zusammenlegen und auf das Backblech legen.

3 Das Eigelb mit 1 EL Milch verrühren, den Kranz damit einpinseln, mit Sesam bestreuen und im Ofen (Mitte, Umluft 160 °) in 20 Min. goldbraun backen.

Osterlamm

Zubereitungszeit: 15 Min.
Backzeit: 45 Min.

Pro Stück ca. 2160 kcal
39 g EW/122 g F/227 g KH

ZUTATEN FÜR 1 LAMMBACKFORM MIT 0,8 L INHALT:
80 g weiche Butter
80 g Zucker · 2 Eier
abgeriebene Schale von
1 unbehandelten Zitrone
80 g gemahlene Mandeln
80 g Mehl
80 g Speisestärke
1 TL Backpulver
Puderzucker zum Bestäuben
Fett für die Form

1 Den Backofen auf 180° vorheizen. Die Backform fetten.

2 Die Butter mit dem Zucker, den Eiern und der Zitronenschale schaumig rühren. Die Mandeln untermischen, Mehl, Speisestärke und Backpulver nur kurz unterrühren.

3 Den Teig in die Lammbackform füllen und im Ofen (unten, Umluft 160°) 45 Min. backen. Den Kuchen aus der Form lösen und dick mit Puderzucker bestäuben.

6 x SCHNELL & FESTLICH

Kürbis-Muffins

Zubereitungszeit: 15 Min.
Backzeit: 20-25 Min.

Pro Stück ca. 245 kcal
4 g EW/12 g F/31 g KH

ZUTATEN FÜR 12 STÜCK:
250 g Kürbisfruchtfleisch
150 g Butter · 200 g Zucker · 3 Eier
1 TL Zimt · 200 g Mehl
1/2 Päckchen Backpulver
Fett oder Papierbackförmchen

1 Die Mulden eines Muffinblechs einfetten oder pro Muffin 2 Papierbackförmchen ineinanderstecken. Den Ofen auf 200° vorheizen.

2 Kürbis pürieren. Die Butter mit Zucker, Eiern und Zimt verquirlen. Das Kürbispüree unterrühren. Das Mehl und das Backpulver nur kurz untermischen. Den Teig in das Muffinsblech oder in die Förmchen füllen. Im Ofen (Mitte, Umluft 180°) 20-25 Min. backen.

Deko-Tipp: 300 g Puderzucker mit 8 EL Zitronensaft verrühren. Mit gelber und roter Speisefarbe kräftig orange einfärben. Die Muffins mit der Glasur überziehen. Trocknen lassen und mit Zuckerschrift (aus der Tube) Halloween-Gesichter aufmalen.

Schokokipferl

Zubereitungszeit: 15 Min
Kühlzeit: 30 Min.
Backzeit: 10 Min.

Pro Stück ca. 70 kcal
1 g EW/5 g F/5 g KH

ZUTATEN FÜR 30 STÜCK:
125 g Mehl
100 g gemahlene Mandeln
100 g weiche Butter
60 g Zucker
1 Eigelb
1 TL ungezuckertes Kakaopulver
Backpapier

1 Den Backofen auf 200° vorheizen. Das Backblech mit Backpapier belegen.

2 Das Mehl, die Mandeln, die Butter, den Zucker, das Eigelb und das Kakaopulver zu einem glatten Teig verkneten. 30 Min. kalt stellen.

3 Vom Teig walnussgroße Stückchen abzupfen und zwischen den Handflächen zu Kipferl rollen.

4 Die Kipferl auf das Backblech legen und im Ofen (Mitte, Umluft 180°) 10 Min. backen.

Deko-Tipp: Kipferlspitzen in weiße Kuvertüre tauchen.

Blitz-Kekse

Zubereitungszeit: 15 Min.
Backzeit: 7 Min.

Pro Stück ca. 100 kcal
1 g EW/7 g F/9 g KH

ZUTATEN FÜR 20 STÜCK:
150 g gehobelte Haselnüsse
80 g Zucker · 1 Msp. Zimt
4 EL Honig · 1 EL Butter
125 g Sahne · 2 EL Mehl
Backpapier

1 Den Ofen auf 200° vorheizen. Das Backblech mit Backpapier auslegen. Die Haselnüsse mit dem Zucker, dem Zimt und dem Honig in einem Topf so lange erhitzen, bis sich der Zucker aufgelöst hat. Die Butter und die Sahne dazugeben, die Masse einmal aufkochen und 2 Min. köcheln lassen.

2 Das Mehl unterrühren und die Masse nochmals aufkochen. Den Topf vom Herd nehmen und etwas abkühlen lassen.

3 Mit einem Esslöffel aus dem Teig kleine Häufchen mit Abstand auf das Backblech setzen. Die Kekse im Ofen (Mitte, Umluft 180°) 7 Min. backen.

Deko-Tipp: Geschmolzene Schokolade mit einem Teelöffel in Linien über das Gebäck laufen lassen.

Schnelle Lebkuchen

Zubereitungszeit: 15 Min.
Backzeit: 20 Min.

Pro Stück ca. 160 kcal
4 g EW/7 g F/20 g KH

ZUTATEN FÜR 20 STÜCK:
2 Eier · 125 g Zucker
1/2 TL Zimt · 1/4 TL Nelkenpulver
1 Prise gemahlene Muskatnuss
2 Tropfen Bittermandelöl
125 g gehacktes Zitronat
200 g gemahlene Mandeln
50 g gehackte Mandeln
150 g Puderzucker
2 EL lauwarme Milch
bunter Streuzucker · Backpapier

1 Die Eier mit dem Zucker schaumig schlagen. Die Gewürze und das Bittermandelöl hinzufügen. Zitronat und Mandeln unter die Eimasse rühren.

2 Das Backblech mit Backpapier belegen. Mit Hilfe von 2 Teelöffeln kleine Häufchen auf das Backblech setzen.

3 Den Backofen auf 180° (Mitte, Umluft 160°) einstellen. Das Blech in den kalten Ofen schieben. Die Lebkuchen 20 Min. backen.

4 Für die Glasur Puderzucker mit Milch verrühren. Die Lebkuchen noch lauwarm mit Glasur bestreichen und mit buntem Streuzucker verzieren.

Schneeflocken

Zubereitungszeit: 15 Min.
Kühlzeit: 30 Min.
Backzeit: 15 Min.

Pro Stück ca. 85 kcal
1 g EW /5 g F/8 g KH

ZUTATEN FÜR 50 STÜCK:
250 g Butter · 100 g Puderzucker
2 Vanilleschoten
120 g geschälte, gemahlene Mandeln · 250 g Speisestärke
100 g Puderzucker · Backpapier

1 Die Butter mit Puderzucker schaumig rühren. Die Vanilleschoten längs aufschneiden, das Mark herauskratzen und unterrühren. Mandeln und Speisestärke zu der Buttermischung geben und alles zu einem glatten Teig verarbeiten.

2 Den Teig zu etwa 3 cm dicken Rollen formen und 30 Min. kühl stellen. Den Backofen auf 180 ° vorheizen. Das Backblech mit Backpapier belegen.

3 Die Rollen in Scheiben schneiden. Die Scheiben zu kleinen Kugeln formen. In die Oberfläche kleine Rillen eindrücken. Die Plätzchen auf das Blech setzen. Im Ofen (Unten, Umluft 160°) 12-15 Min. backen. Herausnehmen und abkühlen lassen. Die erkalteten Schneeflocken dick mit Puderzucker bestäuben.

Konfettitorte

Zubereitungszeit: 15 Min
Backzeit: 45 Min.

PBei 12 Stück pro Stück ca. 400 kcal
5 g EW/20 g F/52 g KH

ZUTATEN FÜR 1 SPRINGFORM (24 cm Ø):
Für den Teig:
4 Eier · 250 g Butter
200 g Zucker
350 g Apfelmus (aus dem Glas)
1 Fläschchen Bittermandelaroma
250 g Mehl · 2 TL Backpulver
Für den Guss:
150 g Puderzucker
3-4 EL Zitronensaft
Dekor-Konfetti (Fertigprodukt, Backregal)
Fett für die Form

1 Den Backofen auf 180° vorheizen. Die Form fetten.

2 Die Eier mit der Butter und dem Zucker verquirlen. Das Apfelmus und das Bittermandelaroma untermischen, dann das Mehl und das Backpulver nur kurz unterrühren. Den Teig in die Form füllen und im Ofen (Mitte, Umluft 160°) 45 Min. backen. Leicht abkühlen lassen.

3 Den Puderzucker mit dem Zitronensaft zu einem glatten Guss verrühren. Den Kuchen damit bestreichen und mit den Dekor-Konfetti bestreuen.

Mohrenköpfe

Schnell ●●●	Zubereitungszeit: 25 Min.
Vorbereiten ●●	Backzeit: 20–25 Min.
Preiswert ●●●	

Pro Stück ca. 335 kcal
3 g Eiweiß / 24 g Fett / 27 g Kohlenhydrate

ZUTATEN FÜR 12 STÜCK:
Für den Teig:
50 g Zartbitterschokolade
200 g weiche Butter · 200 g Zucker
3 Eier · 100 g Crème fraîche
1 TL ungezuckertes Kakaopulver · 200 g Mehl
Für die Glasur:
150 g Zartbitterschokolade
Zuckerschrift, Zuckerperlen, Kokosraspel etc.
Fett oder Papierbackförmchen

1 Die Mulden eines Muffinblechs einfetten oder mit den Papierbackförmchen auslegen. Den Backofen auf 190° vorheizen. Die Schokolade für den Teig in einem kleinen Topf bei milder Hitze schmelzen.

2 Die Butter mit dem Zucker und den Eiern schaumig rühren. Die geschmolzene Schokolade, die Crème fraîche und das Kakaopulver untermischen, dann das Mehl nur kurz unterrühren. Den Teig in die Blech-Vertiefungen oder in die Papierbackförmchen füllen und im Ofen (Mitte, Umluft 170°) 20-25 Min. backen. Abkühlen lassen.

3 Die Schokolade für die Glasur bei milder Hitze schmelzen und die Muffins damit überziehen. Die Schokolade trocknen lassen und die Mohrenköpfe nach Belieben verzieren.

Zutaten tauschen: Ob Zartbitter oder Vollmilch: Verwenden Sie für die Mohrenkopf-Muffins Ihre Lieblingsschokolade. Statt Crème fraîche kann man auch Sahne oder Schmand verwenden.

Mit Pep: Die Muffins quer durchschneiden und mit geschlagener Sahne füllen. Die Sahne schmeckt gut mit Vanillezucker oder – nur für Erwachsene – mit Eierlikör!

Deko-Tipp: Verschenken Sie die Muffins als Geburtstags-Gospel-Chor: Dafür den Mohrenkopfgesichtern mit Zuckerschrift einen runden, geöffneten Mund aufmalen.

Nougat-Schweinsöhrchen

Schnell ●●●	Auftauzeit: 10–15 Min.
Vorbereiten ●	Zubereitungszeit: 10 Min.
Preiswert ●●●	Backzeit: 15 Min.

Pro Stück ca. 65 kcal
1 g Eiweiß / 4 g Fett / 5 g Kohlenhydrate

ZUTATEN FÜR 35 STÜCK:
5 rechteckige Scheiben TK-Blätterteig (450 g)
5 gehäufte EL Nuss-Nougat-Creme
Backpapier

1 Das Backblech mit Backpapier auslegen. Die Blätterteigscheiben darauf nebeneinander auftauen lassen.

2 Den Backofen auf 200° vorheizen. Die Blätterteigscheiben mit Nuss-Nougat-Creme bestreichen, von beiden kurzen Seiten her jeweils bis zur Mitte aufrollen und jede aufgerollte Blätterteigscheibe in 7 Stücke schneiden.

3 Die Nougat-Schweinsöhrchen im Ofen (Mitte, Umluft 180°) 15 Min. backen.

Zutaten tauschen: Schweinsöhrchen kann man unendlich variieren. Lassen Sie die Nuss-Nougat-Creme weg, und mit etwas Zimtzucker bestreut und wie im Rezept aufgerollt werden aus dem Blätterteig Zucker-Schweinsöhrchen. Statt Nuss-Nougat-Creme kann man aber auch die Lieblingskonfitüre, Nüsse nach Wahl oder pürierte Früchte als Blätterteigbelag nehmen.

Mit Pep: Bestreichen Sie die gefüllten und aufgerollten Blätterteigscheiben mit etwas Eigelb und streuen Sie gehackte Mandeln oder Haselnüsse über den Teig. Erst dann in Scheiben schneiden und wie im Rezept weitermachen. Oder: Einen Teil der gebackenen und abgekühlten Schweinsöhrchen in geschmolzene Schokolade tauchen.

Bild oben: Mohrenköpfe
Bild unten: Nougat-Schweinsöhrchen

Kinder backen selber

Einfaches Gebäck, wie Schweinsöhrchen aus Blätterteig, können Kinder alleine vorbereiten. Stellen Sie ihnen den aufgetauten Blätterteig und verschiedene Zutaten zum Belegen hin, und schon kann es losgehen.
Backen ist übrigens auch eine tolle Beschäftigung für Kinderfeste. Die Kinder dürfen dann zum Schluss die selbstgebackenen Köstlichkeiten zusammen aufessen oder mit nach Hause nehmen.

Lolli-Kuchen

Schnell	●●●	Zubereitungszeit: 20 Min.
Vorbereiten	●●●	Backzeit: 40–45 Min.
Preiswert	●●●	

Bei 12 Stück pro Stück ca. 380 kcal
6 g Eiweiß /20 g Fett /45 g Kohlenhydrate

ZUTATEN FÜR 1 SPRINGFORM (24 cm Ø):
5 Eier
250 g weiche Butter
300 g Zucker
300 g Mehl
1/2 Päckchen Backpulver
2 EL ungezuckertes Kakaopulver
Puderzucker zum Bestäuben
verschiedene Lollis
Zuckerschrift (aus der Tube, Backregal)
Fett für die Form

1 Den Backofen auf 190° vorheizen. Die Springform einfetten.

2 Die Eier mit der Butter und dem Zucker schaumig rühren. Das Mehl und das Backpulver nur kurz unterrühren und die Hälfte des Teiges in die Springform füllen. Das Kakaopulver unter den restlichen Teig rühren und den Schokoladenteig auf den hellen Teig streichen. Mit einem Stäbchen die beiden Teige etwas vermischen. Den Kuchen im Ofen (Mitte, Umluft 170°) 40–45 Min. backen. Abkühlen lassen.

3 Den Kuchen mit Puderzucker bestäuben. Die Lollis entweder eingepackt lassen und kunterbunt in den Kuchen stecken, dabei manche tiefer reinstecken, damit verschiedene Höhen entstehen. Oder: Die Lollis auspacken, mit Zuckerschrift Gesichter und evtl. Haare aufmalen. Entlang dem Kuchenrand nebeneinander in den Teig stecken und in die Mitte einen extra dicken oder extra großen Lolli (z.B. als Geburtstagskind) stecken.

Zutaten tauschen: Mischen Sie statt Kakaopulver 100 g Schokoröllchen oder Schokotröpfchen (Backregal) unter den ganzen Teig.

Biskuitschmetterlinge

Schnell	●●	Zubereitungszeit: 45 Min.
Vorbereiten	●●●	Backzeit: 15 Min.
Preiswert	●●	

Bei 20 Stück pro Stück ca. 180 kcal
2 g Eiweiß /8 g Fett /28 g Kohlenhydrate

ZUTATEN FÜR 1 BACKBLECH:
4 Eier
120 g + 2 EL Zucker
1 Päckchen Vanillezucker
120 g Mehl
150 g Aprikosenkonfitüre
1 EL Grand Marnier (nach Belieben)
100 g helle Schokoladenglasur
100 g dunkle Schokoladenglasur
bunte Zuckerperlen, Zuckerblümchen, kandierte Blüten zum Dekorieren (Supermarkt, Backwarenabteilung)
1 Schmetterlings-Ausstechform (etwa 6 cm; ersatzweise Schablone aus festem Karton)
Backpapier

1 Den Backofen auf 200° vorheizen. Ein Backblech mit Backpapier belegen.

2 Eier mit 120 g Zucker und Vanillezucker schaumig rühren. Das Mehl unterheben. Teig auf dem Backblech verteilen. Im Ofen (Mitte, Umluft 180°) 15 Min. backen. Herausnehmen und auf ein mit den 2 EL Zucker bestreutes Backpapier stürzen. Etwas abkühlen lassen, Backpapier abziehen.

3 Aprikosenkonfitüre erwärmen, durch ein Sieb streichen, nach Belieben mit Grand Marnier verrühren. Den Biskuit mit der Konfitüre einpinseln. Danach längs halbieren, mit der bestrichenen Seite aufeinanderlegen und gut festdrücken.

4 Mit einer Schmetterlings-Ausstechform Schmetterlinge ausstechen.

5 Helle und dunkle Schokoladenglasur nach Packungsanweisung im Wasserbad erwärmen. Die Schmetterlinge auf ein Holzspießchen oder eine kleine Gabel stecken und mit der Schokolade überziehen. Mit Zuckerperlen, Zuckerguss oder kandierten Blüten verzieren. Danach kühl aufbewahren.

Bild oben: Lolli-Kuchen
Bild unten: Biskuitschmetterlinge

Lolli-Kuchen Deko-Tipp

Aus den Lollis lassen sich auch Figuren basteln: Marzipanrohmasse zu Kugeln formen und als Körper auf den Lolli-Stiel stecken. Jetzt noch einen Holzspieß als Arme durch den Körper stecken. Oder: Ein Loch durch den Körper bohren und ein Stück Fruchtgummischnur als Arme durchziehen.

Wünsch-Dir-Was-Kuchen

Schnell	●●●	Zubereitungszeit: 25 Min.
Vorbereiten	●●●	Backzeit: 20 Min.
Preiswert	●	

Bei 16 Stück pro Stück ca. 245 kcal
6 g Eiweiß / 9 g Fett / 37 g Kohlenhydrate

ZUTATEN FÜR 1 BACKBLECH:
Für den Teig:
100 g Butter · 6 Eier · 200 g Zucker
1 Päckchen Vanillezucker
200 g Mehl · 1/4 TL Backpulver
Für die Creme:
1 Päckchen Vanillepuddingpulver · 2 EL Zucker
350 ml Pfirsich- oder Aprikosennektar
250 g Sahnequark oder Naturjoghurt
1,5 kg Früchte und Beeren nach Wunsch (z. B. Aprikosen, Kirschen, Trauben, Erdbeeren, Himbeeren, Brombeeren)
2 EL Puderzucker zum Bestäuben · Backpapier

1 Den Backofen auf 180° vorheizen. Das Backblech mit Backpapier belegen. Die Butter bei mittlerer Hitze schmelzen lassen. Die Eier trennen. Eiweiße steif schlagen, 50 g Zucker einrieseln lassen. Die Eigelbe mit restlichem Zucker und Vanillezucker schaumig rühren. Mehl mit Backpulver mischen. Mehl und Eischnee zu der Eigelbcreme geben und locker vermischen. Zum Schluss die flüssige Butter unterheben.

2 Den Teig auf das Blech geben und verstreichen. Im Ofen (Mitte, Umluft 160°) in 20 Min. goldbraun backen. Biskuit auf dem Blech etwas abkühlen lassen, dann auf eine Platte stürzen und das Backpapier abziehen.

3 Pfirsichnektar mit Zucker und Puddingpulver verrühren. Unter Rühren erhitzen, den Pudding kurz kochen lassen, danach vom Herd nehmen und abkühlen lassen. Ab und zu umrühren, damit sich keine Haut bildet. Quark oder Joghurt unter den erkalteten Pudding rühren.

4 Die Biskuitplatte mit dem Pudding bestreichen und 16 Stücke einteilen. Die Früchte und Beeren waschen und vorbereiten. Nach Wunsch die Kuchenstücke mit den Lieblingsbeeren oder -früchten belegen. Die Tortenstücke nach Belieben mit Puderzucker bestäuben.

Blitzvariante: Für die Creme 1 Päckchen Puddingcreme ohne Kochen zubereiten. Den Quark oder Joghurt einrühren. Die Creme auf dem Kuchen verteilen.

Clowntorte

Schnell	●●●	Zubereitungszeit: 25 Min.
Vorbereiten	●●	Backzeit: 55 Min.
Preiswert	●●	

Bei 12 Stück pro Stück ca. 400 kcal
5 g Eiweiß / 24 g Fett / 41 g Kohlenhydrate

ZUTATEN FÜR 1 SPRINGFORM (24 cm Ø):
Für den Teig:
1/2 Dose Aprikosen (240 g Abtropfgewicht)
200 g weiche Butter · 3 Eier
200 g Zucker · 100 g Vanillejoghurt
300 g Mehl · 1/2 Päckchen Backpulver
Zum Garnieren:
300 g Sahne · Zuckerschrift (aus der Tube, Backregal)
1 runde Praline · Fett für die Form

1 Den Backofen auf 180° vorheizen. Die Springform einfetten. Die Aprikosen abtropfen lassen und klein schneiden.

2 Die Butter mit den Eiern und dem Zucker schaumig rühren. Den Joghurt und die Aprikosenstücke untermischen. Das Mehl und das Backpulver nur kurz unterrühren und den Teig in die Springform füllen. Den Kuchen im Ofen (Mitte, Umluft 160°) 55 Min. backen. Abkühlen lassen.

3 Die Sahne steif schlagen und den Kuchen damit rundherum bestreichen. Mit Zuckerschrift Augen, Clownmund und Haare aufmalen. Als Nase eine dicke, runde Praline in die Mitte der Torte setzen.

Zutaten tauschen: Der Teig schmeckt auch mit Mandarinen, Pfirsichen, Mangos und Birnen lecker. Statt Vanillejoghurt Naturjoghurt, Schmand oder Sahne verwenden. Wer die Clowntorte gern schon einen Tag vorher zubereiten möchte, verziert sie statt mit Sahne mit Zuckerguss: Dafür 300 g Puderzucker mit 8 EL Zitronensaft verrühren und mit einer Palette von der Mitte aus gleichmäßig auf der Torte verteilen. Den Guss fest werden lassen und erst dann mit Zuckerschrift bemalen.

Bild oben: Wünsch-Dir-Was-Kuchen
Bild unten: Clowntorte

Wünsch Dir Was!

Wer immer sich diesen Kuchen gewünscht hat, darf auch bestimmen, mit welchen Früchten er belegt wird. Vielleicht nur eine Sorte Obst oder auch zwei, oder ein ganzer Obstsalat? Wer mag, kann auch seine Gäste mitbestimmen lassen, oder jeder belegt sich das eigene Stück mit seinem Lieblingsobst.

Himbeerherz

Schnell ●●	Zubereitungszeit: 40 Min.
Vorbereiten ●●●	Backzeit: 30 Min.
Preiswert ●●	

Bei 10 Stück pro Stück ca. 400 kcal
6 g Eiweiß /28 g Fett /31 g Kohlenhydrate

ZUTATEN FÜR 1 HERZFORM (1 L INHALT):
40 g Butter · 3 Eier · 150 g Zucker
50 g geschälte, fein gemahlene Mandeln
50 g Mehl · 500 g Himbeeren
2 EL Himbeersirup
100 g Crème fraîche
100 g weiße Schokolade · 400 g Sahne
1 Päckchen Sahnesteif · Fett für die Form

1 Den Backofen auf 180° vorheizen. Die Herzform einfetten.

2 Butter schmelzen. Die Eier trennen, Eiweiße steif schlagen, dabei 50 g Zucker einrieseln lassen. Eigelbe mit restlichem Zucker cremig rühren. Mandeln mit dem Mehl mischen und mit dem Eischnee unter die Eigelbcreme heben. Flüssige Butter unterziehen. Teig in die Form füllen, im Ofen (Mitte, Umluft 160°) 30 Min. backen. Herausnehmen und abkühlen lassen.

3 Himbeeren verlesen, 200 g Himbeeren mit Sirup pürieren und durch ein Sieb streichen. Crème fraîche erwärmen, Schokolade klein hacken, dazugeben und schmelzen lassen. Himbeerpüree einrühren.

4 Kuchen aus der Form stürzen, quer halbieren. Sahne mit Sahnesteif steif schlagen. Die Schokoladen-Himbeermasse nach und nach unter die Sahne rühren.

5 Die Himbeercreme auf den Boden geben, 100 g Himbeeren darüber streuen. Torte zusammensetzen und mit Puderzucker bestäuben. Beeren in der Kuchenmitte herzförmig auflegen. Bis zum Gebrauch kühl stellen.

Blitzvariante: 300 g Himbeeren mit 2 EL Himbeersirup pürieren und mit der Schokocreme verrühren. Biskuitherz durchschneiden, mit Creme füllen, zusammensetzen und rundherum mit der Creme bestreichen. Den Kuchen mit kleinen Marzipanherzen (rosa Marzipan) verzieren.

Herztorte

Schnell ●●●	Zubereitungszeit: 30 Min.
Vorbereiten ●●●	Kühlzeit: 2 Std.
Preiswert ●●	Backzeit: 40–45 Min.

Bei 12 Stück pro Stück ca. 375 kcal
7 g Eiweiß /22 g Fett /37 g Kohlenhydrate

ZUTATEN FÜR 1 SPRINGFORM (24 CM Ø):
Für die Schokosahne:
150 g Sahne · 100 g weiße Schokolade
Für den Teig:
50 g Sahne · 100 g weiße Schokolade
90 g Butter · 6 Eier
150 g Zucker · 150 g Mehl
Für die Deko:
100 g hauchdünne Schokoladentäfelchen
Puderzucker zum Bestäuben · Fett für die Form

1 Die Sahne in einem kleinen Topf erhitzen. Die Schokolade in Stücke brechen und unter Rühren in der Sahne schmelzen. Achtung: Die Sahne soll nur warm sein und darf keinesfalls kochen! Die Schokosahne in einen Rührbecher gießen und für mindestens 2 Std. in den Kühlschrank stellen.

2 Den Backofen auf 180° vorheizen. Die Springform einfetten. Die Sahne für den Teig erwärmen und die Schokolade darin schmelzen. Die Butter in einem kleinen Topf zerlassen.

3 Eier trennen. Eiweiße steif schlagen. Eigelbe mit dem Zucker und der Butter schaumig schlagen. Die geschmolzene Schokolade unterrühren. Mehl nur kurz untermischen. Den Teig in die Springform füllen und im Ofen (Mitte, Umluft 160°) 40-45 Min. backen. Abkühlen lassen.

4 Aus den Schokotäfelchen Herzen ausstechen und kühl legen. Schokosahne schaumig schlagen. Kuchen umdrehen, sodass die gewölbte Seite unten ist, mit der Schokosahne bestreichen. Torte üppig mit Schokoherzen verzieren. Die Herzen nach Belieben mit etwas Puderzucker bestäuben.

Bild oben: Himbeerherz
Bild unten: Herztorte

Blitzvariante Biskuit

Sie sparen Zeit, wenn Sie die Eier für den Biskuit nicht trennen, sondern im Ganzen aufschlagen. Dann ist es jedoch notwendig, 1–2 TL Backpulver unter den Teig zu rühren, damit er trotzdem garantiert aufgeht und schön luftig wird.

Brandteigkränze mit Erdbeersahne

Schnell ●●	Zubereitungszeit: 45 Min.
Vorbereiten ●●●	Backzeit: 30 Min.
Preiswert ●●	

Pro Stück ca. 640 kcal
10 g Eiweiß /52 g Fett /34 g Kohlenhydrate

ZUTATEN FÜR 6 STÜCK:
120 g Butter · Salz · 1 TL Zucker · 150 g Mehl
4 Eier · 500 g Erdbeeren
1 EL Himbeersirup · 2 EL Puderzucker
250 g Mascarpone · 200 g Sahne
1 Päckchen Sahnesteif
Puderzucker zum Bestäuben
Backpapier

1 Den Backofen auf 220° vorheizen. 250 ml Wasser mit Butter, 1 Prise Salz und Zucker in einem Topf zum Kochen bringen. Vom Herd ziehen, das Mehl auf einmal hineinschütten, gut unterrühren. Wieder auf den Herd stellen und rühren, bis sich ein Kloß bildet. Vom Herd nehmen und die Eier nach und nach unter den Teig rühren. Dabei muss sich immer wieder ein Kloß bilden.

2 Ein Backblech mit Backpapier auslegen. Den Teig in einen Spritzbeutel mit gezackter Tülle füllen. 6 Kränze (Ø 10 cm) auf das Backblech spritzen. Die Kränze im Ofen (Mitte, Umluft 200°) in 20 Min. goldbraun backen. Ofen ausschalten. Brandteigkränze im leicht geöffneten Backofen noch 10 Min. nachziehen lassen. Herausnehmen und quer halbieren.

3 Die Erdbeeren putzen, waschen, einige Erdbeeren für die Garnitur beiseite legen. Den Rest klein würfeln. In einer Schüssel mit 1 EL Himbeersirup vermischen.

4 Puderzucker mit Mascarpone verrühren. Die Sahne mit Sahnesteif aufschlagen. Mascarponecreme esslöffelweise unter Rühren zu der Sahne geben. Klein geschnittene Erdbeeren unterheben.

5 Brandteigkränze mit der Erdbeercreme füllen. Restliche Erdbeeren fächerartig aufschneiden und in die Kränze garnieren. Mit Puderzucker bestäuben.

Obst tauschen: 300 g Rhabarber putzen, waschen und in kleine Würfel schneiden. Mit 2 EL Johannisbeergelee in einen Topf geben, kurz aufkochen und abkühlen lassen. Rhabarberkompott unter die Creme rühren.

Brötchenhasen

Schnell ●●	Zubereitungszeit: 45 Min.
Vorbereiten ●●●	Ruhezeit: 30 Min.
Preiswert ●●●	Backzeit: 25 Min.

Pro Stück ca. 75 kcal
2 g Eiweiß /3 g Fett /10 g Kohlenhydrate

ZUTATEN FÜR 19 HASEN:
250 g Mehl
1/2 Päckchen Trockenhefe
1/8 l warme Milch
40 g Butter
1 Ei
1 TL Salz
1 Eigelb
Rosinen und Mohnsamen zum Dekorieren
Backpapier

1 Mehl und Trockenhefe in eine Schüssel geben und vermischen. Milch, Butter, Ei und Salz hinzufügen, verrühren und zugedeckt an einem warmen Ort 15 Min. gehen lassen. Backblech mit Backpapier belegen.

2 Den Teig kräftig durchkneten und in 19 Portionen teilen. Jede Portion zu einem runden Brötchen mit 2 langen Ohren formen. Hasen auf das Backblech legen. Nochmals 15 Min. ruhen lassen.

3 Den Backofen auf 200° vorheizen. Die Hasen mit Eigelb bestreichen und mit Rosinen und Mohnsamen dekorieren.

4 Hasen im Ofen (Mitte, Umluft 180°) 25 Min. backen.

Bild oben: Brandteigkränze mit Fruchtquarkfüllung
Bild unten: Brötchenhasen

Erdbeerquarkfüllung

Eine schlankere Variante der Füllung bereiten Sie mit Quark zu. Statt der Mascarpone 250 g Magerquark mit Milch und dem Puderzucker cremig rühren. Sahne mit Sahnesteif aufschlagen und vorsichtig unter den Quark heben. Mit den Erdbeeren oder beliebigen anderen Beeren mischen. Noch erfrischender ist die Creme, wenn Sie Zitronensaft unter den Quark rühren.

Ostertorte

Schnell ●●●	Zubereitungszeit: 25 Min.
Vorbereiten ●●●	Kühlzeit: 3 Std.
Preiswert ●●●	Backzeit: 15–20 Min.

Bei 12 Stück pro Stück ca. 335 kcal
11 g Eiweiß /17 g Fett /35 g Kohlenhydrate

ZUTATEN FÜR 1 BACKFORM (24 cm Ø):
Für den Teig:
100 g weiche Butter
2 Eier · 80 g Zucker
Saft von 1/2 Zitrone
100 g Mehl · 1 TL Backpulver
Für die Creme:
8 Blatt Gelatine · 250 g Sahne
100 ml Zitronensaft
500 g Quark (20%) · 180 g Zucker
Für den Guss:
1 Päckchen roten Tortenguss · 2 EL Zucker
1/4 l Maracuja- oder Orangensaft
bunte Schaumzuckereier (Haribo)
oder Marzipaneier
Kokosraspel
Fett für die Form

1 Den Backofen auf 200° vorheizen. Die Springform einfetten.

2 Die Butter mit den Eiern, dem Zucker und dem Zitronensaft verquirlen. Das Mehl und das Backpulver nur kurz unterrühren. Den Teig in die Springform füllen und im Ofen (Mitte, Umluft 180°) 15-20 Min. backen. Den Kuchen in der Form abkühlen lassen.

3 Die Gelatine in etwas kaltem Wasser einweichen. Die Sahne steif schlagen. Den Zitronensaft erwärmen und die ausgedrückte Gelatine darin auflösen. Den Quark mit dem Zucker verquirlen, erst die Sahne, dann die Gelatine unterrühren. Die Masse auf den Kuchen in der Form gießen und in 3 Std. im Kühlschrank fest werden lassen.

4 Den Tortenguss mit Zucker und Saft nach Packungsanleitung zubereiten. Etwas abkühlen lassen und gleichmäßig in die Springform auf die feste Quarkmasse gießen. Fest werden lassen und die Torte rundherum mit Ostereiern und Kokosraspeln verzieren.

!! **Mit Pep:** Belegen Sie den Tortenboden mit Obst nach Wahl, bevor Sie die Quarkmasse darüber gießen.

Möhrentorte

Schnell ●●●	Zubereitungszeit: 30 Min.
Vorbereiten ●●●	Backzeit: 40 Min.
Preiswert ●●	

Bei 12 Stück pro Stück ca. 325 kcal
7 g Eiweiß /19 g Fett /32 g Kohlenhydrate

ZUTATEN FÜR 1 SPRINGFORM (24 cm Ø):
5 Eier · 200 g Zucker · 1 TL Zimt
1 Gläschen Möhrenbrei (Babykost, 190 g)
100 g Schmand
100 g gemahlene Mandeln
100 g Mehl · 1 TL Backpulver
Für die Creme:
400 g Doppelrahmfrischkäse
8 EL Milch · 2 EL Zucker
2 Päckchen Vanillezucker
Außerdem:
Marzipanmöhren (Fertigprodukt, Backregal) zum
Garnieren · Fett für die Form

1 Den Backofen auf 180° vorheizen. Die Springform einfetten.

2 Die Eier mit dem Zucker und dem Zimt dickschaumig schlagen. Möhrenbrei und Schmand dazugeben, dann die Mandeln, das Mehl und das Backpulver nur kurz unterrühren. Den Teig in die Springform füllen und im Ofen (Mitte, Umluft 160°) 40 Min. backen.

3 Den Frischkäse mit der Milch, dem Zucker und dem Vanillezucker verquirlen und den Kuchen damit bestreichen. Mit Marzipanmöhren garniert servieren.

Zutaten tauschen: Mischen Sie statt Möhrenbrei 350 g geraspelte Möhren unter den Teig. Die Nüsse können Sie nach Belieben tauschen: Statt Mandeln z.B. Haselnüsse, Cashewkerne, Pinienkerne oder Walnüsse.

Blitzvariante: Schneller geht's, wenn Sie die Creme weglassen und den Kuchen nur dick mit Puderzucker bestäuben. Dann schmeckt er übrigens warm mit einer Kugel Vanilleeis besonders köstlich!

Bild oben: Ostertorte
Bild unten: Möhrentorte

Gelatine-Tipp

Jede Zubereitung mit Gelatine gelingt sicher, wenn Sie folgendes beachten: Gelatine nach Packungsanweisung ausreichend quellen lassen und bei milder Hitze auflösen. Bei der Verwendung in heißen Speisen aufgelöste Gelatine sofort insgesamt gründlich unter die Speise rühren. Für kalte Cremes u.ä. erst 2–3 EL der Creme unter die aufgelöste Gelatine rühren und dann diese Mischung unter die restliche Creme rühren.

Teigtaschen mit Geflügelfüllung

Schnell ●●●	Zubereitungszeit: 25 Min.
Vorbereiten ●●●	Backzeit: 30 Min.
Preiswert ●●●	

Pro Stück ca. 575 kcal
25 g Eiweiß / 27 g Fett / 56 g Kohlenhydrate

ZUTATEN FÜR 4 TASCHEN:
Für die Füllung:
150 g Hähnchenbrustfilet
Salz · Paprikapulver · Curry
1/3 Stange Lauch
1/2 kleine rote Paprikaschote
1 EL Öl · 1 Ei
2 EL geriebener Käse (z.B. Emmentaler)
Für den Teig:
150 g Quark · 7 EL Olivenöl
1 Ei · Salz · 300 g Mehl
3 TL Backpulver · Backpapier

1 Die Hähnchenbrust waschen, trocken tupfen und in kleine Stücke schneiden. Mit Salz, Paprikapulver und Curry würzen. Den Lauch längs vierteln, waschen, putzen und klein schneiden. Die Paprikaschote waschen, putzen und klein schneiden. Backofen auf 180° vorheizen.

2 Die Hähnchenbrust mit dem Lauch und der Paprikaschote im Öl 5 Min. anbraten. Die Pfanne vom Herd nehmen. Das Ei mit dem Käse verquirlen und unter die Hähnchenmasse rühren. Nach Belieben nachwürzen.

3 Den Quark mit dem Olivenöl, dem Ei und dem Salz mit den Rührbesen des Handrührgerätes verquirlen. Das Mehl und das Backpulver mit den Knethaken des Handrührgerätes unterkneten.

4 Den Teig vierteln und jedes Teigstück zwischen zwei Lagen Backpapier zu einem Rechteck ausrollen. Die Hähnchenfüllung auf eine Hälfte des Teiges geben und die andere Hälfte darüber klappen. Die Ränder mit einer Gabel fest zusammendrücken und die Teigtaschen im Ofen (Mitte, Umluft 160°) 30 Min. backen. Die Taschen schmecken warm oder kalt.

<u>Aus dem Vorrat:</u> Füllen Sie die Teigtaschen mit dem, was Sie gerade zu Hause haben: Mit Gemüse aller Art, mit frischem oder Räucherfisch, mit Puten-, Schweine- oder Kaninchenfleisch.

<u>Blitzvariante:</u> Nehmen Sie TK-Blätterteig!

Ligurische Spinattorte

Schnell ●	Zubereitungszeit: 1 Std.
Vorbereiten ●●●	Backzeit: 50 Min.
Preiswert ●●	

Bei 6 Stück pro Stück ca. 605 kcal
27 g Eiweiß / 46 g Fett / 23 g Kohlenhydrate

ZUTATEN FÜR 1 SPRINGFORM (26 CM Ø):
4 Platten TK-Blätterteig (300 g)
1 kg Blattspinat · Salz
Muskatnuss, frisch gerieben
6 EL Olivenöl · 8 Eier
500 g Ricotta (ersatzweise Magerquark)
50 g frisch geriebener Parmesan
2 EL Semmelbrösel
Mehl für die Arbeitsfläche

1 Die Blätterteigplatten nebeneinander auftauen lassen. Spinat putzen, waschen und in kochendem Wasser kurz blanchieren. Den abgekühlten Spinat auspressen, fein hacken und in einer Schüssel mit Salz, Muskat und 2 EL Öl vermischen.

2 2 Eier mit Ricotta und Parmesan verrühren. Den Spinat unterheben und nochmals abschmecken. 6 Eier in 7 Min. nicht ganz hart kochen. Kalt abschrecken und schälen.

3 Den Backofen auf 180° vorheizen. Die Backform dünn mit Öl bestreichen. Jeweils 2 Teigplatten aufeinander legen und etwas größer als die Form auf bemehlter Arbeitsfläche dünn ausrollen. 1 Platte in die Form geben (sie sollte über den Rand hinausstehen), mit Öl bestreichen und mit Semmelbröseln ausstreuen.

4 Die Füllung in die Form geben und die gekochten Eier hineinsetzen. Mit der restlichen Teigplatte die Füllung abdecken. Die überlappenden Ränder nach innen rollen, andrücken und mit Öl bestreichen. Mit einem Zahnstocher kleine Löcher in die Teigoberfläche stechen. Im Ofen (Mitte, Umluft 160) 50 Min. backen. Die Torte herausnehmen und abkühlen lassen.

<u>Blitzvariante:</u> 2 Packungen rund ausgerollten Blätterteig aus dem Kühlregal nehmen.

Bild oben: Ligurische Spinattorte
Bild unten: Teigtaschen mit Geflügelfüllung

Osterschinken

Der Quark-Öl-Teig ist die perfekte Hülle für einen Osterschinken. Sie können gekochten oder rohen Schinken einhüllen. Wer rohen Schinken dafür nimmt, sollte ihn aber erst 10 Min. in heißem Wasser vorkochen, damit Teig und Schinken zur gleichen Zeit gar werden.

Brownies

Schnell ●●●	Zubereitungszeit: 25 Min.
Vorbereiten ●●	Backzeit: 15 Min.
Preiswert ●●	

Pro Stück ca. 85 kcal
1 g Eiweiß / 3 g Fett / 13 g Kohlenhydrate

ZUTATEN FÜR 40 STÜCK:
150 g Zartbitterschokolade
80 g Butter
2 Eier · 150 g Zucker
1 Päckchen Vanillezucker
100 g Mehl · 50 g Speisestärke
100 g fein gehackte Walnusskerne
150 g Puderzucker
1–2 EL lauwarme Milch
Backpapier für das Blech

1 Den Backofen auf 180° vorheizen. Das Backblech mit Backpapier auslegen.

2 Die Schokolade in Stücke brechen. Die Butter schmelzen, Schokolade dazugeben und bei schwacher Hitze unter Rühren auflösen.

3 Die Eier mit Zucker und Vanillezucker schaumig rühren. Geschmolzene Schokolade einrühren.

4 Das Mehl mit Speisestärke mischen und unter die Schokoladencreme rühren. Gehackte Walnüsse hinzufügen.

5 Mit 2 Teelöffeln kleine Häufchen auf das Backblech setzen. Im Ofen (Mitte, Umluft 160°) 10-12 Min. backen. Die Plätzchen sind dann noch weich. Herausnehmen, mit dem Papier vom Blech ziehen und abkühlen lassen.

6 Für die Glasur Puderzucker mit der lauwarmen Milch glatt rühren. Die Brownies (Gespensterumrisse) damit verzieren.

Zutaten tauschen: Anstatt gehackter Walnüsse können Sie auch klein gehackte, ungesalzene Erdnüsse nehmen.

Blitzvariante: Die Zutaten für den Schokoladenteig verdoppeln und auf ein mit Backpapier ausgelegtes Blech streichen. Etwa 12-15 Min. backen. Herausnehmen, abkühlen lassen und in kleine Rechtecke schneiden. Mit Puderzucker- oder Schokoladenglasur verzieren.

Halloween-Käsegebäck

Schnell ●●●	Zubereitungszeit: 20 Min.
Vorbereiten ●●●	Kühlzeit: 1 Std.
Preiswert ●●●	Backzeit: 10 Min.

Pro Stück ca. 50 kcal
1 g Eiweiß / 3 g Fett / 5 g Kohlenhydrate

ZUTATEN FÜR 35 STÜCK:
250 g Mehl
100 g Butter
2 EL Schmand
8 EL geriebener Parmesan
Salz
Backpapier

1 Das Mehl, die Butter, den Schmand, den Parmesan und das Salz zu einem glatten Teig verkneten. In Folie wickeln und 1 Std. in den Kühlschrank stellen.

2 Das Backblech mit Backpapier auslegen. Den Backofen auf 180° vorheizen.

3 Den Teig zwischen zwei Lagen Backpapier ausrollen und mit Halloween-Formen (Fledermäuse, Hexen, Gespenster usw.) ausstechen. Den Teig aufs Blech legen und im Ofen (Mitte, Umluft 160°) 10 Min. backen.

Zutaten tauschen: Statt Schmand kann man auch Crème fraîche oder saure Sahne unter den Teig mischen. Pikanter wird das Gebäck mit mittelaltem Peccorino statt Parmesan.

Mit Pep: Wer's scharf mag, rührt eine Prise Cayennepfeffer unter den Teig, wer's würzig liebt, mischt etwas Kräutersalz darunter.

Deko-Tipps: Bestreuen Sie das Gebäck vor dem Backen mit etwas Sesam, Kümmel, Mohn oder mit getrockneten Kräutern. Halloween-Ausstecher gibt es in vielen Haushaltsgeschäften bereits zu kaufen. Wer keine bekommt, schneidet sich Pappschablonen aus. Oder man sticht runde Formen aus dem Teig und malt mit einem Holzstäbchen, das man zwischendurch in Ketchup taucht, Halloween-Fratzen aufs abgekühlte Gebäck.

Bild oben: Brownies
Bild unten: Halloween-Käsegebäck

Halloween

Der Name dieses Festes kommt von dem englischen »All hallowed Evening«, zu deutsch Allerheiligen. Und in der Nacht zum 1. November wird Halloween auch gefeiert. Die Ursprünge dieses Festes gehen auf die Kelten zurück und es kennzeichnete den Wechsel vom Sommer in die trübe Winterzeit. In dieser Nacht, glaubten die Kelten, gingen auch die Geister der Verstorbenen um, und man bereitete ihnen aus Respekt die leckersten Speisen zu.

Spinnennetz-Torte

Schnell ●●●	Zubereitungszeit: 30 Min.
Vorbereiten ●●●	Backzeit: 40–45 Min.
Preiswert ●●	

Pro Stück ca. 375 kcal
7 g Eiweiß/21 g Fett/39 g Kohlenhydrate

ZUTATEN FÜR 1 SPRINGFORM (24 cm Ø):
100 g Zartbitterschokolade
100 g Butter · 6 Eier
150 g Zucker
100 g Schmand
150 g Walnusskerne
150 g Mehl
2 TL Backpulver
200 g weiße Schokolade
4 EL Orangenmarmelade
rote Zuckerschrift (aus der Tube, Backregal)
1 Plastikspinne (Spielwarengeschäft) oder braune Zuckerschrift (aus der Tube, Backregal)
Fett für die Form

1 Die Schokolade in einem kleinen Topf bei geringer Hitze schmelzen. Die Butter zerlassen. Die Springform einfetten. Den Backofen auf 190° vorheizen.

2 Die Eier mit dem Zucker und der Butter schaumig rühren. Den Schmand und die geschmolzene Schokolade untermischen. Die Walnusskerne, das Mehl und das Backpulver dazugeben und kurz unterrühren. Den Teig in die Springform füllen und im Ofen (Mitte, Umluft 170°) 40-45 Min. backen. Den Kuchen abkühlen lassen.

3 Die weiße Schokolade für den Guss in einem kleinen Topf bei geringer Hitze schmelzen. Den Kuchen quer halbieren, den unteren Teil mit der Orangenmarmelade bestreichen und den oberen Teil darauf setzen. Den Kuchen mit der Schokolade überziehen. Die Schokolade an einem kühlen Ort, aber nicht im Kühlschrank, trocknen lassen.

4 Mit der roten Zuckerschrift zunächst kreuzweise 4 Linien auf den Kuchen spritzen. Dann diese Linien etwa von der Mitte beginnend immer wieder im Kreis wie einen Spinnenfaden verbinden. In die Mitte des Spinnennetzes eine Plastikspinne setzen oder eine Spinne mit brauner Zuckerschrift aufmalen. Wer mag, kann eine Spinne aus Schokolade basteln.

Popcorn-Kuchen

Schnell ●●	Zubereitungszeit: 40 Min.
Vorbereiten ●●●	Kühlzeit: 12 Std.
Preiswert ●●	

Bei 16 Stück pro Stück ca. 255 kcal
4 g Eiweiß/12 g Fett/35 g Kohlenhydrate

ZUTATEN FÜR 1 KASTEN- ODER REHRÜCKENFORM:
65 g Butter
450 g Marshmallows
100 g süßes Popcorn
100 g Erdnüsse, geröstet und gesalzen
100 g Schokoladendragees (z. B. Smarties)
100 g dunkle Schokoladenglasur
Backpapier oder Fett für die Form

1 Die Butter bei geringer Hitze schmelzen lassen, die Marshmallows hinzugeben und in der Butter auflösen. Etwas auskühlen lassen.

2 Das Popcorn, die Erdnüsse und die Schokobonbons vermischen.

3 Die Kastenform mit Backpapier auslegen oder die Rehrückenform fetten. Etwas von der Marshmallowmasse in die Kuchenform füllen. Dann einen Teil der Popcorn-Erdnuss-Schokobonbonmischung darauf verteilen. So abwechselnd weiterverfahren, bis alles aufgebraucht ist. Mit Alufolie abdecken und über Nacht in den Kühlschrank stellen.

4 Den Popcorn-Kuchen aus der Form stürzen und den Kuchen in Stücke schneiden. Die Schokoglasur nach Anleitung zubereiten und jedes Kuchenstück schräg (von Ecke zu Ecke) in die Schokoglasur tauchen, abkühlen lassen. Auf einer Tortenplatte anrichten.

!! **Mit Pep:** Dieser Kuchen ist sehr gut geeignet für Kindergeburtstage. Man kann eine kleine Überraschung mit einarbeiten (evtl. Geldstück-Pfennig). Wer es findet, bekommt eine besondere Belohnung!

Bild oben: Popcorn-Kuchen
Bild unten: Spinnennetz-Torte

Torte mit Schokolade überziehen

Torten lassen sich gleichmäßig mit Schokolade überziehen, wenn man die Schokolade zuerst auf die Mitte der Torte gießt und dann mit einer Palette oder mit einem Messer mit langer Klinge gleichmäßig auf dem Kuchen verstreicht. Am Kuchenrand darf die Schokolade ruhig herunter tropfen, das ergibt ein interessantes Muster.

Weckmännchen

Schnell ●●●	Zubereitungszeit: 15 Min.
Vorbereiten ●●●	Ruhezeit: 40 Min.
Preiswert ●●●	Backzeit: 20–25 Min.

Pro Stück ca. 1065 kcal
29 g Eiweiß/41 g Fett/145 g Kohlenhydrate

ZUTATEN FÜR 3 MÄNNCHEN:
1 Würfel Hefe (42 g)
1/4 l lauwarme Milch
500 g Mehl
2 Eier
100 g weiche Butter
60 g Zucker
1 Prise Salz
2 Eigelb zum Bestreichen
Rosinen zum Verzieren
Backpapier

1 Die Hefe in der Milch auflösen. Das Mehl mit den Eiern, der Butter, dem Zucker und dem Salz in eine Schüssel geben und die Hefemilch dazugeben. Alles zu einem glatten Teig verkneten und zugedeckt an einem warmen Ort etwa doppelt so groß werden lassen.

2 Den Backofen auf 200° vorheizen. Das Backblech mit Backpapier auslegen. Aus dem Teig drei Rollen formen.

3 Jede Rolle auf dem Backblech zu einem Männchen formen: Dafür von jeder Rolle mit der Handkante einen Kopf abdrücken und modellieren, die übrige Rolle als Körper flach drücken. Mit einem Messer Arme und Beine einschneiden und etwas vom Körper wegziehen. Männchen mit etwas Eigelb bepinseln, in den Kopf Rosinen als Augen, auf den Bauch Rosinen als Knöpfe drücken. Die Männchen im Ofen (Mitte, Umluft 180°) 20-25 Min. backen.

‼️ <u>Mit Pep:</u> Sie lieben Zitronat, Orangeat und Rosinen? Dann kneten Sie es in den Teig.

Honigkuchen

Schnell ●●●	Zubereitungszeit: 30 Min.
Vorbereiten ●●●	Backzeit: 60 Min.
Preiswert ●●	

Bei 20 Scheiben pro Scheibe ca. 210 kcal
5 g Eiweiß/5 g Fett/36 g Kohlenhydrate

ZUTATEN FÜR 1 KASTENFORM (30 CM LÄNGE):
250 g Honig · 150 g brauner Zucker
150 g Sahne · 1 TL Zimt
1/2 TL Nelkenpulver
1 Prise Muskatblüte
150 g fein gemahlene Mandeln
500 g Mehl
1 Päckchen Backpulver
3 Eier · Backpapier

1 Honig mit Zucker und Sahne in einen breiten Topf füllen und bei mittlerer Hitze unter Rühren erwärmen. So lange rühren, bis der Zucker geschmolzen ist. Vom Herd nehmen und abkühlen lassen.

2 Den Backofen auf 175° vorheizen. Die Backform mit Backpapier auskleiden. Die Gewürze mit den Mandeln, Mehl und Backpulver mischen.

3 Die Eier mit der abgekühlten Honigmasse verrühren. Die Mehlmischung nach und nach unterrühren.

4 Den Teig in die Kastenform füllen und im Ofen (Mitte, Umluft 160°) 1 Std. backen. Mit einem Holzstäbchen die Garprobe machen, eventuell noch etwas länger backen.

5 Den Kuchen aus dem Ofen nehmen und in der Form abkühlen lassen. Danach auf ein Kuchengitter stürzen und das Backpapier entfernen.

↔️ <u>Zutaten tauschen:</u> Sie können den Kuchen auch mit Weizenvollkornmehl zubereiten, dann zusätzlich noch 2 EL Milch oder Sahne in den Teig geben.

‼️ <u>Mit Pep:</u> Die Schale 1 unbehandelten Orange in den Teig rühren.

Bild oben: Weckmännchen
Bild unten: Honigkuchen

Nikolaus aus Hefeteig

Mit etwas Geschick können Sie auch einen Nikolaus aus dem Ofen zaubern: Formen Sie am Kopf des Weckmännchens eine Weihnachtsmütze aus dem Hefeteig und malen Sie die Mütze nach dem Backen mit rot gefärbtem Zuckerguss an. Und was wird aus den Nikoläusen im Frühling? Osterhasen natürlich. Mit langen Ohren und einem dicken Bauch erinnert dann nichts mehr an Weihnachten!

Adventskalender

Schnell ●●		Zubereitungszeit: 35 Min.
Vorbereiten ●●●		Kühlzeit: 1 Std.
Preiswert ●●●		Backzeit: 30 Min.

Pro Stück ca. 225 kcal
2 g Eiweiß/11 g Fett/30 g Kohlenhydrate

ZUTATEN FÜR 1 KALENDER UND 24 PLÄTZCHEN:
Für den Teig:
300 g Butter · 150 g Zucker
500 g Mehl
1 1/2 EL Lebkuchengewürz
1 EL Zimt
Für den Guss:
200 g Puderzucker
5-6 EL Zitronensaft
grüne Speisefarbe (Backregal)
Zuckerschrift (aus der Tube, Backregal)
Backpapier

1 Die Butter mit dem Zucker, dem Mehl, dem Lebkuchengewürz und dem Zimt zu einem geschmeidigen Teig verkneten. Mindestens 1 Std. in den Kühlschrank stellen. Auf Pappe oder Papier einen Tannenbaum von ca. 26 cm Höhe und 29 cm Breite aufmalen und ausschneiden.

2 Den Backofen auf 180° vorheizen. Den Teig zwischen zwei Lagen Backpapier etwa fingerdick in der Größe der Tannenbaumschablone ausrollen.

3 Die obere Lage Backpapier abnehmen, die Schablone auf den Teig legen und die Umrisse mit einem Messer nachschneiden. Teigreste in den Kühlschrank legen. Den Tannenbaum mit Hilfe des Backpapiers auf das Backblech legen und im Ofen (Mitte, Umluft 160°) 20 Min. backen. Den Tannenbaum auf dem Backblech völlig abkühlen lassen, damit er beim Transport nicht zerbricht.

4 Den restlichen Teig zwischen zwei Lagen Backpapier ausrollen. Das Backblech mit Backpapier belegen und aus dem Teig 24 Plätzchen in beliebigen Formen ausstechen. Aufs Blech legen und im Ofen (Mitte, Umluft 160°) 10 Min. backen.

5 Den Puderzucker mit dem Zitronensaft und grüner Speisefarbe glatt rühren. Den Tannenbaum damit bepinseln. Trocknen lassen. Die Reste vom Zuckerguss, wenn nötig, nochmals glatt rühren und die Plätzchen damit auf den Adventskalender kleben. Mit Zuckerschrift Zahlen von 1-24 auf die Plätzchen malen.

Mürbeteigkugeln

Schnell ●●●		Zubereitungszeit: 30 Min.
Vorbereiten ●●●		Backzeit: 15 Min.
Preiswert ●●●		

Pro Stück ca. 65 kcal
1 g Eiweiß/4 g Fett/7 g Kohlenhydrate

ZUTATEN FÜR 40 STÜCK:
175 g weiche Butter · 100 g Puderzucker
1 TL abgeriebene Zitronenschale von einer unbehandelten Frucht
3 Eigelbe · 1 Ei · 220 g Mehl
3 EL Johannisbeergelee · Backpapier

1 Die Butter mit Puderzucker und Zitronenschale schaumig verrühren. Die Eigelbe und das Ei nach und nach dazugeben. Das Mehl unterkneten.

2 Den Backofen auf 160° vorheizen. Ein Backblech mit Backpapier belegen.

3 Den Teig in 4 gleich große Stücke teilen und zu Rollen formen. Die Rollen jeweils in 10 Stücke teilen. Die Stücke zu Kugeln formen und auf das Backblech setzen.

4 Mit einem bemehlten Holzlöffel in jede Kugel eine Vertiefung drücken. In jede Vertiefung etwas Johannisbeergelee hineingeben.

5 Die Plätzchen im Ofen (unten, Umluft 140°) 15 Min. backen. Herausnehmen und mit dem Backpapier vom Blech ziehen. Abkühlen lassen.

6 Die Plätzchen gut ausgekühlt in Blechdosen aufbewahren.

Zutaten tauschen: Anstatt Johannisbeergelee jeweils 1/2 rote Belegkirsche in die Vertiefungen drücken.

Deko-Tipp: Die Kugeln mit Eiweiß bestreichen und mit klein gehackten Haselnüssen oder Mandeln bestreuen. Johannisbeergelee oder Himbeergelee in die Vertiefungen geben und backen.

Bild oben: Adventskalender
Bild unten: Mürbeteigkugeln

Weihnachtliche Gewürze

Kardamon, Zimt, Anis, Sternanis, Piment und Nelken sind die typisch weihnachtlichen Gewürze. Ihr Duft ist untrennbar mit Weihnachten verbunden. Als ganze Gewürze aromatisieren sie Punsch und Glühwein, außerdem sind sie Bestandteil vom Lebkuchengewürz, das Sie als fertige Mischung kaufen können.
Wie alle Gewürze mit ätherischen Ölen als Wirkstoff sollten Sie sie als gemahlene Gewürze in kleinen Mengen immer frisch kaufen.

Spritzgebäck

Schnell	●●●	Zubereitungszeit: 25 Min.
Vorbereiten	●●●	Backzeit: 10 Min.
Preiswert	●●●	

Pro Stück ca. 80 kcal
1 g Eiweiß/5 g Fett/8 g Kohlenhydrate

ZUTATEN FÜR 35 STÜCK:
1 Ei
2 Eigelb
125 g weiche Butter
100 g Zucker
2 Päckchen Vanillezucker
1 Fläschchen Rum-Aroma
80 g gemahlene Mandeln
200 g Mehl
1 1/2 TL Backpulver
Backpapier

1 Den Backofen auf 180° vorheizen. Das Backblech mit Backpapier auslegen.

2 Das Ei, die Eigelbe, die Butter, den Zucker, den Vanillezucker und das Rum-Aroma schaumig rühren. Die Mandeln, das Mehl und das Backpulver unterrühren.

3 Den Teig in einen Spritzbeutel mit Sterntülle füllen und daraus Kringel, Stäbchen oder andere Formen auf das Backblech spritzen. Im Ofen (Mitte, Umluft 160°) 10 Min. backen.

Zutaten tauschen: Leicht nach Marzipan schmeckt das Spritzgebäck, wenn Sie statt Rum-Aroma 1 Fläschchen Bittermandel-Aroma unter den Teig rühren. Statt Mandeln können Sie auch Haselnüsse oder gemahlene Walnüsse verwenden. Wer das Spritzgebäck lieber ohne Nüsse mag, läßt sie weg, nimmt aber dann nur 100 g Butter für den Teig und kann sich auch 1-2 EL Zucker sparen.

Deko-Tipp: Bestreichen Sie das Gebäck mit etwas Zuckerguss und streuen Sie Zuckerperlen oder Streusel darüber. Wer mag, kann den Zuckerguss dafür bunt mit ein paar Tropfen Lebensmittelfarbe einfärben.
Oder: Weiße oder dunkle Schokolade schmelzen und einen Teil der Plätzchen darin eintauchen.
Oder: Vor dem Backen ganze Mandeln oder Rosinen in den Teig drücken.

Marzipan-Engel

Schnell	●●●	Zubereitungszeit: 20 Min.
Vorbereiten	●●●	Backzeit: 5 Min.
Preiswert	●●	

Pro Stück ca. 120 kcal
1 g Eiweiß/3 g Fett/22 g Kohlenhydrate

ZUTATEN FÜR 15 STÜCK:
200 g Marzipan-Rohmasse
220 g Puderzucker
3 EL Zitronensaft
Speisefarbe (Backregal)
Zuckerschrift, Streusel, Perlen etc. zum Verzieren
Backpapier

1 Ein Backblech mit Backpapier belegen und den Backofen auf 200° vorheizen.

2 Die Marzipan-Rohmasse mit 100 g Puderzucker verkneten und zwischen zwei Lagen Backpapier ausrollen. Engel aus dem Marzipan ausstechen und auf das Backblech legen. Im Ofen (Mitte, Umluft 180°) 5 Min. backen. Das Gebäck abkühlen lassen.

3 Für den Guss den restlichen Puderzucker mit dem Zitronensaft glatt rühren. Nach Belieben mit Speisefarbe einfärben und die Engel damit bepinseln. Die Engel mit Zuckerschrift, Streuseln, Perlen oder anderem Gebäckschmuck hübsch verzieren.

Blitzvariante: Die Marzipanplätzchen sehen auch ohne Guss schön aus und sind dann blitzschnell fertig.

Mit Pep: Setzen Sie einfache Mürbeteigplätzchen und Marzipanplätzchen zu raffinierten Doppeldeckern zusammen. Einfach aus Mürbeteig und Marzipanteig die gleichen Motive ausstechen und entweder vor dem Backen aufeinander setzen oder nach dem Backen dünn mit Marmelade bestreichen und zusammensetzen.

Bild oben: Marzipan-Engel
Bild unten: Spritzgebäck

Baiser backen

Die übrig gebliebenen 3 Eiweiße mit 150 g Zucker im Wasserbad steif schlagen. Mit zwei Teelöffeln kleine Tupfer auf ein mit Backpapier ausgelegtes Backblech setzen. Bei 110° (Umluft 90°) die Baisers 40 Min. backen. Herd ausschalten und bei leicht geöffnetem Backofen über Nacht trocknen lassen. Sie halten sich in einer gut verschlossenen Dose mehrere Wochen und eignen sich gut zum Verzieren von Torten und Desserts.

Nikolaus-Taler

Schnell ●●●	Zubereitungszeit: 30 Min.
Vorbereiten ●●○	Backzeit: 13 Min.
Preiswert ●○○	

Pro Stück ca. 205 kcal
2 g Eiweiß /10 g Fett /27 g Kohlenhydrate

ZUTATEN FÜR 30 STÜCK:
250 g Butter
250 g Zucker
1 Ei
1 Fläschchen Bittermandel-Aroma
125 g gemahlene Haselnüsse
350 g Mehl
300 g Puderzucker
7-8 EL Zitronensaft
rote Zuckerschrift (aus der Tube, Backregal)
Backpapier

1 Den Backofen auf 200° vorheizen. Das Backblech mit Backpapier auslegen.

2 Die Butter mit dem Zucker, dem Ei und dem Bittermandel-Aroma verquirlen. Die Haselnüsse und das Mehl unterkneten und den Teig zu Rollen mit etwa 6 cm Ø formen. Von den Rollen etwa 1 cm dicke Taler abschneiden und aufs Backblech legen. Im Ofen (Mitte, Umluft 180°) 13 Min. backen.

3 Den Puderzucker mit dem Zitronensaft zu einem glatten Guss verrühren und die Plätzchen damit bestreichen. Den Guss trocken lassen und mit Zuckerschrift Nikolausköpfe auf die Plätzchen malen.

Zutaten tauschen: Statt Haselnüssen Mandeln nehmen, statt Bittermandel-Aroma unbehandelte, abgeriebene Zitronenschale, Rum-Aroma oder Vanille-Aroma.

Deko-Tipp: Die Plätzchen lassen sich noch mit Streuseln und Perlen verzieren. Statt Nikoläuse kann man auch andere Weihnachtsmotive darauf malen, z.B. Tannenbäume, Engel oder Tannenzweige. Wer mag, schreibt einfach nur Weihnachtsgrüße darauf! Sie mögen lieber ausgestochene Plätzchen? Dann stellen Sie den Teig für 1 Std. in den Kühlschrank. Danach lässt er sich – am besten zwischen zwei Lagen Backpapier – ausrollen.

Zimtspiralen

Schnell ●●●	Zubereitungszeit: 20 Min.
Vorbereiten ●●○	Kühlzeit: 20 Min.
Preiswert ●●●	Backzeit: 15 Min.

Pro Stück ca. 85 kcal
1 g Eiweiß /5 g Fett/10 g Kohlenhydrate

ZUTATEN FÜR 40 STÜCK:
200 g weiche Butter
100 g Puderzucker
3 Eier
300 g Mehl + Mehl für die Arbeitsfläche
2 TL Zimt
50 g Zucker
1 Päckchen Vanillezucker
Backpapier

1 Die Butter mit Puderzucker schaumig rühren. 2 Eier trennen, Eigelbe und 1 ganzes Ei nach und nach einrühren. Eiweiß beiseite stellen. Das Mehl zur Buttermasse geben und alles schnell zu einem glatten Teig verarbeiten.

2 Den Zimt mit dem Zucker und Vanillezucker vermischen.

3 Den Teig in 2 Stücke teilen. Auf einer bemehlten Arbeitsfläche den Teig zu 2 Rechtecken von 25x35 cm nacheinander ausrollen. Mit Eiweiß bestreichen. Zimtzucker darüber streuen und den Teig vorsichtig aufrollen.

4 Die Rollen zugedeckt im Kühlschrank 20 Min. ruhen lassen. Den Backofen auf 175° vorheizen. Das Backblech mit Backpapier auslegen.

5 Die Rollen aus dem Kühlschrank nehmen. Jede Rolle in 10 Scheiben schneiden und auf das Blech setzen.

6 Die Plätzchen im Ofen (Mitte, Umluft 160°) 12-15 Min. backen. Herausnehmen und abkühlen lassen.

7 Die gut ausgekühlten Plätzchen in Blechdosen aufbewahren.

Bild oben: Nikolaus-Taler
Bild unten: Zimtspiralen

Zuckerguss-Tipps

Zuckerguss wird schön weiß, wenn man zum Anrühren Milch statt Wasser nimmt.
Er bekommt einen schönen Glanz und lässt sich ganz leicht verstreichen, wenn man einen Teelöffel Butter unterrührt.
Die Oberfläche wird besonders glatt, wenn man die Plätzchen erst mit einer Schicht überzieht und nach dem Trocknen eine zweite Schicht darüber streicht.

Weihnachtsstollen

Schnell ●	Zubereitungszeit: 1 Std. 30 Min.
Vorbereiten ●●●	Ruhezeit: 2 Std. 30 Min.
Preiswert ●●	Backzeit: 1 Std.

Bei 40 Stück pro Stück ca. 315 kcal
5 g Eiweiß/16 g Fett/36 g Kohlenhydrate

ZUTATEN FÜR 2 STOLLEN:
380 g Rosinen
1/4 Tasse Rum (ersatzweise Saft oder Wasser)
1 kg Mehl
1 3/4 Würfel Hefe
gut 1/2 l lauwarme Milch · 180 g Zucker
6 bittere Mandeln (Reformhaus oder Apotheke)
250 g gehackte Mandeln
300 klein gewürfeltes Zitronat
Salz · 300 g weiche Butter
je 75 g Butter- Schweineschmalz
Zum Bestreichen:
120 g Butter · 4 EL Zucker
1 Päckchen Vanillezucker
150 g Puderzucker
Mehl für die Arbeitsfläche
Backpapier

1 Am Vortag die Rosinen in Rum einweichen. 250 g Mehl in eine Schüssel sieben. In die Mitte eine Mulde drücken, die Hefe hinein bröckeln. Mit etwas Milch und 1 TL Zucker zu einem Vorteig verarbeiten. Abgedeckt 20 Min. gehen lassen. Die bitteren Mandeln überbrühen, aus den Häuten drücken und klein hacken.

2 Vorteig mit allen restlichen Zutaten gut durchkneten, 1 Std. zugedeckt gehen lassen. Teig halbieren, nochmals durchkneten und 1 Std. ruhen lassen. Jedes Teigstück ausrollen und zu Stollen formen Den Backofen auf 200° vorheizen.

3 Ein Backblech mit Backpapier belegen, die Stollen darauf legen. Leicht mit warmen Wasser bestreichen und nochmals etwas ruhen lassen. Im Ofen (Mitte, Umluft 180°) 1 Std. backen (Stäbchenprobe!).

4 Die Stollen abkühlen lassen. Die Butter zerlassen und die Stollen damit bestreichen. Zucker und Vanillezucker mischen, über die Stollen streuen. Nochmals buttern und zum Schluß dick mit Puderzucker besieben.
Stollen schmeckt am besten, wenn er einige Wochen ruhen durfte. Dann erst kommt sein Aroma richtig zur Geltung. Die Stollen in Zellophanhüllen geben und an einem kühlen Ort lagern.

Schneller Apfel-Lebkuchen-Strudel

Schnell ●●●	Zubereitungszeit: 15 Min.
Vorbereiten ●●●	Backzeit: 25 Min.
Preiswert ●●●	

Bei 8 Stück pro Stück ca. 190 kcal
2 g Eiweiß/16 g Fett/20 g Kohlenhydrate

ZUTATEN FÜR 1 STRUDEL:
100 g braune Lebkuchen ohne Glasur
100 g Sahne · 4 Äpfel
1/4 TL Zimt · 1 Prise Nelken
1 EL brauner Rum
1 Paket rechteckig ausgerollter Strudelteig aus dem Kühlregal
50 g Butter
2 EL Puderzucker zum Bestäuben
Backpapier

1 Die Lebkuchen in kleine Würfel schneiden. Die Sahne leicht erwärmen und mit den Lebkuchen vermischen.

2 Die Äpfel schälen, vierteln, dabei das Kerngehäuse entfernen. Die Apfelviertel quer in Scheiben schneiden.

3 Den Zimt, Nelken und Rum zu der Lebkuchenmasse geben und gut vermischen.

4 Den Backofen auf 200° vorheizen. Das Backblech mit Backpapier belegen. Blätterteig auf der Arbeitsfläche auslegen. Die Butter schmelzen lassen. Teig mit Butter bestreichen. Lebkuchenmasse auf der Teigplatte verteilen, dabei einen 1 cm Rand frei lassen. Die Äpfel darauf streuen. Die Ränder einschlagen und von der Längsseite her aufrollen und auf das Backblech legen. Mit flüssiger Butter einpinseln.

5 Im Ofen (Mitte, Umluft 180°) in 25 Min. goldbraun backen. Ab und zu mit der restlichen Butter bestreichen.

6 Den fertigen Apfel-Lebkuchen-Strudel dick mit Puderzucker bestäuben und lauwarm mit geschlagener Vanillesahne servieren.

Bild oben: Weihnachtsstollen
Bild unten: Schneller Apfel-Lebkuchen-Strudel

Zitronat und Orangeat

Zitronat (Sukkade) wird aus der dicken Schale der Zedrat-Zitrone, Orangeat aus der Schale der Bitterorange oder Pomeranze hergestellt. Die dicken Schalen werden in Zuckersirup gekocht und anschließend getrocknet. Sie sind kleingewürfelt in 100g-Packungen erhältlich, im Fruchtladen oder Reformhaus bekommt man beides auch im Stück.

Gefülltes Glücksschwein

Schnell ●●	Zubereitungszeit: 35 Min.
Vorbereiten ●	Backzeit: 45 Min.
Preiswert ●●	

Pro Portion ca. 530 kcal
18 g Eiweiß/41 g Fett/21 g Kohlenhydrate

FÜR 8 PORTIONEN:
450 g TK-Blätterteig · 200 g Zwiebeln
1 Knoblauchzehe · 2 EL Öl · Salz
250 g rosa Champignons · 1 Bund glatte Petersilie
40 g gehackte Pistazien
500 g gewürztes Schweinemett
2 Eier + 2 Eigelb · Pfeffer, frisch gemahlen
1 Pfennig oder 1 Cent
1 schwarze Olive · Backpapier

1 Den Blätterteig auftauen lassen. Zwiebeln und Knoblauch schälen und fein würfeln. Im heißen Öl 1 Min. schmoren, kräftig mit Salz würzen. Champignons putzen und grob hacken. Mit den Zwiebeln 10 Min. garen, Flüssigkeit abgießen und die Masse grob pürieren.

2 Die Petersilie waschen und grob hacken. Pilzpüree, Petersilie, Pistazien, Schweinemett und ganze Eier mischen. Mit Salz und Pfeffer würzen. Aus Pappe ein backblechgroßes Schwein ausschneiden. Den Backofen auf 200° vorheizen.

3 Den Blätterteig zwischen Frischhaltefolie ausrollen und 2 Schweine nach der Pappschablone ausschneiden. Das Backblech mit Backpapier auslegen, ein Teigschwein darauf setzen. Die Füllung darauf geben, einen kleinen Rand freilassen und diesen mit etwas Wasser bestreichen. Das Geldstück in der Füllung verstecken.

4 Die andere Teigplatte über die Füllung legen und die Ränder gut andrücken. Die Teigoberfläche mehrmals mit einer Gabel einstechen. Die Eigelbe mit etwas Wasser verrühren und die Teigoberfläche damit bestreichen. Die Olive als Auge in den Teig drücken. Das Glücksschwein 40–45 Min. backen, zwischendurch öfter mit Eigelb bestreichen.

Salami-Muffins

Schnell ●●	Zubereitungszeit: 40 Min.
Vorbereiten ●	Backzeit: 20-25 Min.
Preiswert ●●	

Pro Stück ca. 290 kcal
10 g Eiweiß/16 g Fett/26 g Kohlenhydrate

ZUTATEN FÜR 12 MUFFINS:
5 kleine Salamis (je 25 g) · 1 große Tomate
1 grüne Paprikaschote
200 g Mehl · 1/2 TL Salz
1 1/2 TL Backpulver
1/2 TL Natron · 1 Ei
50 ml Olivenöl
180 g Buttermilch
4 kleine Essiggurken
Mayonnaise

1 Den Backofen auf 180° (Umluft 160°) vorheizen. Muffinsblech fetten und in den Kühlschrank stellen.

2 3 Salamis klein schneiden. Tomate und Paprika waschen, putzen und klein würfeln. 24 Tomatenwürfel als Augen beiseite legen.

3 Das Mehl mit Salami, Paprika, Salz, Backpulver und Natron mischen. Das Ei leicht verquirlen. Das Öl, Tomate und Buttermilch dazugeben und rasch verrühren.

4 Den Teig sofort in das Blech füllen. Im Backofen (Mitte) 20-25 Min. backen. Muffins kurz ruhen lassen, dann aus dem Blech nehmen. Auf einem Gitter abkühlen lassen.

5 Zum Verzieren die restlichen Salamis in Scheiben schneiden. Gurken halbieren, in Scheibchen schneiden. Je 1 Tupfen Mayonnaise in die Mitte der Muffins und an beide obere Seiten geben. Je 1 Bifischeibe als Nase darauf legen. Gurke am oberen Rand als Ohren auf die Mayotupfen legen. Je 2 Mayotupfen in der Augenpartie des Schweinchens anbringen. Je 2 Tomatenwürfel als Augen auf den Muffins anbringen und einen Schnitz Gurke als Mund.

Bild oben: Gefülltes Glücksschwein
Bild unten: Salami-Muffins

Füllungsvarianten Glücksschwein

Für die Füllung können Sie auch gemischtes Hackfleisch, schieres Rinderhackfleisch oder Lammhackfleisch verwenden. Das Lammhack dann nicht mit Pilzen mischen, sondern mit Rosinen, gehackten Oliven und Pinienkernen und würzen mit Salz, Cayennepfeffer, Zimt und Thymian.

Minikrapfen

Schnell ●●	Zubereitungszeit: 40 Min.
Vorbereiten ●●●	Ruhezeit: 40 Min.
Preiswert ●●●	

Pro Stück ca. 165 kcal
3 g Eiweiß/7 g Fett/23 g Kohlenhydrate

ZUTATEN FÜR 18 STÜCK:
1/2 Würfel Hefe (21 g)
1/8 lauwarme Milch
400 g Mehl
60 g Zucker
80 g zimmerwarme Butter
1 Ei
100 g Konfitüre nach Wahl
Frittierfett (ersatzweise Öl oder Butterschmalz)
Puderzucker zum Bestäuben
6 Spieße (Holz- oder bunte Plastikspieße)

1 Die Hefe zerbröckeln und mit der Milch glatt rühren. Das Mehl in eine Schüssel sieben. Die Hefemilch mit Zucker, Butter und Ei zu dem Mehl geben und zu einem glatten geschmeidigen Teig verarbeiten. Den Teig mit einem Tuch abdecken und an einem warmen Ort 40 Min. gehen lassen.

2 Den Teig nochmals gut durchkneten und auf einer bemehlten Arbeitsfläche etwa 1 1/2 cm dick ausrollen. Mit einem Glas oder einer runden Ausstechform 36 Kreise von etwa 5 cm Durchmesser ausstechen.

3 Je einen Klecks Konfitüre auf 18 Scheiben setzen. Die Ränder mit Wasser bepinseln. Je 1 Scheibe Teig ohne Konfitüre darauf setzen und gut andrücken.

4 Die Krapfen mit einem Küchentuch bedecken und noch 15 Min. gehen lassen.

5 Inzwischen das Fett erhitzen. Die Krapfen im heißen Fett portionsweise von jeder Seite etwa 2-3 Min. backen, bis sie goldbraun sind.

6 Die fertigen Krapfen auf Küchenpapier abtropfen lassen und mit Puderzucker bestreuen.

7 Jeweils 2-3 Minikrapfen auf Spießchen stecken und servieren.

Süßes Faschingsgebäck

Schnell ●●●	Zubereitungszeit: 20 Min.
Vorbereiten ●●●	Backzeit: 30 Min.
Preiswert ●●●	

Pro Stück ca. 85 kcal
2 g Eiweiß/4 g Fett/10 g Kohlenhydrate

ZUTATEN FÜR 30 STÜCK:
50 g weiche Butter
100 g Zucker
2 Eier
1 EL Rum
1 Prise Muskatblüte
50 g geschälte, fein gemahlene Mandeln
220 g Mehl
1 TL Backpulver
Öl oder Frittierfett zum Ausbacken
3 EL Zucker zum Bestreuen

1 Die Butter mit Zucker und Eiern schaumig schlagen. Rum, Muskatblüte und Mandeln unterrühren. Das Mehl mit Backpulver mischen, dazugeben und zu einem glatten Teig verarbeiten.

2 Öl in einem Topf erhitzen. Das Öl ist heiß genug, wenn sich um ein ins Fett gehaltenes Holzstäbchen kleine Bläschen bilden.

3 Mit 2 Teelöffeln kleine Klößchen abstechen und im heißen Fett nacheinander goldbraun backen. Das Gebäck auf Küchenpapier abtropfen lassen. Danach mit Zucker bestreuen.

Deko-Tipp: Faschingsgebäck mit Puderzuckerglasur bestreichen und bunten Zuckerperlen bestreuen.

Bild oben: Minikrapfen
Bild unten: Süßes Faschingsgebäck

Frittieren

Fett zum Frittieren sollte immer auf 180° erhitzt werden. Das Gebäck bildet dann schneller eine Kruste und nimmt nicht so viel Fett auf. Das spart Kalorien. Zum Frittieren eignet sich nicht jedes Fett. Butter z.B. verbrennt bei so hohen Temperaturen. Geeignet sind das zu Platten gepresste Kokosfett, Butterschmalz oder Pflanzenöl.

Coco

9 EL gewürfelte Ananas pürieren. 300 ml süße Kokosnusscreme, 300 ml Bananensaft und 150 g Sahne untermixen. Auf Eiswürfeln mit Strohhalm servieren. Ergibt 4 Gläser. Wer keine süße Kokosnusscreme bekommt, nimmt Kokosmilch. Dann muss man den Drink aber noch mit etwas Zucker süßen.

Erdbeerbowle Null Promillo

500 g reife Erbeeren putzen und für ca. 3 Stunden tiefkühlen. Oder gleich TK-Früchte verwenden. Die geeisten Früchte in ein Bowlegefäß geben und mit 1 Flasche rotem Johannisbeersaft und 1 Flasche Mineralwasser aufgießen. Wer mag, lässt noch einige Minzeblätter in der Bowle schwimmen. Ergibt ca. 10 kleine Gläser.

Fruchtsaftschorle

Den Lieblingsfruchtsaft der Kinder in Eiswürfelbehälter einfrieren. Die Safteiswürfel in Gläser füllen. Die Gläser zu 1/3 mit dem gleichen Saft füllen und mit Mineralwasser aufgießen. Wenn Sie Eiswürfelbehälter mit lustigen Motiven verwenden (Bären, Muscheln, Früchte etc.) finden die Kids ihre Schorle gleich nochmal so cool.

Eiskalte Heidelbeere

300 g tiefgekühlte Heidelbeeren ca. 1 Stunde antauen lassen. Die Beeren sollen dabei noch eiskalt sein, sich aber schon pürieren lassen. Die Heidelbeeren pürieren, dabei 500 ml Milch, 100 g Sahne, 1 Päckchen Vanillezucker und 3-4 EL Zucker untermixen. Den Heidelbeerdrink in 4 Gläser füllen und mit Strohhalmen servieren.

Sommertee

2 gehäufte EL losen Früchtetee (z.B. Erdbeer-Himbeer oder Kirsch-Banane) mit 1/2 l kochendem Wasser überbrühen und 10 Min. ziehen lassen. Das Teekonzentrat nach Belieben süßen und kalt werden lassen. 4-6 Gläser zur Hälfte mit Tee füllen und mit eisgekühltem Mineralwasser aufgießen.

Erdbeer-Pfirsich-Drink

200 g reife Erdbeeren in der Tiefkühltruhe eiskalt werden lassen (wer mag, kann auch fast aufgetaute TK-Beeren verwenden). Die Erdbeeren mit 2 EL Erdbeersirup (ersatzweise Zucker) pürieren. 500 ml Pfirsichnektar untermixen und den Drink auf 4 Gläser verteilen. Noch erfrischender ist er mit Mineralwasser aufgegossen.

Zitronensorbet

Je 2 Kugeln Zitroneneis in ein Glas geben. Mit Zitronenlimonade und Mineralwasser aufgießen. Das Misch-Verhältnis Limo/Wasser kann man ganz nach Geschmack variieren. An den Glasrand eine Zitronenschalenspirale oder eine Zitronenscheibe stecken, natürlich von unbehandelten Zitronen.

Bananenshake

Für 4 Gläser 2 reife Bananen pürieren. 300 ml Buttermilch und 300 g Vanillejoghurt untermixen. Gekühlt mit Strohhalm servieren. Wer mag, legt kleine Holzspießchen mit Bananenstückchen und Früchten der Saison über die Gläser. Der Drink kann auch mit Bananeneis zubereitet werden. Pro Glas dann 2 Kugeln Eis nehmen.

Nuss-Shake

8 Kugeln Nuss-Eis mit 6-8 EL Nuss-Nougat-Creme (je nach Geschmack) in einem hohen Gefäß pürieren. 1/2 l Milch untermixen. Nuss-Shake auf 4 Gläser verteilen und mit Schokoröllchen bestreut servieren. Wer Eis mit Nuss-Stücken verwendet, sollte den Pürierstab erst auf die kleinste Stufe stellen, damit nichts spritzt.

Heißer Apfelsaft

In einen Teefilterbeutel 1 Stück Zimtstange, 2 Nelken und 1 unbehandelte Orangenscheibe geben. 600 ml naturtrüben Apfelsaft mit dem Teebeutel in einem Topf erhitzen und einige Minuten ziehen lassen. Den Teebeutel mit den Gewürzen herausnehmen und den Saft auf 4 hitzebeständige Gläser verteilen.

Kinderpunsch

300 ml schwachen, schwarzen Tee zubereiten. Den Tee mit 300 ml Holundersaft, 150 ml Orangensaft und einem kleinen Stück Zimtstange in einem Topf erhitzen und etwas ziehen lassen. Die Zimtstange herausnehmen und den Kinderpunsch nach Belieben mit Zucker oder Honig süßen. Reicht für 4 Becher.

Omas heiße Schokolade

1/2 Becher Sahne steif schlagen. 1/2 l Milch in einem Topf erhitzen. Den Topf vom Herd nehmen und 100 g Zartbitterschokolade in die Milch bröckeln und unter Rühren schmelzen lassen. Die heiße Schokolade auf 4 Tassen verteilen, Schlagsahne darauf geben, etwas Vollmilch- oder Zartbitter-Schokolade darüber reiben.

GETRÄNKE

Die aus der Kälte kommen ...

Es versteht sich eigentlich fast von selbst: Frisch schmecken Kuchen, Torten und Teilchen am besten. Was aber tun, wenn sich im Bauch einfach kein Platz mehr findet für ein drittes Stück Käsekuchen? Hier ein paar gute Tipps fürs Frischhalten und Lagern:

Gebäck aufbewahren

... ist für 1-2 Tage in der Regel überhaupt kein Problem. Damit es nicht austrocknet oder Kühlschrankgerüche annimmt, verpacken Sie es gut in Folie oder stecken es in eine spezielle Kuchendose. Trockene Kuchen wie z. B. Hefezopf und Marmorkuchen können Sie bei Zimmertemperatur lagern. Torten und Kuchen mit Obst- oder anderem Belag müssen dagegen in den Kühlschrank. Gebäck, das normalerweise ganz frisch serviert wird (z. B. Strudel, Waffeln, Butterkuchen, Apfeltorte), schmeckt auch nach 1-2 Tagen noch, wenn Sie es ganz kurz im Ofen aufbacken. Plätzchen, die knusprig bleiben sollen wie etwa Mürbeteigplätzchen, schichten Sie vollständig abgekühlt in eine gut schließende Blechdose. Gebäck, das weich bleiben soll (z. B. Lebkuchen), muss vor dem Einschichten in die Dose erst über Nacht offen stehen und mag anschließend die Gesellschaft eines Apfels in der Blechdose.

Gebäck einfrieren

... ist nie verkehrt: Dann haben Sie immer einen Vorrat an Selbstgebackenem für Spontanbesuch. Was sie wie lange einfrieren können, können Sie unten stehender Tabelle entnehmen. Ganz wichtig: Je frischer die Backwaren vor dem Einfrieren sind, desto besser schmecken Sie nach dem Auf-

Gebäckart	Hält wie lange?	Wie auftauen?	Gut zu wissen ...
Biskuitboden	4–5 Monate	ca. 15 Min. bei 175° im Ofen	Den Boden vor dem Einfrieren in Schichten teilen und mit Frischhaltefolie dazwischen legen.
Biskuittorte und -roulade	2–3 Monate	ca. 6 Std. bei Zimmertemperatur	Leicht gefroren lassen sich Biskuittorte und -roulade besonders gut schneiden.
Blätterteiggebäck	4–5 Monate	ca. 15 Min. bei 175° im Ofen	Ohne Glasur und in Dosen mit Alufolie dazwischen einfrieren.
Brötchen	5–6 Monate	Direkt aus dem Eis in den Ofen und bei 200° ca. 15 Min. aufbacken.	Vor dem Aufbacken mit Wasser besprühen.
Brot	ca. 8 Monate	4–8 Std. bei Zimmertemperatur	Vor dem Einfrieren in Scheiben schneiden, die sich im Toaster auftauen lassen.
Hefezopf	ca. 5 Monate	Erst ca. 2 Std. bei Zimmertemperatur antauen lassen, dann in Alufolie gewickelt im Ofen bei 200° ca. 10 Min. aufbacken	Vor dem Einfrieren in Scheiben schneiden, die sich im Toaster auftauen lassen.
Käsekuchen	ca. 3 Monate	mindestens 6 Std. bei Zimmertemperatur	Lässt sich noch leicht gefroren besonders gut schneiden.
Kleingebäck aus Hefeteig	3–4 Monte	Direkt aus dem Eis in den Ofen und bei 175° ca. 25 Min. aufbacken.	Ohne Glasur einfrieren.
Mürbeteigboden	ca. 5 Monate	Direkt aus dem Eis in den Ofen und bei 175° ca. 15 Min. aufbacken.	Fest in Folie verpackt einfrieren.
Rührkuchen	5–6 Monate	zwischen 2 und 6 Std. bei Zimmertemperatur	Fest in Folie verpackt einfrieren.
Strudel	4–5 Monate	Ca. 4 Std. bei Zimmertemperatur antauen lassen, dann in Alufolie gewickelt im Ofen bei 175° ca. 30 Min. aufbacken.	Fest in Folie verpackt einfrieren.

Wer sind die Schönsten im Land?

tauen. Kuchen & Co. also möglichst nur abgekühlt gleich nach dem Backen in den Kälteschlaf versetzen.

Teig einfrieren

… ist aus oben genanntem Grund ebenfalls eine gute Sache. Rührteig hält sich auf diese Weise bis zu 6 Monate. Am besten friert man ihn gleich in der Form ein. Hefeteig muss unaufgegangen ins Eis. Dort hält er sich ca. 3 Monate. Dann bei Zimmertemperatur 3-4 Std. auftauen lassen, und er lässt sich wie frischer Teig verwenden. Sehr fetthaltiger Mürbeteig verträgt den Kälteschlaf maximal 3 Monate lang, dann leidet das Aroma von Butter oder Margarine.

Wer sind die Schönsten im Land?

Was wäre die Eierpunschtorte von S. 146 ohne die berühmten Sahnetuffs? Natürlich immer noch superlecker, aber eben nur halb so schön! Außerdem macht's ja auch riesen Spaß, Kuchen & Co. nach dem Backen den letzten Schliff zu verpassen! Der muss übrigens gar nicht aufwändig sein, um Eindruck zu machen: Schon mit bunten Zuckerstreuseln, Liebesperlen, Mokkabohnen, Schokotropfen und Konsorten kann man tolle Effekte erzielen. Und wer aus Backwerk ein Backkunstwerk machen möchte, findet auf dieser Seite einige Anregungen.

Schoko-ABC

… bringt Kuchen und Torten zum Sprechen. Je 200 g Kuvertüre und Schokoladen-Fettglasur im heißen Wasserbad schmelzen, dann in eine kleine Gefriertüte füllen. Die Öffnung zusammenfassen, unten eine ganz kleine Ecke abschneiden und Buchstaben auf Backpapier spritzen. Fest werden lassen und vorsichtig ablösen.

Glitzerbeeren

… sind das i-Tüpfelchen auf Obstkuchen. Gut eignen sich z. B. Kapstachelbeeren (Physalis), Johannisbeeren, kleine Erdbeeren und Himbeeren. Die Beeren rundherum mit verschlagenem Eiweiß bepinseln und in Zucker wenden. Auf einem Rost gut trocknen lassen.

Zuckerherz

… oder: eine Liebeserklärung der anderen Art. Aus dickem Papier einen Kreis im Durchmesser der Torte oder des Kuchens ausschneiden. Aus der Mitte ein Herz ausschneiden. Torten- oder Kuchenoberfläche mit Kuvertüre überziehen oder dick mit Kakaopulver besieben. Schablone auflegen und Puderzucker darüber sieben. Auch witzig: Pflanzenblätter als Schablone verwenden.

Karamellscherben

… machen aus Sahnetorten bizarre Kunstwerke. Ein Stück Backpapier auf der Arbeitsfläche ausbreiten. 100 g Zucker in einer Pfanne schmelzen und hellbraun karamellisieren lassen. Mit einer Gabel vom Karamell Fäden hochziehen und gitterförmig auf das Backpapier ziehen. Das Gitter abkühlen lassen, danach in große Stücke brechen und die Stücke nach Lust und Laune in den Sahneüberzug stecken.

Diskokugeln

… schillern auf Obsttorten besonders gut. Rote und grüne Götterspeise (Fertigprodukt) nach Packungsanweisung zubereiten und noch flüssig in Eiskugel-Beutel füllen. Nach dem Erstarren vorsichtig herauslösen.

Süße Sterne

… versprechen den Himmel auf Erden und machen sich toll auf Kuchen mit Schokoguss. Marzipan-Rohmasse mit etwas Puderzucker verkneten und mit gelber Lebensmittelfarbe einfärben. Ausrollen und mit einem entsprechenden Ausstechförmchen Sterne ausstechen.

Kuchenbüfett

*Einmal so richtig süß schlemmen – dafür gibt's Anlässe genug: vom Kindergeburtstag übers Gartenfest bis zum gemütlichen Kaffeeklatsch.
Auf dieser Seite finden Sie ein Kuchenbüfett für jede Jahreszeit, das sich dank Zeitplan ganz problemlos vorbereiten lässt.*

Frühling

Rosinenschnecken (S. 28) · Biskuitschmetterlinge (S. 198)
Rhabarberkuchen (S. 74) · Fixe Apfeltorte (S. 130) · Ostertorte (S. 206)

Zeitplan

1. Am Vortag den Boden für die Ostertorte backen. Inzwischen die Creme für die Ostertorte zubereiten, auf den abgekühlten Boden geben und über Nacht kühl stellen. Den Quark für die Rosinenschnecken über Nacht abtropfen lassen.
2. Am nächsten Tag den Quarkteig für die Rosinenschnecken herstellen und 1 Std. kühl stellen.
3. Inzwischen die Biskuitschmetterlinge zubereiten und 15 Min. backen.
4. Die Äpfel für die Apfeltorte vorbereiten, zugedeckt zur Seite stellen.
5. Die Rosinenschnecken zubereiten und 30 Min. backen.
6. Inzwischen Teig für die Apfeltorte herstellen, Torte 45 Min. backen.
7. Die Rosinenschnecken mit Zuckerguss bepinseln.
8. Tortenguss für die Ostertorte zubereiten, Ostertorte fertig stellen.
9. Die Biskuitschmetterlinge verzieren.
10. Den Rhabarber für den Rhabarberkuchen vorbereiten.
11. Den Teig für den Rhabarberkuchen zubereiten, und den Rhabarberkuchen 45 Min. backen.

Sommer

Erdbeertütchen (S. 34) · Kleine Obsttörtchen (S. 36) · Blitzkäsekuchen (S. 40)
Roter Johannisbeerkuchen (S. 60) · Nektarinentorte (S. 70)

Zeitplan

1. Am Vortag die Torteletts für die Obsttörtchen sowie den Boden für den Johannisbeerkuchen und die Nektarinentorte backen.
2. Am nächsten Tag den Blitzkäsekuchen zubereiten und 50 Min. backen.
3. Inzwischen den Pudding für den Johannisbeerkuchen zubereiten und kalt stellen.
4. Die Nektarinentorte fertig stellen.
5. Das Obst für die Obsttörtchen, die Erdbeertütchen und den Johannisbeerkuchen vorbereiten.
6. Den Teig für die Erdbeertütchen zubereiten und 10-12 Min. backen.
7. Inzwischen die Obsttörtchen fertig stellen.
8. Die Erdbeertütchen fertig stellen.
9. Den Johannisbeerkuchen fertig stellen.

Herbst

Apfelcroissants (S. 21) · Zwetschgen-Mandel-Torte (S. 80)
Brauner Krümelkuchen (S. 96) · Kürbiskuchen (S. 108} · Traubentorte (S. 134)

Zeitplan
1. 2 Tage vorher den Kürbiskuchen zubereiten und durchziehen lassen.
2. Am Vortag die Traubentorte zubereiten und über Nacht kühl stellen.
3. Am nächsten Tag die Zwetschgen-Mandel-Torte zubereiten und 1 Std. backen.
4. Inzwischen die Krümel für den Krümelkuchen herstellen und kühl stellen.
5. Den Teig für den Krümelkuchen zubereiten, und den Krümelkuchen backen.
6. Die Apfelcroissants zubereiten.

Winter

Blätterteigbirnen (S. 36) · Bananenkuchen mit Rumsauce (S. 52)
Haselnusskuchen (S. 104) · Quittenkuchen mit Baiser (S. 72) · Eierpunschtorte (S. 146)

Zeitplan
1. 2 Tage vorher den Haselnusskuchen zubereiten und in Folie gewickelt 2 Tage im Kühlrschrank durchziehen lassen.
2. Am Vortag die Eierpunschtorte und die Rumsauce für den Bananenkuchen zubereiten. Beides über Nacht kühl stellen.
3. Den Teig für den Bananenkuchen zubereiten, und den Kuchen 1 Std. backen.
4. Inzwischen den Mürbeteig für den Quittenkuchen zubereiten und kühl stellen.
5. Die Quitten für den Quittenkuchen vorbereiten. Den Quittenkuchen fertig stellen und backen.
6. Die Blätterteigbirnen zubereiten und backen.
7. Inzwischen die Eierpunschtorte und den Haselnusskuchen verzieren.

Rezeptregister von A–Z

A

Adventskalender 216
Amaretti-Torte 140
American Browny Cake 98
Amerikaner 37
Ananas
  Coco 228
  Umgedrehter Ananaskuchen 41
Äpfel
  Apfelcroissants 21
  Apfelkuchen mit Kokosraspeln 44
  Apfel-Marzipan-Aufstrich 188
  Apfel-Marzipan-Tarte 43
  Apfel-Mohn-Muffins 22
  Apfelstrudel 46
  Bunter Gemüsequark 189
  Elsässer Apfelweinkuchen 46
  Fixe Apfeltorte 130
  Kleckselkuchen 98
  Schneller Apfelkuchen 44
  Schneller Apfel-Lebkuchen-Strudel 222
  Apfelmus: Konfettitorte 195
  Apfelsaft: Heißer Apfelsaft 229
  Apfelwein: Elsässer Apfelweinkuchen 46
Aprikosen
  Aprikosen-Mohn-Streusel 48
  Aprikosen-Muffins 22
  Aprikosenstrudel 42
  Aprikosenwähe 48
  Baisertörtchen mit Aprikosen 32
  Clowntorte 200
  Käsetaschen mit Aprikosen 156
Avocados
  Avocado-Orangen-Aufstrich 188
  Blätterteigecken mit Tomaten und Avocado 154
  Avon-Club-Torte 148

B

Baisertörtchen mit Aprikosen 32
Bananen
  Bananenkuchen 41
  Bananenkuchen mit Rumsauce 52
  Bananen-Muffins 23
  Bananen-Schoko-Aufstrich 188
  Bananenshake 229
  Obstsalat-Torte 142
Bananensaft: Coco 228
Basilikum
  Fingerhäppchen 153
  Räucherfischcreme 189
Bauernbrot 182
Beeren
  Windbeutel 30
  Wünsch-Dir-Was-Kuchen 200
Beschwipste Birnentorte 50
Bienenstich 92
Birnen
  Beschwipste Birnentorte 50
  Birnenkuchen mit Schmandguss 50
  Blätterteigbirnen 36
  Gestürzte Birnentorte 52
  Rolo-Torte 146
Biskuitschmetterlinge 198
Blätterteig
  Apfelstrudel 46
  Aprikosenstrudel 42
  Blätterteigbirnen 36
  Blätterteigecken mit Tomaten und Avocado 154
  Chiliquiche mit Kidneybohnen 166
  Erdbeerschnitten 54
  Erdnuss-Schnecken 160
  Fingerhäppchen 153
  Frischkäse-Burger 152
  Gefüllte Schuhsohlen 32
  Gefülltes Glücksschwein 224
  Gemüsesäckchen 160
  Himbeerschnitten 20
  Holländer Kirschschnitten 132
  Käsetaschen mit Aprikosen 156
  Lachspastete mit Spinat 152
  Ligurische Spinattorte 208
  Muttertagsherzen 192
  Nougat-Schweinsöhrchen 196
  Osterhäschen 193
  Rhabarber-Tarte 42
  Sächsischer Prasselkuchen 28
  Schweinsöhrchen 30
  Spinat-Schafskäsekuchen 168
Blitzkäsekuchen 40
Blitz-Kekse 194
Brandteigkränze mit Erdbeersahne 204
Brauner Kirschkuchen 64
Brauner Streuselkuchen 96
Broccoli
  Broccoli-Schinken-Käse-Törtchen 156
  Gemüsestrudel 170
Brombeertorte mit Walnuss-Guss 58
Brötchenhasen 204
Brownies 210
Buchteln: Fannys Buchteln 28
Bunter Gemüsequark 189
Buttermilch
  Bananenshake 229
  Buttermilch-Kokos-Kuchen 94
  Mini-Muffins 224
  Weizenvollkornbrot 186
  Zwiebelbrot 184

C

Calzone 174
Champignons
  Gefülltes Glücksschwein 224
  Große Familienpizza 172
Chiliquiche mit Kidneybohnen 166
Ciabatta 177
Clowntorte 200
Coco 228
Crème fraîche
  Aprikosenwähe 48
  Fruchtige Minitörtchen 20
  Gemüsestrudel 170
  Gemüsetörtchen 152
  Himbeerherz 202
  Lachspastete mit Spinat 152
  Mohrenköpfe 196
  New Yorker Cheesecake 86
  Räucherfischcreme 189
  Räucherfischquiche 164
  Saftiger Rhabarberkuchen vom Blech 74
  Zwetschgenkuchen mit Quark 82

D

Donauwellen 90
Dreikornzopf mit Käse 180

E

Eiercreme 189
Eierlikör
  Avon-Club-Torte 148
  Quarkkuchen mit Nüssen und Eierlikör 88
Eierpunschtorte 146
Eierschecke 90
Einfacher Kirschkuchen 62
Einfacher Pflaumenkuchen 80
Einfaches Kastenweißbrot 184
Eiskalte Heidelbeere 228
Eistorte 116
Elsässer Apfelweinkuchen 46
Erdbeerbowle Null Promillo 228

Erdbeeren
   Brandteigkränze mit
      Erdbeersahne 204
   Erdbeer-Kokos-
      Torte 140
   Erdbeerkuchen 54
   Erdbeer-Pfirsich--
      Drink 228
   Erdbeerschnitten 54
   Erdbeertütchen 34
   Fruchtcreme-Torte 119
   Muttertagsherzen 192
Erdnusscreme:
   Nusscreme 188
Erdnüsse: Popcorn-
   Kuchen 212
Erdnuss-Schnecken 160

F

Fannys Buchteln 28
Fingerhäppchen 153
Fixe Apfeltorte 130
Fladenbrot 186
Flammkuchen 168
Forellenfilets: Räucher-
   fischcreme 189
Frankfurter Kranz 128
Frischkäse
   Avon-Club-Torte 148
   Blitzkäsekuchen 40
   Frischkäse-Burger 152
   Fruchtcreme-Torte 119
   Frühlingsquiche 164
   Himbeerkuchen 58
   Himbeerschnitten 20
   Mandarinen-Frischkäse-
      Torte 68
   Mango-Creme 188
   Möhrentorte 206
   New Yorker
      Cheesecake 86
   Philadelphia
      Cheesecake 86
   Pikanter Kartoffel-
      kuchen 170
Fruchtcreme-Torte 119
Fruchtige Mini-
   törtchen 20
Fruchtsaftschorle 228
Frühlingsquiche 164

Frühlingszwiebeln
   Frühlingsquiche 164
   Putenquiche 162

G

Gefüllte Schuhsohlen 32
Gefülltes Glücks-
   schwein 224
Gemüsesäckchen 160
Gemüsestrudel 170
Gemüsetörtchen 152
Gestürzte Birnentorte 52
Große Familienpizza 172
Guglhupf 106
Gurken: Bunter
   Gemüsequark 189

H

Hackfleisch: Chiliquiche
   mit Kidneybohnen 166
Hähnchen: Teigtaschen
   mit Geflügelfüllung 208
Halloween-Käsege-
   bäck 210
Harry's Zauber-
   schnitten 192
Haselnüsse
   Bananen-Muffins 23
   Blitz-Kekse 194
   Brauner Kirsch-
      kuchen 64
   Harry's Zauber-
      schnitten 192
   Haselnusskuchen 104
   Haselnusswaffeln
      (Variante) 24
   Kumquat-Orangen-
      Kuchen 66
   Möhren-Muffins 23
   Nikolaus-Taler 220
   Quarkkuchen
      mit Nüssen
      und Eierlikör 88
   Quittenkuchen mit
      Baiser 72
   Ahornsirup:
      Pancakes mit Rhabar-
      berkuchen 74
   Streuselkuchen 92

Haselnusskrikant
   Jägertorte 148
   Oblatentorte 118
Heidelbeeren
   Eiskalte Heidelbeere 228
   Heidelbeergetzen 56
   Heidelbeer-Muffins 22
   Heidelbeer-Quark-
      kuchen 56
   Heißer Apfelsaft 229
   Herzhafte Muffins 153
   Herztorte 202
Himbeeren
   Fruchtcreme-Torte 119
   Himbeerherz 202
   Himbeerkuchen 58
   Himbeer-Mohn-
      Aufstrich 188
   Himbeerrolle 126
   Himbeerschnitten 20
   Himbeertorte 118
   Obstgarten-Torte 117
Holländer Kirsch-
   schnitten 132
Holundersaft: Kinder-
   punsch 229
Honigkuchen 214

J

Jägertorte 148
Joghurt
   Aprikosen-Muffins 22
   Bananenshake 229
   Clowntorte 200
   Eistorte 116
   Joghurt-Limetten-
      Torte 120
   Joghurt-Pfirsich-
      Torte 116
   Johannisbeer-Joghurt-
      Torte 136
   Kräuterwaffeln 158
Johannisbeeren
   Fruchtige Mini-
      törtchen 20
   Johannisbeer-Joghurt-
      Torte 136
   Roter Johannisbeer-
      kuchen 60
   Schwarzer Johannisbeer
      kuchen 60

K

Kaffeekuchen 96
Kakaowaffeln mit
   Schokoladensauce 24
Karamellkuchen 110
Kartoffeln
   Kartoffelkuchen 110
   Kartoffelbrot 182
   Pikanter Kartoffel-
      kuchen 170
Käse
   Broccoli-Schinken-
      Käse-Törtchen 156
   Chiliquiche mit Kidney-
      bohnen 166
   Dreikornzopf mit
      Käse 180
   Frühlingsquiche 164
   Gemüsestrudel 170
   Gemüsetörtchen 152
   Große Familienpizza 172
   Halloween-Käse-
      gebäck 210
   Käse-Pizza 172
   Käsetaschen mit
      Aprikosen 156
   Lauch-Käse-Muffins 158
   Ligurische
      Spinattorte 208
   Mini-Pizzen 174
   Pikanter Kartoffel-
      kuchen 170
   Spargelquiche 162
   Spinat-Schafskäse-
      kuchen 168
Kichererbsencreme 189
Kidneybohnen:
   Chiliquiche mit Kidney-
      bohnen 166
Kinderpunsch 229
Kirschen
   Brauner Kirsch-
      kuchen 64
   Donauwellen 90
   Einfacher Kirsch-
      kuchen 62
   Holländer Kirsch-
      schnitten 132
   Kirschtarte 43
   Quark-Kirschkuchen 64
   Sauerkirschkuchen 62
   Schneewittchentorte 128

Rezeptregister von A–Z

Kleckselkuchen 98
Kleine Obsttörtchen 36
Kokos
    Apfelkuchen mit Kokosraspeln 44
    Buttermilch-Kokos-Kuchen 94
    Coco 228
    Erdbeer-Kokos-Torte 140
    Kokosbiskuitrolle mit Schokoladenfüllung 136
    Nektarinen-Kokos-Torte 70
    Wölkchen-Torte 124
Konfettitorte 195
Königskuchen 100
Kräuterwaffeln 158
Kühle Lady 144
Kumquat-Orangen-Kuchen 66
Kürbishörnchen 180
Kürbiskuchen 108
Kürbis-Muffins 194

L

Lachspastete mit Spinat 152
Lachstartar 189
Lauch
    Gemüsestrudel 170
    Lauch-Käse-Muffins 158
    Linsenquiche 166
Lebkuchen
    Schnelle Lebkuchen 195
    Schneller Apfel-Lebkuchen-Strudel 222
Leipziger Lerchen 26
Ligurische Spinattorte 208
Limetten
    Joghurt-Limetten-Torte 120
    Limettentarte 78
Linsenquiche 166
Lolli-Kuchen 198

M

Makronentorte 132
Mandarinen
    Mandarinen-Frischkäse-Torte 68
    Mandarinenkuchen 42
    Mascarpone-Torte 130
Mandeln
    Apfelkuchen mit Kokosraspeln 44
    Aprikosenwähe 48
    Bienenstich 92
    Birnenkuchen mit Schmandguss 50
    Eierschecke 90
    Frankfurter Kranz 128
    Guglhupf 106
    Himbeerherz 202
    Holländer Kirschschnitten 132
    Honigkuchen 214
    Jägertorte 148
    Joghurt-Limetten-Torte 120
    Kaffeekuchen 96
    Königskuchen 100
    Kürbiskuchen 108
    Leipziger Lerchen 26
    Marzipankuchen 40
    Mini-Muffins 224
    Mohnrolle 112
    Mürbeteigtörtchen mit Mangocreme 21
    Möhrentorte 206
    Nusscreme 188
    Obstgarten-Torte 117
    Orangenkuchen 66
    Osterlamm 193
    Pessach-Torte 117
    Pfirsichtarte 43
    Quark-Nougatkuchen 84
    Ricotta-Mandeltorte 116
    Rosenkuchen 108
    Rosinenschnecken 28
    Saftiger Rhabarberkuchen vom Blech 74
    Sauerkirschkuchen 62
    Schneckennudeln 21
    Schneeflocken 195
    Schnelle Lebkuchen 195
    Schneller Apfelkuchen 44
    Schokokipferl 194
    Spanischer Mandelkuchen 40
    Spritzgebäck 218
    Stachelbeerkuchen mit Baiserhaube 76
    Venezianische Törtchen 20
    Weihnachtsstollen 222
    Zwetschgen-Mandeltorte 80
Mangold-Quiche 153
Mangos
    Eistorte 116
    Mango-Charlotte 120
    Mango-Creme 188
    Mangokuchen 68
    Mürbeteigtörtchen mit Mangocreme 21
Marmorkuchen 100
Maronentorte 119
Marshmellows: Popcorn-Kuchen 212
Marzipan
    Apfel-Marzipan-Aufstrich 188
    Apfel-Marzipan-Tarte 43
    Birnenkuchen mit Schmandguss 50
    Fixe Apfeltorte 130
    Himbeer-Mohn-Aufstrich 188
    Marzipan-Engel 218
    Marzipankuchen 40
    Marzipantorte 117
    Prinzregententorte 138
    Rosenkuchen 108
    Stachelbeerkuchen 76
Mascarpone
    Brandteigkränze mit Fruchtquarkfüllung 204
    Eistorte 116
    Mascarpone-Torte 130
    Nektarinentorte 70
    Spargelquiche 162
    Spargelquiche 162
    Tiramisu-Torte 118
Milchbrötchen 177
Millirahmstrudel 112
Minikrapfen 226
Mini-Muffins 224
Mini-Pizzen 174
Mohn
    Apfel-Mohn-Muffins 22
    Aprikosen-Mohn-Streusel 48
    Himbeer-Mohn-Aufstrich 188
    Kleckselkuchen 98
    Mohnrolle 112
    Mohrenköpfe 196
    Mohrenkopftorte 192
    Möhrenkuchen 102
    Möhren-Muffins 23
    Möhrentorte 206
Mozzarella: Fingerhäppchen 153
Mürbeteigkugeln 216
Mürbeteigtörtchen mit Mangocreme 21
Müsli: Harry's Zauberschnitten 192
Müslibrötchen 176
Muttertagsherzen 192

N

Nektarinen-Kokos-Torte 70
Nektarinentorte 70
New Yorker Cheesecake 86
Nikolaus-Taler 220
Nougat: Quark-Nougatkuchen 84
Nougat-Schweinsöhrchen 196
Nusscreme 188
Nuss-Eis: Nuss-Shake 229
Nuss-Nougatcreme
    Nougat-Schweinsöhrchen 196
    Nuss-Shake 229
    Oblatentorte 118
    Prinzregententorte 138
    Schneewittchentorte 128
    Schoko-Croissants 176
    Nuss-Nougat-Muffins 23
Nuss-Shake 229

O

Oblatentorte 118
Obstgarten-Torte 117
Obstsalat-Torte 142
Oliven:
    Toskanisches Brot 178
Omas heiße
    Schokolade 229
Orangen
    Avocado-Orangen-
        Aufstrich 188
    Kumquat-Orangen-
        Kuchen 66
    Orangenkuchen 66
    Schnelle Orangen-
        torte 134
Orangensaft:
    Kinderpunsch 229
Osterhäschen 193
Osterkranz 193
Osterlamm 193
Ostertorte 206

P

Paprikaschoten
    Bunter Gemüse-
        quark 189
    Große Familien-
        pizza 172
    Mini-Muffins 224
Pariser Flair 142
Pessach-Torte 117
Pfirsiche
    Jägertorte 148
    Joghurt-Pfirsich-
        Torte 116
    Pfirsichkuchen 43
    Pfirsichtarte 43
Pfirsichnektar: Erdbeer-
    Pfirsich-Drink 228
Pflaumen: Einfacher
    Pflaumenkuchen 80
Pflaumenmus: Fannys
    Buchteln 28
Philadelphia
    Cheesecake 86
Pikanter Kartoffel-
    kuchen 170
Pizza
    Große Familienpizza 172
    Käse-Pizza 172
    Mini-Pizzen 174
Plätzchen-Torte 148
Popcorn-Kuchen 212
Preiselbeerbombe 72
Prinzregententorte 138
Putenquiche 162

Q

Quark
    Blitzkäsekuchen 40
    Broccoli-Schinken-
        Käse-Törtchen 156
    Bunter Gemüse-
        quark 189
    Eierschecke 90
    Heidelbeer-Quark-
        kuchen 56
    Himbeer-Mohn-
        Aufstrich 188
    Himbeertorte 118
    Kleckselkuchen 98
    Kokosbiskuitrolle
        mit Schokoladen-
        füllung 136
    Kürbishörnchen 180
    Millirahmstrudel 112
    Mohrenkopftorte 192
    Nusscreme 188
    Osterkranz 193
    Philadelphia
        Cheesecake 86
    Quark-Brötchen 176
    Quark-Kirschkuchen 64
    Quarkkuchen
        mit Nüssen und Eier-
        likör 88
    Quarkkuchen ohne
        Boden 84
    Quark-Napfkuchen 88
    Quark-Nougat-
        kuchen 84
    Quarktorte 122
    Schneewittchentorte 128
    Spargelquiche 162
    Teigtaschen mit
        Geflügelfüllung 208
    Tiramisu-Torte 118
    Wünsch-Dir-Was-
        Kuchen 200
    Zwetschgenkuchen
        mit Quark 82
Quittenkuchen mit
    Baiser 72

R

Räucherfischcreme 189
Räucherfischquiche 164
Rhabarber
    Rhabarberkuchen 74
    Rhabarber-Tarte 42
    Saftiger Rhabarber-
        kuchen vom Blech 74
Ricotta
    Calzone 174
    Ligurische Spinat-
        torte 208
    Ricotta-Mandeltorte 116
Rolo-Torte 146
Rosenkuchen 108
Rosinen
    Eierschecke 90
    Königskuchen 100
    Millirahmstrudel 112
    Mohnrolle 112
    Quarkkuchen
        ohne Boden 84
    Quark-Napfkuchen 88
    Quark-Nougat-
        kuchen 84
    Rosenkuchen 108
    Rosinenschnecken 28
    Weihnachtsstollen 222
Roter Johannisbeer-
    kuchen 60
Rucola
    Frühlingsquiche 164
    Schinken-Rucola-
        Croissants 154
Rumsauce: Bananenku-
    chen mit Rumsauce 52

S

Sächsischer Prassel-
    kuchen 28
Saftiger Rhabarberkuchen
    vom Blech 74
Salami
    Calzone 174
    Große Familienpizza 172
    Mini-Muffins 224
    Sandkuchen 102
    Sauerkirschkuchen 62
Saure Sahne: Flamm-
    kuchen 168
Schafskäse
    Fingerhäppchen 153
    Schafskäsecreme 189
    Spinat-Schafskäse-
        kuchen 168
Schinken
    Broccoli-Schinken-
        Käse-Törtchen 156
    Mini-Pizzen 174
    Schinken-Rucola-
        Croissants 154
Schmand
    Aprikosen-Mohn-
        Streusel 48
    Birnenkuchen mit
        Schmandguss 50
    Erdbeerkuchen 54
    Limettentarte 78
    Mangokuchen 68
    Möhrentorte 206
    Plätzchen-Torte 148
    Preiselbeerbombe 72
    Putenquiche 162
    Rhabarber-Tarte 42
    Schmandwaffeln 24
    Spargelquiche 162
    Spinnennetz-Torte 212
    Traubentorte 134
Schneckennudeln 21
Schneeflocken 195
Schneewittchentorte 128
Schneider-Torte 119
Schnelle Lebkuchen 195
Schnelle Orangentorte 134
Schneller Apfelkuchen 44
Schneller Apfel-Lebku-
    chen-Strudel 222
Schnittlauch: Bunter
    Gemüsequark 189
Schoko-Croissants 176
Schokokipferl 194
Schokolade
    Amaretti-Torte 140
    Bananen-Schoko-
        Aufstrich 188
    Brauner Kirsch-
        kuchen 64

Rezeptregister von A–Z

Brownies 210
Donauwellen 90
Haselnusskuchen 104
Herztorte 202
Himbeerherz 202
Kakaowaffeln mit
 Schokoladensauce 24
Kokosbiskuitrolle
 mit Schokoladen-
 füllung 136
Kühle Lady 144
Kumquat-Orangen-
 Kuchen 66
Mohrenköpfe 196
Omas heiße
 Schokolade 229
Schokoladenkuchen 41
Schokoladentorte 122
Schokoschnitten
 Rigó Jancsi 124
Spinnennetz-Torte 212
Schuhsohlen: Gefüllte
 Schuhsohlen 32
Schwarzer Johannisbeer-
 kuchen 60
Schweinsöhrchen 30
Sesambrötchen 178
Sommertee 228
Spanischer Mandel-
 kuchen 40
Spargel
 Gemüsesäckchen 160
 Spargelquiche 162
Speck
 Flammkuchen 168
 Pikanter Kartoffel-
 kuchen 170
Spinat
 Lachspastete
 mit Spinat 152
 Ligurische Spinat-
 torte 208
 Spinat-Schafskäse-
 kuchen 168
Spinnennetz-Torte 212
Spritzgebäck 218
Stachelbeerkuchen 76
Stachelbeerkuchen mit
 Baiserhaube 76
Stollen:
 Weihnachtsstollen 222
Streusel
 Brauner Streusel-
  kuchen 96
 Streuselkuchen 92
Süßes Faschings-
 gebäck 226

T

Teigtaschen mit Geflügel-
 füllung 208
Tiramisu-Torte 118
Tomaten
 Blätterteigecken
 mit Tomaten
 und Avocado 154
 Bunter Gemüse-
 quark 189
 Chiliquiche mit
 Kidneybohnen 166
 Fingerhäppchen 153
 Große Familienpizza 172
 Linsenquiche 166
 Mini-Muffins 224
 Nusscreme 189
 Putenquiche 162
 Toskanisches Brot 178
Toskanisches Brot 178
Traubentorte 134

U/V

Umgedrehter Ananas-
 kuchen 41
Vanillesauce:
 Apfelstrudel 46
Venezianische Törtchen 20

W

Walnüsse
 Brombeertorte mit
 Walnuss-Guss 58
 Brownies 210
 Fixe Apfeltorte 130
 Mangokuchen 68
 Möhrenkuchen 102
 Nusscreme 188
 Spinnennetz-Torte 212
 Traubentorte 134
 Walnussbrot 177
 Walnusskuchen 106
Weckmännchen 214
Weihnachtsstollen 222
Weißbrot: Einfaches
 Kastenweißbrot 184
Weizenvollkornbrot 186
Wellentorte 126
Windbeutel 30
Wölkchen-Torte 124
Wünsch-Dir-Was-
 Kuchen 200
Wurst: Große Familien-
 pizza 172

Z

Zimtspiralen 220
Zitronat
 Joghurt-Limetten-
 Torte 120
 Königskuchen 100
 Schnelle Lebkuchen 195
 Weihnachtsstollen 222
Zitronen
 Wellentorte 126
 Zitronen-Baiser-
 Torte 128
 Zitronenkuchen
 mit zweierlei Guss 78
 Zucchinikuchen mit
 Zitronenglasur 104
Zitroneneis:
 Zitronensorbet 229
Zitronensorbet 229
Zucchinikuchen mit
 Zitronenglasur 104
Zucker-Butterkuchen 94
Zwetschgenkuchen mit
 Quark 82
Zwetschgenkuchen vom
 Blech 82
Zwetschgen-Mandel-
 torte 80
Zwiebeln
 Flammkuchen 168
 Gefülltes Glücks-
 schwein 224
 Große Familienpizza 172
 Pikanter Kartoffel-
 kuchen 170
 Zwiebelbrot 184

FAMILIENKÜCHE
...für kleine und große Genießer

ISBN 3-7742-1695-9

ISBN 3-7742-2211-8

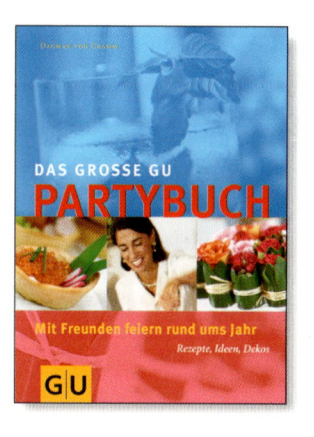

ISBN 3-7742-2007-7

Wenn die Kleinen Hunger haben und die Großen verwöhnt werden wollen: Hier sind die Bücher für die Familien- und Partyküche mit super leckeren und ganz unkomplizierten Rezepten!

WEITERE LIEFERBARE TITEL:

- Kinder feiern | ISBN 3-7742-2602-4
- Kochen für Babys | ISBN 3-7742-1956-7
- Kochen für Kinder quick & easy | ISBN 3-7742-2001-8
- Kochen für Kleinkinder | ISBN 3-7742-2979-1
- Mini-Muffins für Kids | ISBN 3-7742-2208-8

GU

Gutgemacht. Gutgelaunt.

Monika Köhler
Hier das Urteil der Kinder Stefanie und Sascha: Die Kuchen und Torten unserer Mutter sind nach wie vor bei uns der Renner und bei Einladungen ist sicher: bei uns bleibt nichts übrig! Es gab schon viele Gäste bei uns, die »angeblich« keine Torten essen und dann restlos begeistert waren! Außerdem ist eine Torte unserer Mutter immer ein ausgefallenes und persönliches Geschenk für Freunde, das sehr gut ankommt! Nicht jeder hat eine Mutter die Backbücher schreibt, oder? Um allerdings unsere Lieblingskuchen aufzuführen würde der Platz hier nicht ausreichen! Also bitte selber ausprobieren!

Christiane Kührt
Sie mag am liebsten schnelle, unkomplizierte Rezepte, bei denen Töchterchen Annika und Sohn Tobias mithelfen können. Backen ist für die beiden eine besonders interessante Art von Basteln: seine Geschicklichkeit beweist man beim Eiertrennen, Rühren und Verzieren und wenn man fertig ist gibt's was zu Naschen. Nach ihrem Studium wurde Christiane Kührt Redakteurin im Kochressort einer großen Frauenzeitschrift und machte damit ihre Liebe zu Genuss und Gastlichkeit zum Beruf. Seit der Geburt ihrer Kinder arbeitet sie als freie Journalistin und Kochbuchautorin in der Nähe von München. Im Gräfe und Unzer Verlag erschienen bereits zahlreiche Kochbücher von ihr.

Kristiane Müller-Urban
Die Kochbuchautorin und Reiseschriftstellerin aus Offenbach am Main, verwöhnt Familie und Freunde, und besonders die vierjährige Enkelin Carlotta mit Selbstgebackenem. Zu jedem Geburtstag gibt's den gehaltvollen Frankfurter Kranz. Und gefüllte Glücksschweine stehen nicht nur Silvester auf dem Tisch. Beliebt bei Jung und Alt sind ihre knusprigen Brötchen und kernigen Hörnchen, die feinen Weißbrote und die saftigen Sauerteigbrote. Ihr umfangreiches Wissen vermittelt sie auch in Kochkursen. Kristiane Müller-Urban hat bisher über 100 Kochbüchern verfasst.

Gudrun Ruschitzka
Bei ihr zieht sich die Formel »Köchin+Bibliothekarin = Kochbuchautorin« wie ein roter Faden durch ihr Leben. Die gebürtige Sächsin begann ihre berufliche Laufbahn mit einem Facharbeiterbrief als Köchin, es folgten Studium zur Diplom-Bibliothekarin und einige Semester Kunstgeschichte. Für Familie und Freunde kocht und backt sie mit Leidenschaft, ihre Hobbys sind Lesen und Reisen. Neben ihrer Tätigkeit beim Lufthansa Service schreibt sie erfolgreich Kochbücher.

Christa Schmedes
lebt mit ihrer Familie in München. Sie arbeitet als freie Mitarbeiterin für namhafte Zeitschriften- und Buchverlage und in den Studios bekannter Foodfotografen. Seit 1993 schreibt sie als freiberufliche Autorin Koch- und Backbücher. Ihre Stärke ist, mit wenigen Zutaten schnelle und raffinierte Rezepte zu kreieren. Zu ihren Fans gehört nicht nur der eigene Nachwuchs, sondern auch sämtliche Nachbarskinder.

Die Fotografen
Barbara Lutterbeck
zählt zu den Top Ten der deutschen Foodfotografen. Nach dem Studium der Fotografie hat sie erste Erfahrungen in Londoner Studios gesammelt. Seit einigen jahren ist sie selbständig und arbeitet in ihrem Fotostudio in Köln für internationale Auftraggeber aus Industrie und Verlagen. In der letzten Zeit hat sie sich auf Kochbücher konzentriert.
Das Foodstyling für ihre Rezeptbilder machte Stephan Bollig. Nach zahlreichen Auslandsaufenthalten in führenden Hotels war der Konditormeister aus Köln Chefpatissier im Hyatt Regency Köln. Zurzeit arbeitet er als freier Deko-Artist.

Susie M. und Pete A. Eising
haben Studios in München und Kennebunkport, Maine (U.S.A.). Sie studierten an der Fachakademie für Fotodesign in München. 1981 gründeten sie ihr eigenes Studio für Food Fotografie, das dank der gemeinsamen Passion für Esskultur und kulinarische Ästhetik rasch internationales Renommée erwarb. Ihre Kenntnisse über fremde Küchen und Kulturen vertiefen Susie M. und Pete A. Eising auf zahlreichen Reisen, von denen sie immer wieder neue Eindrücke in die künstlerische Gestaltung ihrer Produktion einbringen.
Für diese Buch:
Martina Görlach

© 2001 Gräfe und Unzer Verlag GmbH, München.
Alle Rechte vorbehalten. Nachdruck, auch auszugsweise, sowie Verbreitung durch Film, Funk, Fernsehen und Internet, durch fotomechanische Wiedergabe, Tonträger und Datenverarbeitungssysteme jeglicher Art nur mit schriftlicher Genehmigung des Verlages.

Redaktion: Stefanie Poziombka, Alessandra Redies
Lektorat: Bettina Bartz
Korrektorat: Hildegard Toma
Fotografie: Barbara Lutterbeck, Martina Görlach

Bildnachweis:
Alle Bilder sind von Barbara Lutterbeck außer:
Martina Görlach: S.22 links, 25 oben, 27 oben, 29oben, 31, 33 oben, 35, 37 oben, 45, 47 oben, 51, 52 oben, 57, 61, 63, 65 oben, 67, 73 oben, 75 oben, 79 oben, 81, 83 oben, 85 unten, 87 oben, 89, 91 oben, 93 oben, 94 oben, 97 oben, 99 oben, 101 oben, 103 oben, 105 oben, 107, 109 unten, 111 oben, 113 oben, 121 oben, 125 oben, 127 oben; Stoockfood Eising: S. 6/7 9 Fond; Foodfotografie Teubner: S. 8, 9, 17, 232; Gettystone: S. 1, 2/3, 14, 15, 230, 233.

Umschlaggestaltung:
Independent Medien Design
Typografie und Layout:
Kraxenberger Kommunikations Haus, München
Satz und Gestaltung:
BuchHaus Robert Gigler GmbH, München
Reproduktion:
Repro Schmidt, Dornbirn
Produktion: Renate Hutt
Druck: Appl, Wemding
Bindung: Großbuchbinderei Monheim

ISBN 3-7742-3292-X

Auflage	5.	4.	3.	2.	1.
Jahr	05	04	03	02	2001

Die Temperaturstufen bei Gasherden variieren von Hersteller zu Hersteller. Welche Stufe Ihres Herdes der jeweils angegebenen Temperatur entspricht, entnehmen Sie bitte der Gebrauchsanweisung.

Abkürzungen:
TL = Teelöffel
EL = Eßlöffel
Msp. = Messerspitze
kcal = Kilokalorien

Das Original mit Garantie

Ihre Meinung ist uns wichtig. Deshalb möchten wir Ihre Kritik, gerne aber auch Ihr Lob erfahren. Um als führender Ratgeberverlag für Sie noch besser zu werden. Darum: Schreiben Sie uns! Wir freuen uns auf Ihre Post und wünschen Ihnen viel Spaß mit Ihrem GU-Ratgeber.

Unsere Garantie: Sollte ein GU-Ratgeber einmal einen Fehler enthalten, schicken Sie uns das Buch mit einem kleinen Hinweis und der Quittung innerhalb von sechs Monaten nach dem Kauf zurück. Wir tauschen Ihnen den GU-Ratgeber gegen einen anderen zum gleichen oder ähnlichen Thema um.

Ihr Gräfe und Unzer Verlag
Redaktion Kochen
Postfach 86 03 25
81630 München
Fax 089/419 81-113
e-mail:
leserservice@graefe-und-unzer.de

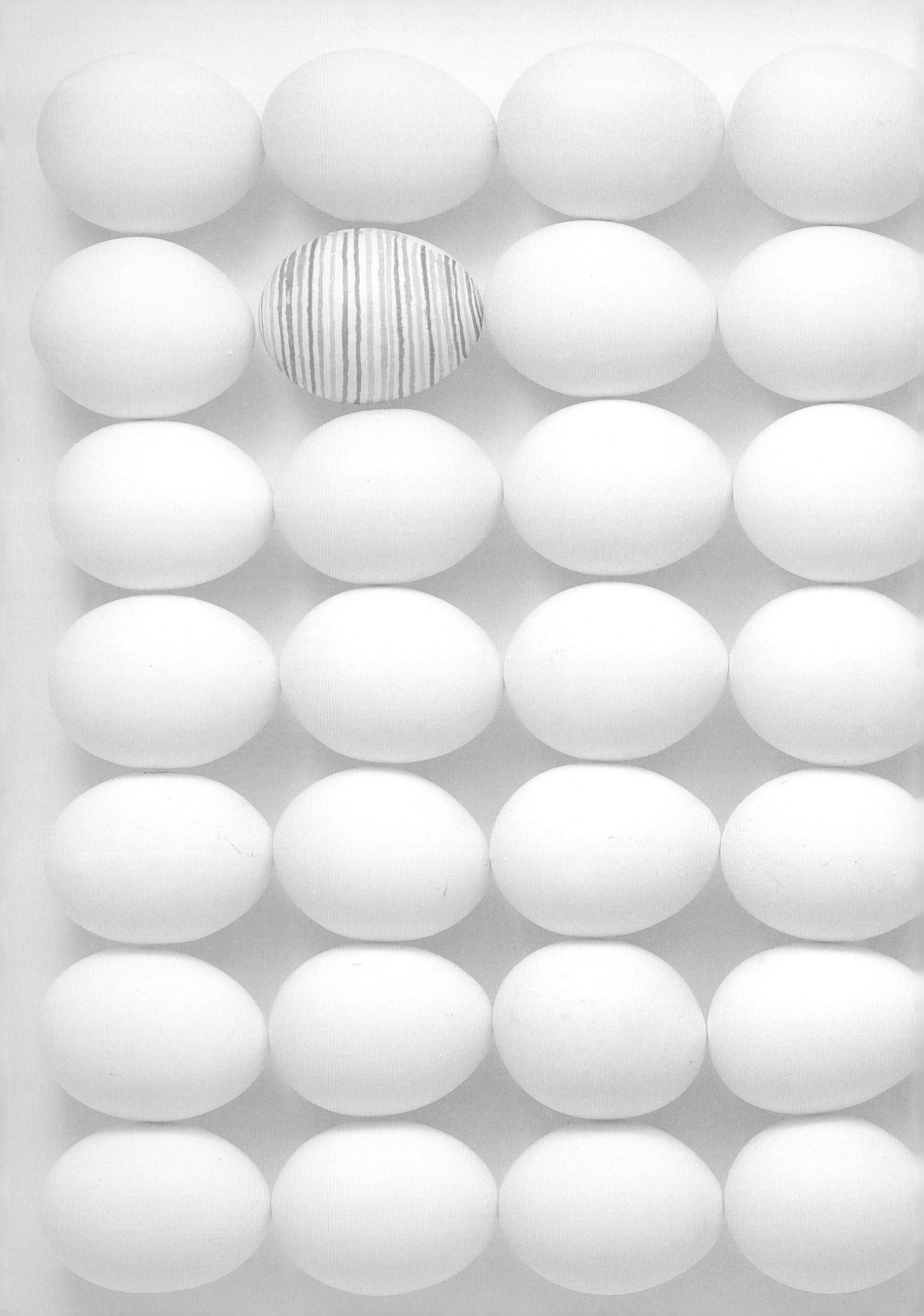